Texte für die Sekundarstufe

6. Jahrgangsstufe

Hermann Schroedel Verlag KG
Hannover · Dortmund · Darmstadt · Berlin

Texte für die Sekundarstufe

6. Jahrgangsstufe

herausgegeben von:
Klaus Gerth, Dietrich Fischer, Karl Garnerus, Hansjürgen Kiepe, Werner Klose, Horst Mastmann, Manfred Müller, Heinz-Günther Pflughaupt
unter Mitwirkung der Verlagsredaktion

An der Textauswahl wirkte außerdem mit Ulrich Thiergard

ISBN 3 - 507 - 42 026 - 0

Druck: Hans Oeding, Braunschweig 785

INHALTSVERZEICHNIS

Ein * kennzeichnet die Texte, zu denen der Arbeitsanhang dieses Bandes Arbeitsvorschläge enthält. Die Seitenzahlen in Klammern geben an, wo sie dort zu finden sind.

TEXTE ZUM LITERARISCHEN LEBEN

SACHTEXTE

Meldungen — Reportagen * Berichte — Beschreibungen

EPISCHE TEXTE

Erzählungen

Schwänke — Anekdoten — Witze

Fabeln und Parabeln

Sagen

Comics

Montagen

DRAMATISCHE TEXTE

LYRISCHE TEXTE

SPRACHSPIELE

Leberreime

Schüttelreime

Spiele mit Wörtern

Schreibspiele

Spiel mit Vokalen

Rätsel

TEXTE ZUM LITERARISCHEN LEBEN

Was ist „literarisches Leben"?

Bücher, Comic-Hefte, Zeitungen und Zeitschriften werden von Autoren geschrieben, von Verlagen hergestellt, von Buchhandlungen, Kiosken oder Buchgemeinschaften verkauft und von vielen Menschen gelesen. Damit die Leser überhaupt etwas von dieser Literatur erfahren, muß der Verlag für sie werben, müssen Zeitungen über sie schreiben (sie „rezensieren") oder der Rundfunk und das Fernsehen über sie berichten. Besonders gut gelungene Bücher — auch Kinder- und Jugendbücher — erhalten Preise (z. B. den „Deutschen-Jugendbuch-Preis"). Dies alles gehört zum „literarischen Leben", dem „Leben" von Literatur.

Aber damit nicht genug. Wer seinen Fernsehapparat anstellt und eine Nachrichtensendung, die Kinderstunde, einen Western, einen Krimi oder ein anderes Fernsehspiel sieht, wer eine Wortsendung im Rundfunk hört, wer ins Theater geht, wer eine Bücherei aufsucht oder wer bei einem Vorlesewettbewerb mitmacht, der nimmt ebenfalls am literarischen Leben teil. Auch Lesebücher und Deutschstunden gehören dazu.

Zeichnung: Constant Meyer

Aufruf

zur Teilnahme am Vorlese-Wettbewerb
des deutschen Buchhandels

Lesen macht Spaß —

das wissen die vielen tausend Kinder, die sich in den vergangenen elf Jahren am Vorlese-Wettbewerb des deutschen Buchhandels beteiligt haben.

Am 4. November 1970 wird in Tübingen die zwölfte Runde dieses in der Bundesrepublik und Berlin-West einmaligen Wettbewerbs eröffnet.

VORLESEN UND GEWINNEN!

Alle Kinder des 6. Schülerjahrganges sind herzlich eingeladen, sich am Vorlese-Wettbewerb zu beteiligen und aus einem Buch ihrer Wahl vorzulesen.

Mit dem Bundesentscheid am 12. Mai 1971 im Frankfurter Goethehaus wird der 12. Vorlese-Wettbewerb abgeschlossen.

Wir wünschen allen Kindern viel Freude und Erfolg beim Mitmachen!

DR. GUSTAV HEINEMANN
Präsident der Bundesrepublik Deutschland

KÄTE STROBEL
Bundesminister
für Jugend, Familie und
Gesundheit

DR. BERNHARD VOGEL
Präsident der Ständigen Konferenz
der Kultusminister
Minister für Unterricht und Kultus
des Landes Rheinland-Pfalz

WERNER E. STICHNOTE
Vorsteher des Börsenvereins
des Deutschen Buchhandels e. V.

PROF. DR. KARL ERNST MAIER
Vorsitzender des
Arbeitskreises für Jugendliteratur e. V.

Meine Eindrücke vom 11. Vorlese-Wettbewerb

Christian Giesecke

Es fing alles ganz harmlos an. Unser Klassenlehrer behandelte im Januar im Deutschunterricht ein Lesestück. Alle Schüler sollten es lesen, und dann wurde abgestimmt, wer es am besten gelesen hatte. Ich bekam die meisten Stimmen, und so war ich schon Klassensieger. Nach einiger Zeit ermittelte man mich als Schulsieger und schlug mich für den Bezirksentscheid vor. Bis zum Bezirksentscheid waren es nur noch einige Wochen, und ich mußte mir langsam eine geeignete Geschichte aussuchen. Ich hatte einmal im Rahmen einer Schulveranstaltung eine Geschichte aus dem Buch „Bontot hat große Pläne" vorgelesen, und die war ganz gut angekommen. Aus dieser Geschichte nahm ich einen besonders spannenden Ausschnitt heraus (mir waren ja nur sechs Minuten zum Lesen vergönnt). Dann endlich kam der Tag. Ich war ziemlich aufgeregt, als ich zusammen mit den anderen Lesern, die aus vielen Schulen Neuköllns zusammengekommen waren, die völlig überfüllte Aula der Weserschule in Berlin-Neukölln betrat. Jeder bekam in der ersten Reihe einen Platz. Dann wurde ausgelost, wer wann lesen sollte. Ich zog die Nummer sieben und mußte also als siebenter lesen. Meine Geschichte kam wie in der Schule gut an, und so wurde ich dann auch Bezirkssieger. Ich bekam ein Buch, einen Büchergutschein und, das hätte ich beinahe vergessen, eine Einladungskarte für den Berliner Wettbewerb im Sendesaal des SFB. Für den Landesentscheid suchte ich mir eine besondere Geschichte aus. Mein Lehrer empfahl mir das Buch „Kindergeschichten" von Peter Bichsel und besorgte es mir auch. Ich las es durch und fand die Geschichte „Ein Tisch ist ein Tisch" am besten.

Und dann war's endlich so weit! Nachmittags um halb vier erschien ich (mit meiner ganzen Klasse!) vorm SFB-Haus des Rundfunks. Die anderen Leser und ihre ‚Kumpane' waren auch schon da. Bald wurden wir in den Sendesaal gelassen. Jeder der zwölf Leser bekam einen Platz in der ersten Reihe, auf dem sein Name stand und als wievielter er lesen sollte. Ich hatte die Nummer sechs. Bald merkte ich, daß fast alle die gleiche Art von Geschichten lasen, es war die normale Jugendliteratur: Tom Sawyer, Pippi Langstrumpf u. a. Und als ich dann endlich drankam, wußte ich, daß ich mit meiner Geschichte ein wenig aus dem Rahmen fallen würde. Erstens war sie modern geschrieben, zweitens hatte sie „einen doppelten Boden" (die Geschichte ist rein äußerlich recht lustig, aber im Kern ist sie doch ziemlich traurig und regt das Publikum zum Nachdenken an), wie auch meine Geschichte für Frankfurt, und drittens konnte ich sie ziemlich gut vortragen (Eigenlob).

So hatte ich also Chancen. Ich las und — gewann! Die Flugkarte für Frankfurt hatte ich in der Tasche. Für den Bundesentscheid suchte ich mir die Geschichte „Im Zirkus" von Wolfgang Weyrauch aus, die ich in dem Buch

„Dichter erzählen Kindern“ fand. Ich mußte lange üben, bis sie richtig saß, denn sie ist schwer zu lesen.

Am 25. 5. 1970 flog ich nach Frankfurt. Wir, die elf Landesbesten, kamen in einem erstklassigen Hotel unter. Am nächsten Tag wurden wir vormittags der Jury vorgestellt und machten einen kurzen Stadtbummel. Nachmittags dann kam die große Stunde — der Bundesentscheid.
Um 16 Uhr wurden wir in den Gartensaal des Goethehauses geführt. Das Publikum war schon versammelt, und wir setzten uns auf eine große Bank mitten auf dem Podium. Dann erschien auch die Jury, und es ging los. Es wurden zuerst einige Ansprachen gehalten. Danach mußte jeder eine Karte mit einer Nummer ziehen. Ich zog die „9“. Nun hatten wir das Wort. Jeder von uns bekam von Herrn Dr. Kadelbach einige Fragen gestellt. Dann durfte er lesen (leider nur zwei Minuten). Ich bemerkte, daß ich diesmal wieder eine Geschichte erwischt hatte, die etwas aus dem Rahmen fiel. Nach einiger Zeit war ich an der Reihe.
Ich bekam einige Fragen zum Buch gestellt, dann durfte ich lesen. Leider blieb mir nur für einen kurzen Abschnitt Zeit. Als alle gelesen hatten, zog sich die Jury zur Beratung zurück. In der Pause las uns die Siegerin im deutschsprachigen Vorlese-Wettbewerb für Finnen etwas vor. Bald kam die Jury wieder herein. Herr Dr. Doderer blinzelte mir zu, aber ich wußte nichts damit anzufangen, eher wurde ich noch aufgeregter. Als dann mein Name genannt wurde, konnte ich es kaum fassen. Ich bekam Glückwünsche von allen Seiten! Die Fotografen, Reporter und all die Fernsehleute stürzten sich buchstäblich auf mich. Ich war froh, bald wieder aus diesem Getümmel heraus zu sein. Leider ging's am nächsten Tag wieder nach Hause. Aber es waren wunderschöne Tage!

Statistik

Autoren*, aus deren Büchern die Schulsieger des 11. Vorlese-Wettbewerbs 1969/70 vorlasen

Autor	Anzahl der Nennungen	Autor	Anzahl der Nennungen
Lindgren, A.	166	Collodi	11
Mark Twain	153	Diessel, H.	11
Blyton, E.	143	Löns, H.	11
Kästner, E.	139	Stevenson, R. L.	11
Preußler, O.	70	Defoe, D.	10
Fischer, M. L.	44	Kyber, M.	10
Spyri, J.	28	Cooper, J. F.	9
Schlinkert, M.	23	Darnstädt, H.	9
Trott, M.	23	Knaak, K.	8
Haller, M.	22	Lagerlöf, S.	8
Grotkop, E.	20	Lenz, S.	8
Hebel, J. P.	20	May, K.	8
Ulrici, R.	20	Theuermeister, K.	8
Krüss, J.	18	Ury, E.	8
Kloss, E.	16	Burg, Ch.	7
Thoma, L.	14	Kipling, R.	7
Disney, W.	13	Storm, Th.	6
Kernmayr, G.	13	Bonsels, W.	5
Guillot, R.	12	Lobe, M.	5
Spoerl, H.	12	Waggerl, K. H.	5

* Nur Autoren mit mindestens 5 Nennungen

Deutscher Jugendbuchpreis 1972

Aus dem Erlaß des Bundesministers für Jugend, Familie und Gesundheit

Der Deutsche Jugendbuchpreis 1972 wird nach folgenden Bestimmungen vergeben:

I. Auszeichnungen

1. Preise

Es können insgesamt 5 Preise vergeben werden, und zwar in den Gruppen

Bilderbuch
erzählendes Buch
Sachbuch

und zur Würdigung besonderer Leistungen (z. B. wegweisender Experimente).

Diese Preise sind jeweils mit einem Betrag von 7.500.— DM dotiert. Sie werden in der Regel ungeteilt vergeben. Die Hauptjury kann jedoch Preise teilen, um den Anteil etwa eines Übersetzers oder eines Illustrators angemessen zu berücksichtigen.
Der Bundesminister für Jugend, Familie und Gesundheit verleiht den Verlagen das Recht, die mit einem Preis ausgezeichneten Bücher durch ein besonderes Siegel zu kennzeichnen.

2. Auswahlliste

Besonders empfehlenswerte Bücher aus den nach Abschnitt II eingereichten Werken werden durch die Aufnahme in die Liste „Deutscher Jugendbuchpreis — Auswahl '72" ausgezeichnet. Diese wird im Auftrag des Bundesministers für Jugend, Familie und Gesundheit vom Arbeitskreis für Jugendliteratur e. V. veröffentlicht. [...]

III. Vorschlagsberechtigung

Jeder Verlag kann aus seiner Jahresproduktion Bücher zur Prüfung durch die Jurys auswählen. Deren Mitglieder können im Rahmen ihrer Arbeit weitere Titel in die Prüfung einbeziehen.
Darüber hinaus kann jeder an Büchern für Kinder und Jugendliche Interessierte dem Arbeitskreis für Jugendliteratur e. V. (8 München 22, Kaulbachstraße 40) geeignet erscheinende Werke für die Auszeichnungen vorschlagen.

IV. Jurys

Zur Entscheidung über die Vergabe der Auszeichnungen werden unabhängige Jurys gebildet: eine Hauptjury und Einzeljurys für die Gruppen „Bilderbuch", „erzählendes Buch" und „Sachbuch".

1. Juryentscheidungen

Die Einzeljurys leiten ihre Empfehlungen der Hauptjury zu, die über die Vergabe der Auszeichnungen entscheidet.
Über die Preise entscheidet die Hauptjury mit Dreiviertelmehrheit. Für die Aufnahme eines Buches in die Auswahlliste ist einfache Mehrheit erforderlich. [...]

Bonn-Bad Godesberg, den 30. September 1971

Der Bundesminister für Jugend,
Familie und Gesundheit
Käte Strobel

Jugendbuchpreis 1972 nur an drei Autoren

Nur an drei — anstatt wie vorgesehen an fünf — Autoren ist der diesjährige Deutsche Jugendbuchpreis vom Arbeitskreis für Jugendliteratur e. V. vergeben worden. Als „pädagogisch und psychologisch wertvoll" bezeichnete die aus Pädagogen, Psychologen, einer Hausfrau und zwei Schülern bestehende Hauptjury das Fachbuch von Ernst W. Bauer „Höhlen — Welt ohne Sonne", das Spielbuch von Hans-Joachim Gelberg „Geh und spiel mit dem Riesen" sowie „Krabat" von Otfried Preußler. — Die Entscheidung der Jury, von insgesamt 464 eingesandten Büchern nur drei auszuwählen und zwei Preise nicht zu vergeben, stieß bei Bekanntgabe der Preisträger auf Kritik. Ein Sprecher des Landesverbandes Hessen Deutscher Schriftsteller (VS) nannte die Entscheidung blamabel und ein Armutszeugnis der Jury. (20. 6. 72)

KINDERROMANE

empfohlen von Sybil Gräfin Schönfeldt

„Die Lausbuben - AG" von Keith Robertson, aus dem Amerikanischen von Sybil Schlepegrell; Union Verlag, Stuttgart; 164 Seiten, 10,80 DM

INHALT: Henry reist in den Ferien zu Onkel und Tante, gründet mit einem Mädchen in seiner vom Großvater geerbten Scheune eine Forschungs-AG und stellt den ganzen Ort mit seinen Plänen, Reformen und Ideen auf den Kopf.

AUSSERDEM bietet die Geschichte soviel Unsinn und echtes Abenteuer, daß sie allen unternehmungslustigen Kindern über 10 großen Spaß machen wird.

„Expedition Schneesturm" von Hans Peterson, aus dem Schwedischen von Anna-Liese Kornitzky; Friedrich Oetinger Verlag, Hamburg; 166 Seiten, 10,80 DM

INHALT: Olafs Eltern vertragen sich nicht, und der Junge beschließt, ihrem ewigen Streit zu entfliehen. Er reißt gerade in der Nacht aus, in der die Eltern seiner Freunde Cecilia und Bengt verreist sind und der schwerste Schneesturm seit Jahren über Göteborg braust. Die drei Kinder bringen eine abenteuerliche Nacht hinter sich, ehe sich alles wieder ordnet.

AUSSERDEM gefällt die nüchterne realistische Art, in der Menschen und Situationen geschildert werden. Für 10- bis 12jährige zu empfehlen.

„Merkwürdiges aus dem Frankweiler - Geheimarchiv" von E. L. Konigsburg, aus dem Amerikanischen von Ilse Lauterbach; Bertelsmann Jugendbuchverlag, Gütersloh; 160 Seiten, 9,80 DM

INHALT: Claudia hat das ewige Einerlei in der Familie satt und reißt mit ihrem Bruder James aus, nach New York, wo die beiden nach festem Plan im Städtischen Kunstmuseum hausen und schlafen und einem Geheimnis auf die Spur kommen, das Claudias Unruhe zu stillen imstande ist: Sie entdeckt, daß Mrs. Frankweilers Engelsfigur von Michelangelo stammen könnte.

AUSSERDEM steckt dieses Buch so voller Phantasie, Unabhängigkeit und vernünftigem Humor, daß man es für Kinder zwischen 10 und 12 nur empfehlen kann. (13. 11. 1970)

dtv junior stellt sich vor

Erst zehn Jahre ist der Deutsche Taschenbuch Verlag alt. Aber in Deutschland kennt ihn jedermann. Weit über 40 000 000 – in Worten: vierzig Millionen – dtv-Taschenbücher wurden schon gedruckt.

In seinem Programm bringt der Deutsche Taschenbuch Verlag ernste und heitere Romane von bekannten Schriftstellern, aber auch Theaterstücke, Gedichte und Sachbücher. Daneben hat dtv viele Titel, die nur bestimmte Leserkreise interessieren, zum Beispiel Richter, Ärzte, Lehrer, Studenten und Schüler. Diese Bücher erscheinen im wissenschaftlichen Programm. Und dann gibt es im Deutschen Taschenbuch Verlag noch ein großes Lexikon: das dtv-Lexikon in zwanzig roten Bänden.

Hin und wieder findet man bei dtv auch Bücher für ganz junge Leser. Eine kleine Auswahl dieser Titel ist auf der vorletzten Seite angezeigt.
Doch nun bringt der Deutsche Taschenbuch Verlag eine Taschenbuchreihe für kleine, etwas größere und noch größere Leser heraus: Jugendbücher von bekannten, oft sogar weltbekannten Autoren. Jugendbücher, die zum Teil preisgekrönt sind.

Die neue Reihe heißt: dtv junior. Zehn führende Jugendbuchverlage standen bei ihr Pate:

Georg Bitter Verlag
Boje-Verlag
Cecilie Dressler Verlag
Franckh'sche Verlagsbuchhandlung
Hoch-Verlag
Erika Klopp Verlag
Verlag Friedrich Oetinger
Hermann Schaffstein Verlag
K. Thienemanns Verlag
Union Verlag

Diese zehn Partner und der Deutsche Taschenbuch Verlag tragen dafür Sorge, daß in der neuen Jugendtaschenbuchreihe für jedes Lesealter das Richtige zu finden ist. Sie wünschen: Elefantenspaß – zu Mäusepreisen.

Welche Überraschungen dtv junior im Programm Oktober 1971 bis März 1972 bringen wird, steht in einem neuen Prospekt. Man kann ihn Anfang Oktober dort erhalten, wo man diesen bekommen hat.

Deutscher
Taschenbuch
Verlag
München 13
Friedrichstr. 1

Lesereinsendungen an „Micky Maus“

1 Aufgeschnappt

Hans, fünf Jahre alt, ist mit der Mutter beim Fußarzt. Nachdem der Gipsabdruck genommen ist, kommt noch einmal die Sprechstundenhilfe in den Behandlungsraum und sagt: „Für die Rechnung brauche ich noch den Vornamen Ihres Mannes“. Mutter sagt: „Günter ohne h“. Hans darauf: „Wieso denn das, Mutti, Papi hat doch keine Glatze!“

Diese Geschichte schrieb uns Detlef Nehmke aus Pelkum-Herringen. Er erhält dafür 10 Mark.

2 Aufgeschnappt

Ein kleiner Junge spielte mit seinem Lastwagen auf einem Sandhaufen eines Neubaus. Er war so vertieft in sein Spiel, daß er nicht den herankommenden Schäferhund bemerkte. Er sah den Hund erst, als dieser an ihm herumschnupperte. Hilfesuchend blickte sich der Kleine um und sagte dann treuherzig: „Ich bin niemand.“

Werner Matzick aus Rottweil sandte uns diese kleine Geschichte ein, für die er den Betrag von DM 10,– erhält.

3 Aufgeschnappt

Hier ein lustiges kleines Erlebnis: Meine kleine Schwester wurde darauf hingewiesen, nicht immer das Wort „tut“ zu benutzen. Sie sagte oft „er tut essen“, „er tut trinken“ usw. Als sie neulich Bauchschmerzen hatte, sagte sie zu unserer Mutter: „Mutti, mein Bauch weht so!“

Diese nette Geschichte schrieb uns Ingrid Königsbüscher aus Lebenstedt. Sie erhält dafür 10 DM.

4 Aufgeschnappt

Mein kleiner Neffe und ich schauten uns Schiffsbilder an. Ich erklärte ihm: „Dieses Schiff, das nach Amerika fährt, macht 30 Knoten in der Stunde!“ „Oh, so viele“, staunte er, „und wer macht die Knoten in Amerika wieder auf?“

Diese nette Geschichte schrieb uns Annerose Kraiß aus Aalen. Sie erhält dafür 10 Mark.

Neue Themen für junge Hörer

Aus Anlaß des 25jährigen Bestehens des SWF hat Intendant Helmut Hammerschmidt am 31. März einen Preis ausgesetzt, der zur Entwicklung neuer Formen und Themen in den Sendungen für junge Hörer bis zum Alter von 14 Jahren anregen soll. Der Ausdruck „Kinderfunk“ wurde in den Statuten bewußt vermieden. Zugelassen zu dem Wettbewerb sind Originalmanuskripte für eine Sendung von mindestens 15 Minuten und höchstens 30 Minuten Dauer sowie Hörfunkproduktionen des gleichen Umfangs, die nach dem 1. April 1970 bei einer deutschsprachigen Rundfunkanstalt fertiggestellt wurden. Der Preis wird für ein Manuskript und für eine sendefertige Produktion verliehen und beträgt je 10 000,— DM. Einsendeschluß ist am 15. Juli 1971. Über die Zuerkennung des Preises entscheidet bis zum 1. Dezember 1971 eine Jury, die aus fünf stimmberechtigten Mitgliedern besteht. Vorsitzender der Jury, aber ohne Stimmrecht, ist Gert Haedecke (SWF-Kulturredaktion/Hörfunk). (Febr. 1971)

Bearbeitung: Maral
Regie und Produktion: Ruth Scheerbarth
Musik: Hans Bergmann
Gitarrist: Detlef Bergmann
Ton: Eberhard Sengpiel

Erzähler: Klaus Biederstaedt
Tom Sawyer: Viktor Schneider
Becky: Claudia Marnitz
Lehrer: Hans Bergmann

[...]

ERZÄHLER: Am kommenden Tag kam Tom zu spät zur Schule — absichtlich. Als er das Klassenzimmer betrat, sah er auf den ersten Blick, daß auf der Mädchenseite ein Platz frei war — neben der Neuen, ganz, wie er es erhofft hatte.
(Klassenzimmergeräusche)

LEHRER: Thomas Sawyer! Warum kommst du mal wieder zu spät?

TOM: Och, ich hab' nur so ein bißchen getrödelt.

LEHRER: Du hast was?

TOM: N' bißchen getrödelt.

LEHRER: So. Und was anderes hast du nicht zur Entschuldigung vorzubringen?

TOM: Nö.

ERZÄHLER: Eine solche unverschämte Ehrlichkeit mußte bestraft werden.

LEHRER: Thomas Sawyer! Eine solch ungezogene Antwort habe ich lange nicht gehört. Setz dich zur Strafe zu den Mädchen! Marsch!

ERZÄHLER: Die Klasse kicherte, aber Tom setzte sich selig neben die Neue. Der Lehrer stellte eine Aufgabe, und bald erfüllte das Kritzeln der Federhalter und Griffel das Klassenzimmer.

TOM: Wie heißt du denn?

ERZÄHLER: Tom bekam keine Antwort. Er kramte aus seinen Taschen einen prachtvollen Apfel heraus und legte ihn neben das Mädchen.
(Klassenzimmergeräusche, Kritzeln von Griffeln auf Tafeln)

TOM: Kannst ihn ruhig nehmen, ich hab noch mehr!

ERZÄHLER: Wieder keine Reaktion. Becky zeigte ihm die kalte Schulter. Da begann Tom emsig auf seiner Tafel zu malen, wobei er sein Werk sorgfältig mit der linken Hand verbarg. Listig, wie er war, hoffte er, daß sie neugierig werden würde —, und er hatte recht: sie wurde neugierig.

BECKY: Laß mich doch mal sehen!

TOM: Och, ist nichts Besonderes.

BECKY: Ach, laß mich doch mal gucken, bitte!

ERZÄHLER: Tom enthüllte sein Werk. Ein Haus, ein bißchen windschief, aber richtig mit Fenstern, Türen, Dach, Kamin und Rauch. Fabelhaft!

BECKY: Das ist ja ein prima Haus! Kannst du auch 'nen Mann zeichnen?

TOM: Na klar!

(Griffelgeräusche)

BECKY: Oh, toll! So möchte ich auch zeichnen können.

TOM: Ich kann's dir beibringen?!

BECKY: Ah ja. Wann denn?

TOM: Gehst du in der Mittagspause nach Hause?

BECKY: Wenn du hierbleibst, bleib ich auch hier.

TOM: Gut, dann zeig ich's dir heute mittag. Jetzt mußt du mir aber auch sagen, wie du heißt!

BECKY: Becky, Becky Thatcher! Und du? Ach nein, ich weiß ja: Thomas Sawyer, nich?

TOM: Thomas aber nennen mich nur der Lehrer, der Pfarrer und Tante Polly, wenn sie auf mich böse ist. Sonst heiße ich Tom!

ERZÄHLER: Da erscholl über ihnen ein strenges ‚Thomas Sawyer!' Tom wurde am Ohrläppchen gezogen und auf seinen Platz befördert. [. . .]

Ohne Eintrittskarte mit dabei
Originalübertragung aus einem Schwimmstadion

Ernst Emrich

Es war im Hochsommer. An einem Wochenende machten sich etwa zwei Dutzend Mitarbeiter des Fernsehens auf den Weg. Es galt, von Würzburg aus die deutschen Meisterschaften der Schwimmer und Springer zu übertragen.

Im Laufe der Woche hatten Techniker der Bundespost bereits die Voraussetzungen dafür geschaffen, daß die geplante Übertragung auf alle Bildschirme der Bundesrepublik gelangen konnte. Das heißt: sie hatten eine Parabolspiegel-Antenne aufgestellt, von der aus die Fernsehbilder in Form elektromagnetischer Wellen vom Stadion drahtlos in das Netz der Richtfunkstrecken und Sender geschickt werden konnten.

Als die Fernsehleute eintrafen und mit ihnen der Übertragungs- und der Kamerawagen — beides LKWs vom Format ausgewachsener Möbelwagen —, ging es sofort ans Auspacken und Aufbauen. Der Produktionsleiter hatte schon Wochen vorher zusammen mit dem Regisseur das Schwimmstadion besichtigt und die Standpunkte der einzelnen Kameras genau festgelegt. Jetzt konnte er mit dem Plan des Stadions in der Hand seine Anweisungen geben: „Kamera 1 übernimmt das Springbecken und gehört also oben links hin. Kamera 2 wird ebenfalls hoch oben auf der Tribüne aufgestellt und erfaßt die Schwimmbahnen. Kamera 3 und 4 werden auf Rollstativen direkt unten am Beckenrand eingesetzt."

Während die Kameraleute und ihre Helfer sich an den genannten Stellen einrichteten, zerlegbare Podeste aufschlugen, Stative und Kameras aufbauten und die Kabel zum Übertragungswagen zogen, schlossen der Bildingenieur und seine Techniker den Übertragungswagen — sie nennen ihn kurz ‚Ü-Wagen' — an den Parabolspiegel der Bundespost an. Der Ü-Wagen ist ein rollendes Studio, genauer gesagt eine rollende Bild- und Tonregie mit allen Einrichtungen, die in einem normalen Studio in verschiedenen Nebenräumen untergebracht sind.

Auf engstem Raum arbeiten hier Regisseur, Bildmischerin, Bildingenieur und Toningenieur sowie vier Technikerinnen der Kamerakontrolle. Diese vier überprüfen nämlich anhand von Testbildern vor der Übertragung die Kameras und steuern während der Sendung das Bild ihrer jeweiligen Kamera elektronisch auf beste Bildgüte aus. Der Kameramann draußen braucht ‚nur' für die optische Schärfe seines Bildes zu sorgen.

Über den Tribünen werden unterdessen Mikrofone eingebaut, die den Beifall und die Anteilnahme der Zuschauer aufnehmen — die Geräuschkulisse. In der Nähe einer Kamera wird für den Sportreporter ein Platz eingerichtet, von dem aus er das ganze Stadion überblicken kann. Damit er aber nicht über Vorgänge berichtet, die die Zuschauer daheim nicht auf dem Bildschirm sehen, erhält er einen kleinen Fernsehapparat, den Monitor. So behält er immer den großen Überblick und spricht doch nur das an, was sich gerade auf dem Bildschirm ereignet.

Drei Kameras haben inzwischen ihre verschiedenen im Revolversystem auswechselbaren Objektive erhalten. Mit ihnen können sie zum Beispiel einen Schwimmer im Wasser nah, halbnah, halbtotal und total zeigen. Das heißt, sie können verschiedene Bildausschnitte liefern, vom Schwimmer, der groß das ganze Bild ausfüllt, bis zu der Einstellung, in der man ihn klein neben allen anderen Wettbewerbsteilnehmern durch die Bahn des Schwimmbeckens krawlen sieht. Eine solche Übersicht nennt man eine 'Totale'. Die vierte Kamera ist mit einer Gummilinse ausgerüstet, einer Optik, die den Wechsel von Naheinstellung zur Totalen stufenlos bewältigt. Mit ihr kann man aus der Totalen ohne Objektivwechsel bis zur Naheinstellung auf einen Schwimmer 'zufahren'.

Am Sonntagnachmittag, 10 Minuten vor Sendebeginn, werden die letzten Vorbereitungen getroffen. Ü-Wagenbesatzung, Sportreporter, Kameraleute und Kamerahelfer sind auf ihren Posten. Die Gegensprechanlage zwischen Bildmischerin und Regisseur einerseits und den Kameraleuten andererseits wird noch einmal überprüft. Über diese Verständigungsanlage wird der ganze komplizierte Apparat während der Übertragung gesteuert.

16.00 Uhr! Die Sendung beginnt und mit ihr das Zusammenspiel von Menschen und Technik.

Im Ü-Wagen weiß jeder, was er zu tun hat: Der Toningenieur regelt den Ton des Reporters und die Geräuschkulisse, der Bildingenieur und seine Helferinnen sorgen für die elektronische Bildqualität, und der Regisseur gibt die Anweisungen, auf welche Vorgänge sich die verschiedenen Kameras einzurichten haben. Die Bildmischerin neben ihm übermittelt diese Anweisungen über Mikrofon und Kopfhörer den Kameraleuten. Ihre Zusammenarbeit ist ein unaufhörliches Gespräch, das so lange währt, wie die Sendung dauert. Außerdem muß die Bildmischerin von den angebotenen Bildern der vier Kameras jeweils das geeignetste ‚auf Sendung geben', denn übertragen und empfangen kann man ja immer nur ein Bild. Das alles vollzieht sich auf engstem Raum. Die Sommersonne läßt die Temperatur im Wagen trotz Klimaanlage bis auf Saunahöhe ansteigen.

Während man einen Sportfilm vom gleichen Ereignis erst nach Tagen oder Wochen sehen könnte, erlebt man eine Direktübertragung des Fernsehens im Augenblick des Geschehens. Da kommt es auf äußerste Genauigkeit und Konzentration aller an. Einer ist auf den anderen angewiesen. Pannen müssen in Sekunden behoben sein. Das alles ist nur durch Gemeinschaftsarbeit, durch Team-work im besten Sinne möglich.

Und was für dieses Beispiel gilt, trifft ebenso auf alle anderen Arten von Außenübertragungen zu: auf politische Veranstaltungen, Theaterübertragungen, Konzerte und kirchliche Sendungen. Ein großes Team von Fachleuten und eine komplizierte Technik lassen uns, die Zuschauer, immer in der ersten Reihe dabei sein.

Techniker der Bundespost peilen eine Parabolspiegelantenne ein, um für eine Außenübertragung die Verbindung vom Ü-Wagen zu Richtfunkstrecken und Sendern herzustellen.

Das Arbeitsgerät des Geräuschmeisters hat in einem Koffer Platz

Wenn Eisinger traben will, tut er das in einer Kiste mit Sand

Der entscheidende Augenblick ist gekommen: der FBI-Agent läßt alle Tarnungen fallen und stürzt sich auf den seit langem verdächtigten Ganoven. Blitzschnell entsteht ein Kampf Mann gegen Mann, der die Herzen aller Krimi-Fans höher schlagen läßt. Plötzlich herrscht Dunkelheit. Schluß — aus. Und aus dem Dunkel eine Stimme aus dem Lautsprecher: „War det jut?" Im liebenswerten Urberlinerisch. Den Kampf FBI gegen Unterwelt werden in einigen Wochen Millionen auf den Mattscheiben verfolgen können. Vorerst allerdings wird der Kampf in nüchterner Arbeitsatmosphäre im Synchronatelier im Studio Hamburg präpariert.

Amerikanische Filme müssen für die Fernsehprogramme ins Deutsche „übersetzt" werden. Die deutschen Schauspieler, die ihren amerikanischen Kollegen die Stimmen leihen, sind noch nicht dran. Auf dem Arbeitsprogramm steht schlicht: Geräusche. Und wo das dran ist, tritt der einzige Geräuschmeister der Bundesrepublik in Aktion. Heinz Eisinger, unverkennbar gelernter Berliner, ist seit mehr als 20 Jahren in der Branche. Die Meisterprüfung hat er bei der DEFA in Ost-Berlin gemacht, seit 1961 ist er im Studio Hamburg tätig. Wohl gibt es noch drei oder vier Kollegen in den Ateliers der Bundesrepublik, aber sie tragen nicht den Meistertitel.

Ein Arbeitstisch mit genialer Unordnung, davor ein Stuhl und ein Quadratmeter Boden aus Holz, Stein, Asphalt und Kokosmatte sind das Herzstück der winzigen Geräuschefabrik. Auf dem Tisch lagern tausend verschiedene Dinge: Schlüssel, Papier, Flaschen, Münzen, Handschellen, Klingeln, Blechscheiben, ein Paukenschläger, Schrauben, Holzstücke, Watte. Was hier nicht zu finden ist, wird aus einem großen, auf dem Boden liegenden Koffer hervorgeholt. Nur Heinz Eisinger findet sich in dieser geordneten Unordnung zurecht. Auf dem gevierteilten Quadratmeter Boden wird das produziert, was als typische Schritt- und Laufgeräusche aus dem Fernseher ertönt. Drei Mikrofone an langen Galgen hängen fast drohend über dem genialen Durcheinander. Heinz Eisinger beobachtet ständig eine große Leinwand, auf der die Handlung des Films abläuft.

Im wilden Galopp jagt ein Farmer zur Nachbarranch. Die Hufe seines Pferdes stampfen den Prärieboden, das Zaumzeug klirrt leise. Im „Synchron fünf" in Tonndorf sieht das etwas anders aus: Heinz Eisinger bewegt zwei halbe Kokosnußschalen in einer flachen Kiste mit Sand. Das Zaumzeug, das im Maul des Pferdes leise klirrt, hat der Geräuschmeister selbst ins — Verzeihung — in den Mund genommen und bewegt ruckartig den Kopf. Reichlich nüchtern alles, aber auf der Mattscheibe sieht man's nicht.

Kinnhaken, wie sie in der Hauerei zwischen FBI und Unterwelt nicht zu vermeiden sind, werden normalerweise mit einem Faustschlag auf die flache Hand gemacht. Es gibt aber feine Unterschiede. Ein Volltreffer („so richtig voll in die Fresse") wird statt mit der Faust mit einem in Wasser getauchten Gummiball produziert. „Man muß immer die Nerven behalten", sagt Eisinger, „denn Tempo beherrscht die Arbeit". Er sieht sich einen Take des Filmstreifens einmal an. Über Lautsprecher ertönt meist dann schon im schalldichten Raum für den Tonmeister sein: „Wir können!" also: rotes Licht, es wird ernst. Was dann in der Ecke mit der genialen Unordnung an Geräuschen aller Art geboren wird, das hören später Millionen aus dem Lautsprecher des Fernsehgerätes. Leider erscheint aber nie der Name des Geräuschmeisters im Vorspann ...

Gibt's eine Art Lampenfieber? „Gar keine Zeit dazu", meint Heinz Eisinger. Heute ist es der FBI, morgen ein Dokumentarfilm. Heute Schlägereien, Verfolgungsjagden und heftige Schießerei, morgen knirschen und rumoren Eisberge in der Stille der Arktis. Dabei muß alles ein bißchen dick aufgetragen werden, denn etwa 25 Prozent der Geräusche werden durch Sprache und Musik meist wieder geschluckt. Aber da beginnt schon die Arbeit des Tonmeisters.

Nur einen Kollegen hat Heinz Eisinger bisher ausgebildet. Geeigneter Nachwuchs ist schwer zu haben. Es sieht dunkel aus in dieser Branche. Aber ohne sie kommt man nicht aus. Nun denn: Rotes Licht. Zwei FBI-Agenten stürmen eine knarrende Holztreppe hinauf. Man wird es später hören ...

Joachim Redetzki

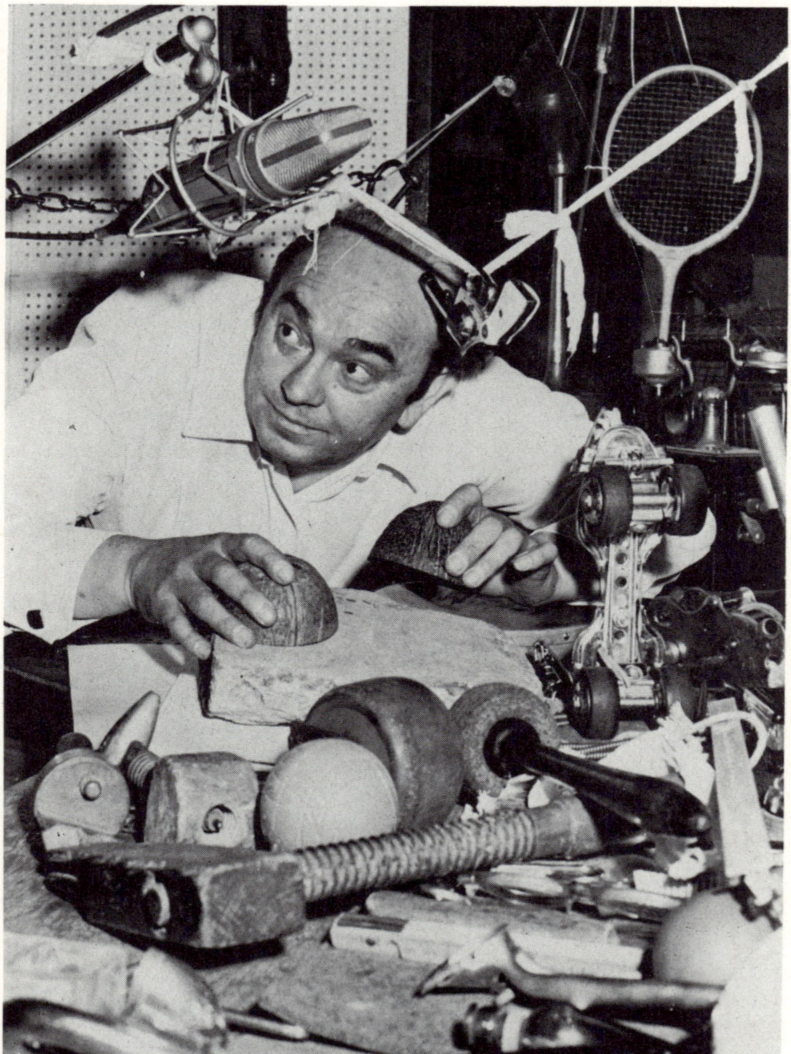

Eisinger ahmt mit Kokosnußschalen das Geräusch galoppierender Pferde nach

Foto: dpa

Für die neue Serie »Mordkommission« engagierte das Fernsehen Deutschlands erfolgreichsten Gangsterjäger als Berater

Mord-Schmitt greift ein

Ab sofort wird im Fernsehen unter Polizeiaufsicht gemordet. »Mord-Schmitt«, der erfolgreiche Leiter der Münchener Mordkommission, wird dafür sorgen, daß Unmöglichkeiten in den Fernsehkrimis nicht mehr so stark ins Auge fallen.

Vor seiner Bestallung als »Verbrechensberater« für die neue ZDF-Serie »Mordkommission« hatte der erfolgreichste deutsche Mörderjäger massive Kritik an den Fernsehsendungen geübt.

- »Es ist undenkbar«, sagte er, »daß die Mordkommission den Tatort betritt, bevor alle Spuren gesichert sind;
- Super-Kommissare Schlüsse ziehen, bevor sie Untersuchungsergebnisse kennen;
- die Tatwaffe einem Verdächtigen gezeigt wird;
- die Presse die Opfer fotografieren darf und dadurch dem Täter Aufschlüsse über das gibt, was die Polizei weiß;
- Verdächtige in Gegenwart anderer Verdächtiger verhört werden;
- Suggestivfragen gestellt oder falsche Paragraphen zitiert werden;
- Wasserleichen mit Stangen herausgefischt werden.«

»Wenn meine Kollegen wie im Fernsehen vorgehen würden, hätten sie nur noch Prozesse wegen Geständniserpressung, Körperverletzung und ähnlichem am Hals.«

Herr Schmitt will natürlich nicht die dramaturgische Spannung töten. »Aber«, so fragt er, »geht es denn nicht auch mit Realität statt Brutalität? Die Wirklichkeit ist doch spannend genug.«

»Berater« Schmitt nimmt seine Aufgabe im Studio ernst. So ernst, daß die Fernsehkommissare ins Schwitzen kommen. »Kriminal-Hauptkommissar« Charles Regnier knirschte schon mit den Zähnen. »Wenn nur der Herr Schmitt mit mir zufrieden ist, mit dem Regisseur komme ich schon klar. Wenn der so weitermacht, werde ich noch ein Beamter, wie er im Polizeihandbuch steht.«

Eine Sorge, die »Kommissar« Erik Ode nicht zu haben braucht. Denn er ist nicht ganz so, wie es die Polizei erlaubt.

»So wie es das ›Kommissar‹-Team macht«, meint Polizist Schmitt, »geht es wirklich nicht. Da ist vieles so ungesetzlich, daß die Beamten selbst vor den Richter kommen müßten.«

Schmitt macht nicht den Schauspielern Vorwürfe. »Die Drehbuchautoren machen es sich zu leicht. Die bemühen sich zu wenig, auf die echte Arbeit der Kripo einzugehen.«

Aber das soll der »Kommissar« nach dem Willen seines Autors gar nicht. Meint Herbert Reinecker, der sich die Kommissar-Folgen ausdenkt: »Der Kommissar unreal? Das ist doch genau meine Absicht! Sicherlich könnte man in einem Einstundenfilm auch richtige Polizeimethoden zeigen. Ich tue das bewußt nicht. Ich will menschliche Schicksale zeigen. Natürlich könnte ich auch einen echten Krimi schreiben, aber der hätte bestimmt nicht soviel Spannung."

Indirekt bestätigt das »Mord-Schmitt«: »Nicht ein einziges Mal ist es in meiner Dienstzeit zu einer so eindrucksvollen Ergreifung gekommen, wie sie das Fernsehen zeigt.«

Schmitt hat 233 Morde geklärt. **gb**

Die heimlichen Tricks mit Clarence, Fury und Lassie

Das Beverly Hills der Tiere liegt in einem heißen, weltabgeschiedenen Cañon etwa 70 Kilometer nordwestlich von Los Angeles.

Eine staubige Zufahrtstraße schlängelt sich aus den Orangenhainen im Tal an selbstgezimmerten Hinweistafeln „Africa USA" vorbei in die Höhe. Nach drei Kilometern endet sie auf einem 160 Hektar großen Anwesen, dem größten Privatzoo der Welt.

Hier ist die Heimat von mehr als 600 Tieren — Schlangen, Hyänen, Tigern und Giraffen —, die einmal im Kino oder auf dem Fernsehschirm auftreten sollen oder die bereits Stars geworden sind.

Hier ist das Zuhause des Esso-Tigers, des Werbelöwen der Dreyfuß-Investmentgesellschaft und des Elefanten, der in Amerika für den Opel Kadett wirbt.

Vor allem aber: Hier lebte Clarence, der schielende Löwe aus der TV-Serie Daktari, die Schimpansin Judy, der Bär Ben aus der Serie „Mein Freund Ben".

Zwanzig Minuten entfernt, auf der Rancho Maria, trabte Fury, das Fernsehpferd, das vor zwei Jahren starb. Es war 26 geworden.

Warum Judy noch lebt

Lassie verbringt die Wintermonate in dieser Gegend, denn ihr Trainer Rudd Weatherwax hat hier ein Wochenendhaus. Und Flipper, der Star der Stars, wird von hier aus gemanaget.

Ralph Helfer (38), ein bärtiger, narbenübersäter Mann, der am liebsten im Westernhemd herumläuft, ist der Boß von „Africa USA". Neun von zehn Tieren, die im amerikanischen oder deutschen Fernsehen auftreten, kommen aus seiner Schule. Aus einer Schule, deren Erfolgsgeheimnis „affection training" heißt. Zu deutsch: Training durch Liebe.

Helfer erklärt das so: „Wir leben und schlafen mit den Tieren und bemühen uns, ihr Vertrauen und ihre Liebe zu gewinnen. Training durch Furcht lehne ich ab. Das ist etwas für den Zirkus."

Viele der Tricks in „Daktari" und in „Mein Freund Ben" sind nur mit Liebe möglich gewesen. So zum Beispiel, daß die Schimpansin Judy auf dem Rücken des Löwen Clarence ritt und daß sie dessen Lippe hoch- und dessen Zunge herausziehen konnte. „Das ist etwas, was eigentlich nur Dompteure würdigen können", sagt Helfer, „denn ein Schimpanse ist für einen Löwen nichts anderes als 50 Pfund Fleisch."

Ralph Helfer glaubt, daß es auch seine Dressurmethoden waren, die ihn vor einigen Jahren vor einer Katastrophe verschonten, die seine Existenz vernichtet hätte:

Nach heftigen Regenfällen war „Africa USA", das damals noch im Tal lag, von einer Flutwelle bedroht. Normalerweise hätte unter den verängstigten Tieren eine Panik ausbrechen müssen. Doch sie ließen sich ohne jede Schwierigkeit auf höher gelegenes Land führen. Eines der Pferde schwamm sogar mit einem Jagdleoparden auf dem Rükken durch die Fluten.

Nur den 630 Pfund schweren kanadischen Bären Ben — damals hieß er noch Bruno — konnten die Männer nicht mehr finden. Erst drei Tage später tauchte er wieder auf. Er saß durchnäßt und hungrig an der Stelle, wo sein Käfig gestanden hatte.

Bei der Arbeit mit den Tieren gibt es — genau wie bei der Arbeit mit Zweibeinern — zahlreiche Tricks, von denen der Zuschauer kaum etwas bemerkt. Bei den Dreharbeiten für „Lassie" werden beispielsweise drei Trainer eingesetzt. Sie haben den Hund zwischen sich und steuern ihn wie mit unsichtbaren Fäden: „Geh geradeaus, Lassie. Halt. Leg die Pfote auf den Tisch. Gib dem Teller einen Schubs ..." Die Stimmen werden später herausgeschnitten.

Oder Fury: Er hatte bei den Dreharbeiten nicht weniger als vier Doubles. Ein Double erledigte alle Sprünge für ihn. (Fury selbst konnte nicht einmal einen halben Meter hoch springen.) Und ein anderes Pferd war fürs Bocken zuständig. Die restlichen beiden Doubles nahmen ihm alle Langstreckenläufe ab.

Wenn Fury beispielsweise allein einen Bergrücken hinaufgaloppieren mußte, dann wurde Double A (während Double B zusah) den Berg hinaufgeführt und oben so versteckt, daß es nicht im Bild war. Double B folgte ihm darauf brav auf dem gleichen Weg, während die Kamera lief. Dieser „Staffettenlauf" konnte beliebig fortgesetzt werden.

Auch Clarence, Judy und Ben hatten bei Schwierigkeiten oder gefährlichen Szenen Doubles.

Der 1968 gestorbene Clarence war überhaupt einer der faulsten Tierdarsteller aller Zeiten: Fast alle Bewegungsszenen wurden für ihn gedoubelt. Nur wenn in „Daktari" der Löwe Clarence schläft oder sich in Erwartung von etwas Erfreulichem die Lippen leckt, ist es mit an Sicherheit grenzender Wahrscheinlichkeit der echte Clarence.

Löwenliebe und ihre Gefahren

Aber: „Selbst wenn die Tiere nur nett sein wollen, können sie gefährlich sein", erzählt Marshall Thompson. „Wenn der fast 500 Pfund schwere Clarence sich liebevoll wie eine Hauskatze am Bein eines Menschen reiben will, dann kann einem das sehr leicht ein gebrochenes Bein einbringen. Und wenn er sich gar auf einen legen will, besteht zumindest die Gefahr von Rippenbrüchen."

Viele der Tierstars haben wie ihre berühmten zweibeinigen Kollegen ein bewegtes Leben und eine ungewöhnliche Karriere hinter sich.

Der erste von mittlerweile fünf Lassie-Darstellern — alles Rüden — wurde Trainer Weatherwax zur Behandlung übergeben, weil er zum Ärger seines Besitzers hinter jedem Auto herkläffte. Als der Mann nach erfolgreicher Behandlung bezahlen sollte, bat er Dr. Weatherwax: „Ach, lassen wir das. Behalten Sie dafür den Hund."

Für Weatherwax war es das Geschäft seines Lebens. Der so erworbene Collie begründete 1942 im Film „Lassie come home" 28 Lassie-Jahre in Film und Fernsehen.

Auch Judy und Clarence waren auf ihre Weise „Problemkinder". Judy machte als junges Schimpansenmädchen so viel Unsinn im Hause ihrer Pflegeeltern, einem Ehepaar in Los Angeles, daß diese dankbar waren, als Ralph Helfer ihnen das damals ein Jahr alte Tier abnahm. Clarence wäre wegen seines Augenfehlers beinahe getötet worden.

Wie ihre zweibeinigen Kollegen entwickeln auch die Tierstars nach einiger Zeit gewisse Starallüren. Judy, die nicht weniger als 75 verschiedene Befehle beherrschte, wußte genau, was es bedeutet, wenn der Regisseur bei den Dreharbeiten „cut" rief. Sie hoppelte augenblicklich zu ihrem Stuhl und wartete dort, Limonade schlürfend, auf ihre nächste Szene.

Bei Ben, dem Bären — der heute in Florida lebt —, ging es so weit, daß er bei „heißen" Szenen darauf bestand, daß ihm wiederholt die Stirn abgetupft wurde.

Auch wußte er genau, was das Surren der Kamera zu bedeuten hatte. Mitunter kam es vor, daß er bei der Generalprobe nicht zu verstehen schien, was man von ihm wollte. Wenn dann jedoch die Kamera lief, „spielte" er wie ein Profi.

Die Tiere wissen sehr wohl, wenn sie etwas gut gemacht haben. Fury pflegte nach einer guten Szene von einem Anwesenden zum anderen zu traben und sich von allen anerkennend abklopfen zu lassen.

Mitunter aber kommt es bei den Dreharbeiten mit Vierbeinern zu Zwischenfällen, auf die die Zweibeiner trotz aller Vorbereitung nicht gefaßt sind. So einmal bei Dreharbeiten mit Fury.

Die Sache mit der Karotte

Das damals erst zwei Jahre alte Pferd sollte die bewußtlose Schauspielerin Mona Freedman aus einer brennenden Scheune ziehen. Und damit es die Frau auch kameragerecht anstupste, wurde unter ihrer Schulter eine Karotte versteckt.

Bei der eigentlichen Aufnahme glaubte die Crew auf die Karotte verzichten zu können. Nicht so Fury: er suchte zuerst unter der Schulter nach dem Leckerbissen und forschte dann in Mona Freedmans sehr tiefem Ausschnitt weiter.

Die Schauspielerin erwachte augenblicklich aus ihrer „Bewußtlosikeit", sprang entsetzt auf und rief dann unter dem Gelächter des Aufnahme-Teams: „Für einen Zweijährigen bist du aber schon ganz schön frech."

Über die Einnahmen der Tiere lassen sich die Besitzer nur ungern befragen. Ralph Helfer räumte nur ein, daß jeder seiner Super-Tierstars „Millionen Dollar" schwer ist. Einen Anhaltspunkt gibt, daß allein ein unbekannter Puma aus dem Helfer-Zoo 1500 Dollar „Gage" pro Tag erhält.

Rancher McCutcheon, der während der Dreharbeiten für 500 000 Dollar versichert war — er konnte als einziger mit Fury umgehen —, hat in diesen Tagen seine erste Ranch im San-Fernando-Tal im Norden von Los Angeles für eine Million Dollar verkauft. „Ja, man kann sagen, daß ich das Fury zu verdanken habe", schmunzelte er.

Helmut Voss

Briefe an HÖRZU

»Speed Racer« abgesetzt: Protest!

Über 180 Briefe erreichten uns zur Absetzung der Serie »Speed Racer«. Hier eine kleine Auswahl!

1 Was soll das: Dreimal die scheußliche »kleine Hexe« zu bringen? Und die nette Comics-Serie haben Sie aus dem Programm geschafft. Wir Kinder unter 15 Jahren können doch nicht abends die Krimis anschauen!

Klasse 5, Progymnasium Erolzheim

2 Jugendliche in meinem Alter interessiert dieser ganze Kleinkinderquatsch einen nassen Staub. Wir wollen auch ein bißchen Spannung.

Bernd Peters (13), Wedel/Holst.

3 Vorher war Tarzan mein bester Fernsehfreund. Doch als die Folgen aus waren, hatte ich keinen Freund mehr. Doch da sah ich »Speed Racer«. Aber Sie haben mir die neue Freundschaft vermasselt. Bettina Keil, Freudenstadt

4 Da es ein Zeichentrickfilm ist, kann man sich an fünf Fingern abzählen, daß es ein Märchen ist. Und brutal – da möchte ich wissen, was »Hänsel und Gretel« ist?

Martin Knecht, Bonn-Drausdorf

5 Wehe, wenn Sie nicht Montag, Dienstag, Mittwoch, Donnerstag, Freitag die Serie »Speed Racer« zeigen, dann ist aber was los!

Michael Deppe (9)

6 »Speed Racer« abgesetzt! Wegen brutaler Szenen? Da kommt einem ja der Draht aus der Mütze! Den Erwachsenen zeigt man »Hawaii Fünf-Null«; da werden laufend Leute geschlachtet. Hartmut Kowalkis, Detern

(Jan. 1972)

Kinderprotest hatte Erfolg: „Speed Racer" kommt wieder

Mit Tausenden von Zuschriften an die Rundfunkanstalten und Programmzeitschriften haben die jugendlichen Fernsehzuschauer durchgesetzt, daß die im Dezember 1971 abgesetzte Kinderfernsehreihe „Speed Racer" im Herbst wieder in das Nachmittagsprogramm der ARD aufgenommen wird. Die Comics-Serie war auf Grund von Protesten abgesetzt worden, in denen sie als brutal und primitiv abqualifiziert worden war. Wie der Süddeutsche Rundfunk in Stuttgart gestern mitteilte, hat das Südfunk-Fernsehen auf Grund der vielen anschließenden Zuschriften alle Folgen von *Speed Racer* noch einmal kritisch geprüft und in Gesprächen mit Pädagogen, Jugendpsychologen und dem Fernsehausschuß die Argumente für und wider die Serie erörtert. Das Ergebnis: *Speed Racer* wird wieder aufgenommen, doch soll in der Ansage darauf hingewiesen werden, daß das Programm für Kinder unter acht Jahren nicht empfohlen werden kann.

(10. 3. 72)

SACHTEXTE

Meldungen - Reportagen * Berichte - Beschreibungen

Bärte und lange Haare können der Grund dafür sein, daß Reisenden die Einreise in die Tschechoslowakei verwehrt wird. Die bayerische Grenzpolizei teilte am Montag mit, daß tschechische Grenzbeamten einen amerikanischen Touristen wegen seines Bartes zurückwiesen. Ein deutscher Reisender wurde am Übergang Waidhaus wegen seiner langen Haare zurückgeschickt. Drei Jugoslawen durften nicht passieren, weil sie alte tschechische Kronen bei sich hatten und weil bei einem von ihnen der Einband des Passes eingerissen war.

(8. 6. 1971)

Zum Friseur oder zum Fotografen

München (ap). „Langhaarige und bärtige Reisende, die in die CSSR wollen, sollten vorher entweder zum Fotografen oder zum Friseur gehen — Hauptsache, das Lichtbild stimmt". Diesen dringenden Rat gibt die bayerische Grenzpolizei allen CSSR-Reisenden. Allein am Wochenende seien vier junge Männer, die in die CSSR einreisen wollten, von den tschechoslowakischen Grenzern zurückgewiesen worden: ein Amerikaner, ein Kanadier, ein Jugoslawe und ein Deutscher. In allen vier Fällen habe das Foto im Paß nicht mit dem bärtigen und langhaarigen Bild übereingestimmt, das sich den CSSR-Grenzern bot. „Die Beamten sind sehr streng, und diese Zurückweisungen erfolgen laufend", teilte die bayerische Grenzpolizei mit. „Manchmal genügt allerdings schon eine Rasur beim nächsten grenznahen Dorffriseur, und die Reisenden werden durchgelassen."

(28. 6. 71)

Genscher fiel in die Ostsee

Bonn (UPI)

In die kühlen Fluten der Ostsee fiel Bundesinnenminister Hans Dietrich Genscher, als er nach einer Probefahrt von dem 33 000-Tonnen-Autotransport-Schiff *Hermann Schulte* auf ein Patrouillenboot des Bundesgrenzschutzes umsteigen wollte. Wie sein Ministerium mitteilte, hatte der Minister das Grenzschutzboot bestellt, um rechtzeitig zu einem Vortrag vor der Auslandspresse nach Bonn zu kommen, da sich die Fahrt des Autotransporters wegen Nebels vor der schleswig-holsteinischen Küste in der Höhe von Fehmarn verzögert hatte. Bei dem Versuch, mit Hilfe einer Strickleiter von der *Hermann Schulte* an Bord des Patrouillenboots zu gehen, stürzte der Minister ins Wasser. Schwimmend erreichte Genscher einen ihm zugeworfenen Rettungsring und wurde schließlich von den Grenzschutzbeamten an Bord gehievt. Um einer Erkältung nach dem Sturz in die Ostsee bei neun Grad Wassertemperatur vorzubeugen, bereiteten die Beamten ihrem obersten Dienstherrn ein heißes Bad.

(29./30./31. 5. 71)

Genschers Fehltritt hat Seltenheitswert

Minister rutschte vor Fehmarn von der Strickleiter und fiel in die See

Burg/Fehmarn/Bad Bramstedt (ap) Bonner Minister und Parteigrößen haben sich im Lauf der Jahre so diesen und jenen Fehltritt geleistet — der von Bundesinnenminister Hans-Dietrich Genscher allerdings hat Seltenheitswert: der knapp zwei Zentner schwere Innenminister war am Mittwoch von einer Strickleiter an der Bordwand des 33 000 Tonnen großen Autofrachters „Hermann Schulte" ausgerutscht und schnurstracks in die Ostsee geplumpst.

Ein Sprecher der Bundesgrenzschutzabteilung „See" in Bad Bramstedt sagte gestern: „Innerhalb weniger Minuten haben wir unseren obersten Dienstherrn fachmännisch aus dem Meer geborgen und gerettet." Genscher hatte am Mittwoch — wir berichteten in einem Teil unserer gestrigen Ausgabe darüber — an der Probefahrt des neuen Autospezialtransporterschiffes als Ehrengast teilgenommen. Da er jedoch am Abend im Bonner Presseclub einen Vortrag halten mußte, war das Patrouillenboot „Eschwege" des Bundesgrenzschutzes ebenfalls in die Ostsee ausgelaufen, um den Minister auf hoher See an Bord zu nehmen und vorzeitig zurück an Land zu bringen.

Muskelkrampf war schuld

Querab vom Feuerschiff Fehmarn-Belt sollte das Umsteigemanöver vorgenommen werden. Genscher kletterte in voller Montur, mit Prinz-Heinrich-Mütze auf dem Kopf und seinem dunkelblauen Frühjahrsmantel, zunächst frohgemut an der etwa 13 Meter hohen Bordwand die Strickleiter hinab.

Da der kleine Tender aber in den Wellen kräftig hin- und herschaukelte, gab es minutenlang keine rechte Möglichkeit, mit einem kühnen Sprung von der Jakobsleiter zur „Eschwege" hinüberzusetzen. Plötzlich erlitt der Minister dann einen höchst schmerzhaften Muskelkrampf in einer Hand — und ab ging's mit dem Vizechef der Freien Demokratischen Partei in die knapp zehn Grad kühlen Fluten des Meeres.

Genscher, begeisterter Freizeitschwimmer, tauchte ein paar Meter neben seiner solo dahinschaukelnden Mütze wieder aus den Wogen auf und steuerte sogleich auf den orangefarbenen Rettungskragen zu, den ihm ein Bootsmann von Bord der „Eschwege" geistesgegenwärtig zugeworfen hatte. Blitzschnell war auch noch ein Kletter-Rettungsnetz ausgeworfen — und Bonns Innenministerium hatte seinen Chef nach kurzem Verschwinden auf Tauchstation wohlbehalten wieder.

Danach ein heißes Bad

Die Grenzschützer an Bord bereiteten sodann dem Minister noch ein heißes Bad, servierten ihm einen kräftigen Schluck aus der (vermutlich) zollfreien Schnapsbuddel, steckten ihn in einen Trainingsanzug, und mit einer Stunde Verspätung konnte Genscher schließlich den Hubschrauber nach Bonn besteigen.

Neue Kanzlerunterschrift

Bundeskanzler Willy Brandt wird jetzt noch den Schlußstrich unter den Wasser-Fall seines Kabinettsmitglieds ziehen müssen: Seit dem unfreiwilligen Bad ist die Kanzlerunterschrift auf des Ministers Dienstausweis so verwaschen, daß eine neue Legitimation fällig ist. (29. 5. 71)

Knallkörper explodierte einem Zuschauer im Mund

Silvester-Feuerwerk verursachte 30 Unfälle

Bei Frost und sternklarem Himmel begrüßten die Hamburger das neue Jahr wie üblich mit Leuchtraketen, Heulern und Knallkörpern. Eine runde Million Mark wurde nach Experten-Schätzungen bei dieser Gelegenheit in die Luft gejagt. Während in den Wohnungen und in vielen gut besuchten Lokalen, vor allem auf St. Pauli, der Alkohol floß, während die Schiffssirenen im Hafen pünktlich um Mitternacht einsetzten, registrierte die Polizei eine im Verhältnis zu früheren Jahren ausgesprochen ruhige Silvesternacht. Dennoch kam es vereinzelt zu schweren Unfällen.

Als das neue Jahr erst wenige Stunden zählte, war bereits ein Rentner tödlich verunglückt, hatten Ärzte einem jungen Amateurfeuerwerker ein Auge entfernen müssen. In der Zeit von 23 bis 3 Uhr mußte der Rettungswagen der Feuerwehr 41mal ausrücken; in 30 Fällen hatten Feuerwerkskörper die Unfälle verursacht. Von 24 Bränden im gleichen Zeitraum war die Hälfte sozusagen silvestertypisch.

Drei Stunden nach Mitternacht wollte der 61jährige Hans R. aus Norderstedt in der Höhe der Hausnummer 660 die Langenhorner Chaussee überqueren. Dabei wurde er von einem Auto angefahren und auf die Gegenfahrbahn geschleudert, wo ihn ein zweiter Personenwagen erfaßte und überrollte. Der Fahrer dieses Wagens fuhr weiter, ohne anzuhalten. Der Rentner starb an seinen Verletzungen.

In einem Lokal an der Straße Bei der Reitbahn in Ottensen wurde in der Silvesternacht ein Feuerwerkskörper gezündet, der dem 20 Jahre alten Kraftfahrzeugmechaniker Joachim M. aus Altona vor die Füße fiel. Bevor der junge Mann den Knaller wegstoßen konnte, kam es zur Detonation. Im Eppendorfer Krankenhaus mußte dem Verletzten ein Auge entfernt werden.

Zwei fielen vom Balkon

Mit einer schweren Kieferverletzung kam der 22jährige Hans-Joachim K. aus Bergstedt ins Universitätskrankenhaus. Auf ihn hatten Unbekannte auf der Hamraakoppel einen Knallkörper geworfen. Wie die Polizei rekonstruierte, ist er ihm im Mund explodiert.

In Bramfeld fielen zwei junge Leute, vermutlich beim Aufstellen oder Zünden von Raketen, kopfüber vom Balkon im ersten Stock eines Mietshauses am Jahnkeweg. Die Verletzungen der 20jährigen Sylvia J. sind ernst. Ihr Verlobter, der gleichaltrige Hans-Jürgen G., wurde im Krankenhaus ambulant behandelt.

Vermutlich ertrunken ist der 20 Jahre alte Seemann Jürgen R. aus Wilhelmshaven, der in der Neujahrsnacht in ein Hafenbecken des Alten Fischereihafens in Cuxhaven fiel. Die Suche nach ihm wurde ergebnislos abgebrochen.

Vereinzelte Brände konnten schnell gelöscht werden. Größere Schäden entstanden nicht. Ein für die Jahreswende typisches Feuer brach in einer Wohnung an der Altstädter Twiete in der Innenstadt aus: Eine Rakete, die vom gegenüberliegenden Haus abgefeuert worden war, hatte die Möbel in Brand gesetzt. Der Mann, der die Rakete gestartet hatte, verständigte selbst die Feuerwehr, als er sah, was sein Geschoß angerichtet hatte.

Beide Hände abgerissen

In Neumünster wurden einem Lehrling beide Hände abgerissen, als er auf der Straße einen Knallkörper zündete und dieser vorzeitig explodierte. Wie die Polizei dazu mitteilte, hatte der

19jährige den Feuerwerkskörper selbst gebastelt.

Auch in Schleswig-Holstein forderte der Straßenverkehr zum Jahreswechsel ein Todesopfer. Beim Überqueren der Bundesstraße 502 in Heikendorf im Kreis Plön wurde der 38 Jahre alte Arbeiter Bernhard B. von einem Auto auf die Fahrbahn geschleudert. Er starb wenig später im Krankenhaus. Ein 29jähriger Fußgänger lag in der Silvesternacht betrunken auf der Fahrbahn in Sterup (Kreis Flensburg-Land), wurde von einem Auto angefahren und lebensgefährlich verletzt.

Wenige Minuten nach Mitternacht brach der zwölfjährige Karsten H. auf dem Balkon seines Elternhauses in Itzehoe zusammen. Er war von einem Geschoß getroffen worden, das in der Kieler Universitätsklinik operativ entfernt werden mußte. Der Junge schwebt in Lebensgefahr.

Erheblichen Schaden richteten zwei Großfeuer an der Westküste des nördlichsten Bundeslandes an. In Rodenes an der dänischen Grenze brannte ein strohgedecktes Wohn- und Wirtschaftshaus bis auf die Grundmauern nieder; Brandursache war ein vom Sohn des Inhabers gezündeter Feuerwerkskörper. Vieh, Inventar und Erntevorräte verbrannten bei einem Großbrand auf einem Hof in St. Peter-Wittdün, dessen Ursache bisher nicht bekannt ist. Hier entstand ein Schaden von etwa 135 000 Mark. (2. 1. 71) **od**

Nachrichten wie tödliche Schläge

Unaufhaltsam stieg die gierige Flut

Die Stimme des Rundfunksprechers klingt ruhig und klar: „Die deutsche Nordseeküste wird vor einer Sturmflut von mindestens 2,50 Meter über Normal-Hochwasser gewarnt.“ In dieser Sekunde zeigt die Uhr im Turm der St.-Pauli-Landungsbrücken 18.38. Nach den Nachrichten um 19 Uhr eine neue Warnung. Und um 20.25 Uhr: „Eine sehr schwere Sturmflut mit mindestens 3 Meter über Normal steht der Nordseeküste bevor!“ (16./17. Februar 1962)

Das Hydrographische Institut hat seine Pflicht getan. Eine Routinepflicht. Es hat vor einer Sturmflut gewarnt, deren Höhepunkt und Umfang vorausberechnet ist.

Aber die Nordseeküste ist weit. Und Sturmfluten sind in Hamburg nichts Besonderes. Die Hamburger hören die Warnungen, lauschen dem Kochen des Orkans und — gehen schlafen. Was soll schon passieren?

Was die Hamburger nicht wissen und was ihnen auch niemand gesagt hat: Schon seit dem frühen Freitagvormittag hatte der Sturm gewaltige Wassermengen in den Trichter der Elbmündung gedrückt. Das Nachmittagshochwasser war auf 2,40 Meter über Normal gestiegen. Sechs Stunden später, zur Zeit der Ebbe, steht das Wasser immer noch 1,70 Meter über Normal-Flut. Die Ebbe bleibt ganz aus. Und nach 21 Uhr beginnt die Elbe erneut zu steigen. Unaufhaltsam und drohend.

So beginnt der Strudel des Verderbens. Unheimlich schnell steigt das Wasser. Um 22.30 Uhr steht die Elbe 2,60 Meter über Normal. Eine Viertelstunde später schon 2,85 Meter. 23 Uhr: Die Behörden verhängen den Ausnahmezustand. Schon seit Stunden sind sie in Alarmbereitschaft. Aber die Bevölkerung weiß nichts.

Dann mischen sich vom Michel zwölf dunkle Schläge in das Toben des Orkans. Mitternacht. Jetzt überschlagen sich die Hiobsbotschaften. Der Rödingsmarkt droht vollzulaufen. Die Straße Herrlichkeit bildet einen See mit halbmeterhohen Wellen. In Neuenfelde schäumt Gischt über den Deich der Alten Süderelbe.

In den hafennahen Vierteln erkennt man plötzlich die Gefahr: In fieberhafter Eile werden Sandsackbarrikaden aufgetürmt, Holzbretter vor die Eingänge genagelt.

Das Wasser kennt kein Erbarmen. Um 0.40 Uhr bricht in Neuenfelde der Deich. In Francop, Neuhof, Kirchwerder und auf Finkenwerder schießt Wasser über die Deiche. Zum erstenmal in dieser schrecklichen Nacht schreien Menschen um Hilfe.

Dann folgen die Nachrichten wie tödliche Schläge: Deichbrüche in Francop, Moorburg, Stillhorn, Moorfleet und wieder in Neuenfelde.

Gigantische Flutwellen schießen durch geborstene Deiche. Millionen von Kubikmetern Wasser ergießen sich in die Niederungen, zerschmettern Lauben, reißen Autos, Möbel und Menschen mit. Ein Abgrund tut sich auf.

Neue Deichbrüche. Am Ernst-August-Kanal, an der Wilhelmsburger Brückenstraße, auf der Peute, in Billbrook, am Industriekanal, an der Harburger Chaussee. Eine Wasserwalze schießt von allen Seiten in die Wilhelmsburger Niederung. Die Tragödie der Kleingärtner beginnt.

Durch die Georg-Wilhelm-Straße, über den Vogelhüttendeich, durch die Veringstraße rasen meterhohe Flutwellen. Sie krachen gegen die Wände von Hochhäusern, Arbeitersiedlungen und blitzsauberen Einzelhäuschen. Längst ist der elektrische Strom ausgefallen. Die Telefone sind verstummt, Wasserleitungen und Gasrohre zerfetzt. Und in dieser Hölle gibt es keine Beleuchtung.

Moorfleet und Waltershof, Billbrook und Altenwerder, Stillhorn und Neuland, die Veddel und die Peute, Georgswerder und die weite Süderelbmarsch — alles versinkt in der tobenden Flut.

Menschen haben sich auf die Dächer ihrer Behelfsheime gerettet. Ihr Schreien wird vom Orkan verschluckt. Menschen hängen in den Bäumen, krallen sich mit letzter Kraft in das Geäst. Bis sie die Besinnung verlieren, bis sie nicht mehr können ...

Um 2 Uhr früh jagt das Wasser über den Reiherstiegdeich. Sekunden später ist auch dieser Damm von der Flut weggewischt. Noch mehr Menschen werden von der Flut eingeschlossen.

Von allen Seiten dringt das Wasser über den Wilhelmsburger Güterbahnhof. Eisenbahner retten sich auf die Wagendächer. Die Autobahn ist 3 Meter hoch überspült. Und durch die Georg-Wilhelm-Straße treiben tote Menschen.

Die Süderelbmarsch ist zum Meer geworden. Einem Meer des Todes. In den Ställen ertrinken Kühe und Schweine zu Hunderten, später zu Tausenden. Ein schreckliches Tiersterben. Bauern versuchen, ihre Rinder in die oberen Stockwerke zu zerren. Meistens gelingt es ihnen nicht. Manchmal schaffen sie es.

In Neuenfelde retten sich Menschen und Tiere wie in alten Zeiten in die Kirche. Sie steht auf einer Wurt ...

Von all diesem ahnt man in der Innenstadt zunächst noch nichts. Die Telefonverbindungen zu den Stadtteilen südlich der Norderelbe funktionieren nicht mehr. Nur über Funk haben Polizei und Feuerwehr noch Kontakt.

Währenddessen geschehen im Zentrum der Millionenstadt Dinge, die niemand für möglich gehalten hat. Rödingsmarkt und Ost-West-Straße, Admiralitätsstraße und Großer Burstah werden überflutet. Auf dem Adolphsplatz und rings um den Hopfenmarkt schwabbt die trübe Flut.

Die Kleine Johannisstraße neben Börse und Rathaus wird zum See. Aus den Gullys spritzen Fontänen — die Kanalisation läuft über. Gierig klettert das Wasser an den Portalen der großen Banken empor.

Mit der Präzision eines teuflischen Uhrwerks läuft straßauf, straßab ein Keller nach dem anderen voll. Über die Adolphsbrücke quillt das Wasser von allen Seiten.

Um 2 Uhr sind Straßenbeleuchtung und Telefon auch im größten Teil der Innenstadt ausgefallen. Über die Graskellerschleuse schießt die Flut wie ein Wildwasser in das Fleet zur Alster. Gegen 2.30 Uhr fließt die Elbe in die Alster. Von nun an steigt der Alsterspiegel in jeder Minute einen Zentimeter.

Um 2.55 Uhr

- dringt Wasser in den Elbtunnel,
- läuft der Keller unter der Börse voll,
- krallen sich Menschen auf Waltershof an die Dachbalken ihrer Behelfsheime,
- wird die Kleingartenkolonie Kummerkate überflutet,

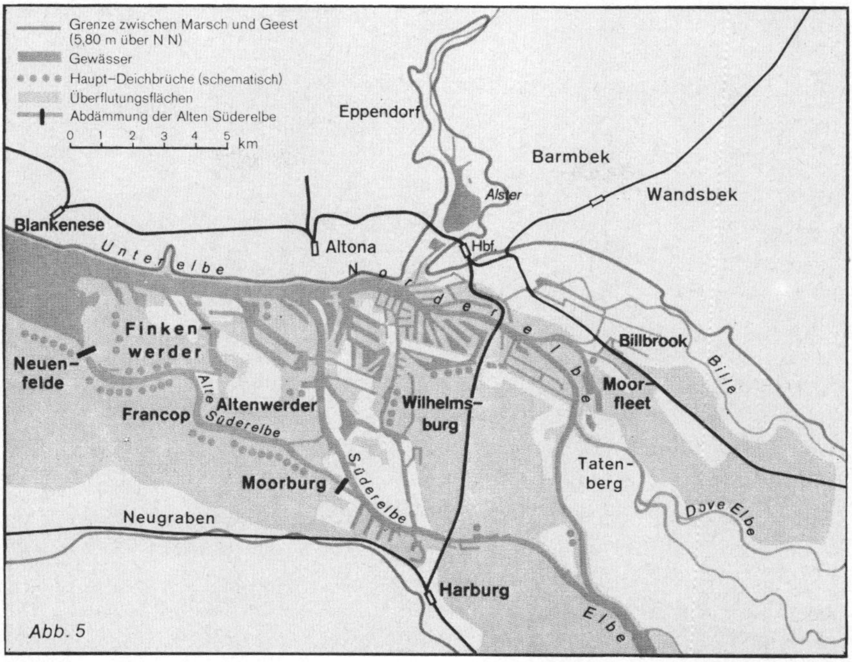

Abb. 5

- schießt die Flut am Mönkedamm in den U-Bahn-Schacht,
- steht Cranz 4 Meter unter Wasser,
- läuft das halbfertige Kraftwerk Schulau voll,
- retten sich die Nachtwächter in den Großbanken der Innenstadt in die höheren Stockwerke,
- werden die ersten Keller rings um die Alster überflutet.

Gleichzeitig steht eine riesige, glutrote Wand über dem Grasbrook und über Kattwyk. In ganz Hamburg ist der flackernde Feuerschein zu sehen. 30 Meter hoch züngeln die Flammen. Die Gaswerke löschen ihre Öfen, nachdem es keinen Strom für die Motoren mehr gibt, die das Gas in die Rohre drücken.

Gegen 3.15 Uhr erreicht das Chaos seinen Höhepunkt. Neue Kurzschlüsse in der ganzen Stadt, dicke Qualmwolken dringen aus überschwemmten Heizungskellern. Die Flut rollt am Rathausmarkt aus. Brandung neben dem Eingang zum Ratsweinkeller ...

Keine Verbindung mit Harburg

Der Autoverkehr zwischen Hamburg und Harburg über die Autobahn, die Wilhelmsburger Reichsstraße, die alten Straßen auf der Veddel und in Wilhelmsburg sowie der Eisenbahnverkehr zwischen Hamburg und Harburg über Wilhelmsburg sind unterbrochen. Der gesamte Verkehr muß über Lauenburg umgeleitet werden.

3.30 Uhr! In diesem Augenblick erreicht die Flut ihren Höhepunkt. Minuten später beginnt sie zu fallen. Zuerst nur ganz langsam.

Aber immer noch brechen Deiche südlich der Elbe. Immer noch werden Menschen von den Wassermassen verschlungen. Immer noch gellen Schreie über die Wasserwüste — Schreie, die der niemals vergißt, der sie hört.

Eröffnung der Eisenbahn zwischen Nürnberg und Fürth

Am 7. Dezember, morgens um neun Uhr, fand die feierliche Eröffnung der Ludwigseisenbahn zwischen Nürnberg und Fürth auf dem eingehegten Platze statt, welcher zu dem Verwaltungslokale der Eisenbahngesellschaft gehört.

Schon um sieben Uhr machte sich Nürnberg zu Fuß, zu Pferd und zu Wagen auf den Weg, um zur rechten Zeit an Ort und Stelle zu sein. Gegen acht Uhr waren bereits die meisten Aktionäre und Direktoren sowie die zur Feierlichkeit eingeladenen Gäste von nah und fern versammelt. Man betrachtete lange Zeit den soliden Bau der Bahn, die zum Teil elegant gebauten Passagierwagen, neun an der Zahl; aber die freudigste und nicht zu erschöpfende Aufmerksamkeit widmete man dem Dampfwagen selbst, an welchem jeder soviel Ungewöhnliches, Rätselhaftes zu bemerken hat.

Auf den Achsen von Vorder- und Hinterrädern wie ein anderer Wagen ruhend, hat er mitten zwischen diesen zwei größere Räder, und diese sind es, welche von der Maschine eigentlich in Bewegung gesetzt werden. Wie? — läßt sich zwar ahnen, aber nicht sehen. Zwischen den Vorderrädern erhebt sich, wie aus einem verschlossenen Rauchfang, eine Säule von ungefähr 15 Fuß Höhe, aus welcher der Dampf sich entladet. Zwischen den Vorder- und Mittelrädern erstreckt sich ein gewaltiger Zylinder nach den Hinterrädern, wo der Herd und Dampfkessel sich befindet, welcher von einem zweiten, vierrädrigen, angehängten Wagen aus mit Wasser gespeist wird. Dieser hintere Wagen nämlich, auf welchem der Platz für das Brennmaterial ist, hat auch einen Wasserbehälter, aus welchem Schläuche das Wasser in die Kanäle des eigentlichen Dampfwagens leiten. Außerdem bemerkt man eine Unzahl von Röhren, Hähnen, Schrauben, Ventilen, Federn, die alle nur wahrzunehmen mehr Zeit erfordert, als uns vergönnt war.

Als der Dampf sich stark zu entwickeln begann, regnete es aus der sich augenblicklich bildenden Wolke durch die etwas rauhe Morgenluft auf uns herab; ja, der Gegensatz der glühenden Dämpfe und der Atmosphäre machte, daß zugleich ein Hagelstaub niederfiel. — Unter diesen und ähnlichen Wahrnehmungen verstrich die Zeit. Die Landwehrmusik verkündete den Beginn der Feierlichkeit. Bürgermeister Binder hielt die Festrede, die sehr angemessen auf die Bedeutung des Unternehmens hinwies, sofern unsere Eisenbahn als Anfangs- und Mittelpunkt eines Eisenbahnsystems zu betrachten sei, das sich dereinst über Bayern, ja über ganz Deutschland zu erstrecken habe. — Hierauf begann die erste Fahrt in den mit Fahnen geschmückten Wagen. Alle neun Wagen waren angefüllt und mochten etwa zweihundert Personen fassen.

Der Wagenlenker ließ die Kraft des Dampfes nach und nach in Wirksamkeit treten. Aus dem Schlot fuhren nun die Dampfwolken in gewaltigen Stößen, die sich dem schnaubenden Ausatmen eines riesenhaften antediluvianischen

Stieres vergleichen lassen. Die Wagen waren dicht aneinandergekettet und fingen an, sich langsam zu bewegen; bald aber wiederholten sich die Ausatmungen des Schlots immer schneller, und die Wagen rollten dahin, daß sie in wenigen Minuten den Augen der Nachschauenden entschwunden waren. Auch die Dampfwolke, welche lange noch den Weg, den jene genommen, bezeichnete, sank immer tiefer, bis sie auf dem Boden zu ruhen schien; die erste Festfahrt war in neun Minuten vollendet und somit eine Strecke von 20 000 Fuß zurückgelegt. Die Fahrt wurde an diesem Tage noch zweimal wiederholt. Das zweite Mal bin auch ich mitgefahren, und ich kann versichern, daß die Bewegung durchaus angenehm, ja wohltuend ist. Wer zum Schwindel geneigt ist, muß es freilich vermeiden, die vorüberfliegenden, näher gelegenen Gegenstände ins Auge zu fassen. Von Erschütterung ist nur soviel zu spüren, als erforderlich ist, um die Eisenbahnfahrt nicht mit einer Schlittenfahrt zu verwechseln, obschon die Empfindung der ähnlich ist, welche das Fahren in einem gut geführten Stoßschlitten auf glatter Eisbahn verursacht.
Es war eine unermeßliche Menschenmenge vorhanden, und sie jauchzte und jubelte zum Teil den Vorüberfahrenden zu; und in der Tat, es gewährt der Anblick des vorüberdrängenden Wagenzuges fast ein größeres Vergnügen als das Selbstfahren. Wenigstens drängt sich uns das Gefühl der gewaltigen, wundersam wirkenden Kraft bei jenem Anblick weit mehr auf; es imponiert, wenn man den Wagenzug mit seinen zweihundert Personen wie von selbst, wenn auch nicht pfeilgeschwind, doch gegen alle bisherige Erfahrung schnell *unaufhaltsam* heran-, vorüber- und in die Ferne dringen sieht. Das Schnauben und Qualmen des ausgestoßenen Dampfes, der sich sogleich als Wolke in die Höhe zieht, verfehlt auch seine Wirkung nicht. Pferde auf der sehr nahen Chaussee sind daher beim Herannahen des Ungetüms scheu geworden, Kinder haben zu weinen angefangen, und manche Menschen, die nicht alle zu den Ungebildeten gerechnet werden dürfen, haben ein leises Beben nicht unterdrücken können.

(Morgenblatt für gebildete Stände. Stuttgart, 1835.)

Am Fließband

Günter Wallraff

Manches ist ungewohnt für mich. Das Stempeln zum Beispiel. (Bei nur einer Minute Verspätung wird eine Viertelstunde vom Lohn einbehalten.) Oder das Öffnen und Vorzeigen der Aktentasche beim Passieren des Pförtners. (Bei verschärfter Kontrolle kann eine Art Leibesvisitation vorgenommen werden.) „Das Band frißt Menschen und spuckt Autos aus", hatte mir ein Werkstudent gesagt, der selbst lange Zeit am Band gearbeitet hatte. Wie das gemeint war, sollte ich bald erfahren. Alle anderthalb Minuten rollt ein fertiger Wagen vom Band. Ich bin am letzten Bandabschnitt eingesetzt. Muß kleinere Lackfehler ausbessern, die es an jedem Wagen noch gibt. ‚Da ist weiter nichts dabei', denke ich anfangs, als ich sehe, wie langsam das Band vorwärtskriecht.

Eine Frau arbeitet mich ein. Sie ist schon vier Jahre am Band und verrichtet ihre Arbeit ‚wie im Schlaf', so sagt sie selbst. Ihre Gesichtszüge sind verhärtet wie bei einem Mann.

Linke Wagentür öffnen. Scharniersäule nachstreichen. Das abgeschliffene Scharnier neu streichen. Griff für die Kühlerhaube herausziehen. (Er klemmt oft.) Kühlerhaube aufklappen. Wagennummer mit Lack auslegen. Rechte Wagentür wie bei der linken. Kofferraum öffnen und nach eventuellen Lackfehlern suchen. Zusätzlich noch auf sonstige Lackfehler achten, die bei sorgfältiger Prüfung immer zu finden sind. Mit zwei Pinseln arbeiten. Der große für die Scharniersäule, die von der Wagentür halb verdeckt ist und an die man schlecht herankommt; der kleine für feinste Lackfehler zum Auslegen, was besonders viel Zeit in Anspruch nimmt. Außerdem immer wieder zu den Lacktöpfen zurücklaufen, Pinsel säubern und Farbtöpfe wechseln, weil die Wagen auf dem Band in kunterbunter Reihe erscheinen. Zusätzlich auf die Laufzettel der Wagen meine Kontrollnummer vermerken.

Fließbandmontage: Nacheinanderliegende Arbeitsplätze sind durch ein gleichmäßig oder ruckartig laufendes Transportband miteinander verbunden. Die Arbeiter verrichten stets gleiche Handgriffe (Beispiel: Räder aufsetzen. Radmuttern anziehen). Das Arbeitstempo wird durch die Geschwindigkeit des Transportbandes bestimmt.

Noch arbeiten wir zu zweit. Ich begreife nicht, wie die Frau allein damit fertig geworden ist. Nach zwei Tagen Einarbeiten wird die Frau zum Wagenwaschen versetzt. Damit ist sie nicht einverstanden. Sie fürchtet um ihre Hände, die vom Benzin ausgelaugt werden. Aber danach fragt keiner. Der Meister geht ihr aus dem Weg.

Ich frage sie, ob sie sich nicht an einen Vertrauensmann wenden kann, aber von dessen Existenz weiß sie nichts.

Allein werde ich mit der Arbeit nicht fertig. Ich übersehe kleine Lackschäden, aber man ist nachsichtig. „Mit der Zeit haut das schon noch hin."

Punkt 15.10 Uhr ruckt das Band an. Nach drei Stunden bin ich selbst nur noch Band. Ich spüre die fließende Bewegung des Bandes wie einen Sog in mir. Wenn das Band einmal einen Augenblick stillsteht, ist das wie eine Erlösung. Aber um so heftiger, so scheint es, setzt es sich danach wieder in Gang. Wie um die verlorene Zeit aufzuholen.

Die Bandarbeit ist wie das Schwimmen gegen einen starken Strom. Man kann ein Stück dagegen anschwimmen. Das ist erforderlich, wenn man einmal zur Toilette muß oder im gegenüberliegenden Automaten einen Becher Cola oder heißen Kaffee ziehen will. Drei, vier Wagen kann man vorarbeiten. Dann wird man unweigerlich wieder abgetrieben.

J., vom Band nebenan, 49 Jahre alt, erinnert sich an frühere Zeiten: „Da ging es noch gemütlicher am Band zu. Wo früher an einem Band drei Fertigmacher waren, sind heute an zwei Bändern vier. Hin und wieder kommt der Refa-Mann mit der Stoppuhr und beobachtet uns heimlich. Aber den kenne ich schon. Dann weiß ich: bald wird wieder jemand eingespart, oder es kommt Arbeit dazu."

Aber J. beklagt sich nicht. „Man gewöhnt sich daran. Hauptsache, ich bin noch gesund. Und jede Woche ein paar Flaschen Bier."

Jeden Tag nach Schichtende, 23.40 Uhr, setzt er noch ein paar Überstunden dran und kehrt mit zwei andern unseren Hallenabschnitt aus.

Ich bin nach acht Stunden erledigt. Die Frühschicht soll besser sein, hat man mir gesagt. „Man gewöhnt sich mit der Zeit an alles." [...]

Auf der Werft

Franz Fühmann

[...]

Wir hatten die ersten Platten angeheftet, da kam der Meister herein. „Morgen, Jungs", sagte er, und er fragte, wie weit wir wären und wie lange wir noch hier zu tun hätten, und Günther sagte: „Heute und morgen", und der Meister sagte: „Tut mir leid, Jungs, ihr müßt rüber auf die ‚Dolmatowo', der Alte spielt verrückt, der Plan ist wieder mal in Gefahr!"

„Na, denn gehn wir eben rüber auf die ‚Dolmatowo', Junge", sagte Günther.

„Es ist zum Heulen", sagte der Meister, „vergangene Woche haben wir uns fast um die Arbeit geschlagen, und jetzt weiß ich nicht, woher ich die Leute nehmen soll: Zehntausend Stunden habe ich eben auf den Tisch bekommen; ich möchte bloß wissen, wie das wieder mal geplant ist!"

„Das werde ich heute erfahren", sagte ich, und Günther sagte, es würde klappen.

Wir nahmen unsere Sachen und gingen zu dritt zur Halle hinüber. Vor der Meisterei stand ein hagerer Mann und stürzte sich, wild mit den Armen fuchtelnd, auf Bruno. Das Telephon in der Meisterei schrie. Der hagere Mann redete auf Bruno ein, und Bruno ging ins Büro, und der hagere Mann folgte ihm und redete unablässig weiter, und Bruno nahm den Hörer ab, und aus dem Telephon kam eine aufgeregte Stimme, und der hagere Mann neben Bruno redete immer noch. Eine ältere Frau kam herangelaufen und rief noch im Laufen, der Meister solle da und dahin kommen, und Bruno sagte: „Ja", und er sagte: „Machen wir", und er sagte: „In Ordnung" und stand wie ein Fels in der Brandung, ein pausbäckiger runder Fels, an dem die Wogen zerschellten.

„Ihr beide geht in den CO_2-Raum", sagte Bruno zu uns, nachdem er den Hörer aufgelegt hatte.

„Zwei ist ja viel zu wenig", sagte der aufgeregte Mann, „der Raum muß morgen fertig werden, morgen, verstehn Sie, in fünf Tagen ist Probefahrt, und der Termin ist in Gefahr!"

„Es sind schon zwei Mann von mir dort", sagte der Meister.

„Vier Mann sind zu wenig, schicken Sie noch zwei!" sagte der Hagere.

„Mehr als vier können dort gar nicht arbeiten", sagte Bruno.

Das Telephon schrillte. „Wir müssen morgen fertig werden, Jungs", sagte der hagere Mann zu uns, und Günther sagte: „In Ordnung", und wir gingen zum Kai, überkletterten die „Halle" und kamen auf die „Dolmatowo". „Diesmal arbeiten wir ganz oben", sagte Günther, und wir stiegen drei Deck der Brücke bis zum Bootsdeck hoch, dem Deck, wo die Rettungsboote hingen.

Dort krochen wir über einen breiten, den gesamten Deckraum hinter der Treppe ausfüllenden Stapel schwarzer gekehlter Halbzentnergewichte und kamen dann vor eine Tür, an der Reinhold hing und etwas bohrte. In der Tür, halb unter Reinhold, stand ein Brenner und brannte irgendeinen Metallbolzen weg, und hinter den beiden lag ein Raum, grau vom Dunst der Schweißelektroden, und in dem Raum stak ein Knäuel Menschen: zwei Schweißer, drei Rohrleger, ein Mädchen, das Glaswolle um ein Rohr wickelte, und Uwe und Lutz, die in einem Winkel einen Streifen Blech zwischen zwei Rohre hämmerten.

Eine Ecke war noch frei; dahin sollten wir. Wir quetschten uns durch das Knäuel; der Raum war nicht größer als eine Kammer, und er war der Länge nach durch einen hölzernen Ständer geteilt, einen riesigen Gewehrständer, der später die Kohlensäureflaschen aufnehmen sollte, und links und rechts an der Längswand waren abermals Ständer aufgestellt. An der Decke entlang lief ein Gewirr von Kabeln und Rohren, ein schenkeldickes Rohr wand sich in mehreren Biegungen schräg durch den Raum vom Boden aufwärts bis zum Untergrund der Decke, wo es sich in zwei Arme teilte, Kabelstränge liefen ihm entgegen und vereinigten sich zu einem faustdicken Strang, der von einem Kasten aus Blech getragen wurde, und zwischen den Rohren und waagerechten Strängen hingen blaugeschuppte Kabel, insgesamt fünf, herab. Von der Decke selbst und der Wegerung war kaum etwas zu sehen.

„Junge, Junge!" sagte Günther, „da haben sie uns aber verkauft, da kriegen wir das Blech ja nur quadratzentimeterweise hinauf!"

„Was?" fragte ich, „wir müssen das Blech *hinter* dieses Rohr- und Kabelverhau bringen?"

„Klar", sagte Günther, „und nicht nur Blech, zuerst muß eine Asbestschicht hinauf, der CO_2-Raum muß ja isoliert sein!"

Mein Blick verfing sich hilflos im Stangengewirr unter der Decke. Uwe sah mich heimlich an und griente. Er stand, s-förmig gebogen, auf einem Holzbock, im gekrümmten Rücken die Querplatte des mittleren Ständers und vor dem weit nach hinten gebogenen Gesicht ein dickes Kabelbündel.

„Junge, hier haben sie uns aber schön verkauft!" wiederholte Günther. Er schob seine verknautschte Mütze ins Gesicht und kratzte sich im Nacken, dann nahm er seinen Zollstock und begann, zwischen den Rohren stochernd, die Decke auszumessen.

Solange er die Decke ausmaß, hatte ich nichts zu tun. Ich quetschte mich in die äußerste Ecke zwischen einem senkrecht steigenden glaswolleverkleideten Rohr und der letzten Rundung des Holzständers, um wenigstens nicht im Wege zu stehen. Unmittelbar vor mir hantierten die Schweißer; der süßlich-fade Dunst der Schweißnaht wallte. Die Glaswatte juckte unangenehm; als ich es merkte, war es schon zu spät, vom Rohr abzurücken. Endlich war Günther fertig; ich kroch unter den Beinen der Schweißer durch, stieg über das Unterbrett des Holzständers, drängte mich zwischen dem Glaswollmädchen und den Rohrlegern durch und wieder durch die Grätsche des Brenners an Reinhold zur Tür hinaus.

„Junge, Junge, haben die uns verkauft!" sagte Günther das dritte Mal.

„Werden wir denn bis morgen fertig?" fragte ich. Ich war von den Schweißdünsten benommen.

„Wenn alles gut geht, ja", sagte Günther.

Die Glaswolle juckte ekelhaft. Wir gingen in die Halle, Bleche zuschneiden. Es wurden Stücke und Streifen und Stückchen und Streifchen, die wir da zuschnitten, das größte fünfzig mal achtzig Zentimeter, und das kleinste nicht größer als ein Zigarrenkistendeckel. Wir schleppten die Blechstücke zum Bootsdeck hinauf, krochen mit ihnen über den Gewichtsstapel und quetschten uns an den Rohrlegern vorbei in unsere Ecke. Der Brenner war soeben mit seinem Geschäft fertig geworden, dafür hatte sich ein Anstreicher in unserer Ecke etabliert und zu streichen begonnen. Die Farbe tropfte.

„Das ist doch sinnlos, Junge", sagte Günther, „wir scheuern dir ja alles wieder weg!"

„Wie lange braucht ihr?" fragte der Anstreicher. „Heut und morgen", sagte Günther, und der Anstreicher sagte: „Verdammter Mist, da muß ich auf Spätschicht umsteigen!"

Ich quetschte mich an den Rohrlegern vorbei, die sich mühten, ein armdickes Kniestück durch die handbreite Fuge zwischen zwei senkrechten Rohren hindurchzudrehn, und holte von einer Kiste an Deck Asbestplatten, drei je einen Meter lange und breite und zehn Millimeter dicke Platten einer leichten, bröcklig-fasrigen weißgrauen Masse.

„Es hat keinen Zweck", sagte der eine Rohrleger zum andern, „wir müssen die Halterung abbrennen und dann wieder anschweißen!" Der andere nickte und holte seinen Brennapparat heraus.

Günther zeigte mir, wie man den Asbest bricht, und dann gab er mir die Maße; ich brach die Stücke zurecht und reichte sie Günther hinauf. Hinter mir sprühte der Brenner. Günther schob ächzend den Asbest durch das Gewirr der Rohre und Kabel; der Asbest bröckelte, die Ecken brachen ab; Halter und Stege, die ich gar nicht bemerkt hatte, standen plötzlich sperrig im Weg. Wir brachten den Asbest brockenweise hinauf; dann klopften wir die Bleche Millimeter um Millimeter vorwärts und rissen sie wieder heraus, wenn noch ein Schnitt nachzubessern oder eine Öffnung zu erweitern war, und es war fast immer etwas nachzubessern. Endlich war eine Ecke gelegt, so daß wir anfangen konnten zu bohren.

Günther zeichnete mir wieder die Bahn an. „Gib bloß acht, daß du kein Kabel anbohrst, Junge“, sagte er, „das wäre schrecklich, dann muß hier alles wieder rausgerissen und das Kabel neu gelegt werden!“

„Ja“, sagte ich, und mir war unbehaglich. Der Schweißdampf wallte, der Staub des zerbröckelten Asbests lag grau in der Luft.

„Vor vier Jahren hat einmal einer ein Kabel angebohrt“, sagte Günther, „auch hier im CO_2-Raum, davon spricht man noch heute.“

Ich begann zu bohren und sah mich vor, an kein Kabel zu kommen, aber ich mußte ja mit dem Bohrer an den Kabeln vorbei. Die Arbeit war mühsam, es war Über-Kopf-Arbeit, und wir staken, zwischen Rohre und Wände gepreßt, in den unnatürlichsten Stellungen fest und versuchten, irgendwie mit der Bohrmaschine zwischen den Hindernissen durchzukommen. Der heiße Bohrstaub spritzte über Gesicht und Hals und fraß sich in der Haut fest. Hände und Arme wurden schwer; an manchem Bohrloch bohrten wir Minuten, und noch mühsamer als das Bohren war das Schrauben: Die Rillen auf den Schraubenköpfen waren zu flach, der Bohrer rutschte ab, wenn man ihn nicht senkrecht führte, und man konnte ihn in den seltensten Fällen senkrecht führen, weil da ein Rohr und dort ein Schieber oder ein Halter oder das Holz der Ständer im Wege stand.

Der Schweißer neben mir hatte endlich aufgehört zu schweißen und war in den Nebenraum gegangen; aber nun kamen die Rohrleger, die unterdessen eine Halterung abgebrannt und das Kniestück eingepaßt hatten, und schweißten das weggebrannte Hindernis wieder an.

Die Luft war blau; der Schweißbrenner knallte. Ich bohrte, den Oberkörper weit zurückgebogen, senkrecht hoch; ein heißer Span des Bohrstaubs sprang mir in den Mund und verbrannte mir die Zungenspitze.

„Junge, Junge, die haben uns aber verkauft!“ sagte nun auch ich und fühlte, wie mir die Knie zitterten.

„Die haben uns verkauft, Junge!“ bestätigte Günther. Selbst Uwe griente nicht mehr. Die Flamme des Schweißbrenners heizte den Raum, und allmählich wurde mir übel. Dennoch überraschte mich Günthers Ruf zum Frühstück. Seine Augen waren rot vom Asbeststaub.

Die Luft draußen war klar, und wir atmeten tief. Vor uns lag der Strom und dahinter der Hafen und hinter dem Hafen, fern, ein graues Filigran, die Stadt mit ihren Türmen und Toren.

„Schau mal!“ sagte Günther.

„Schön“, sagte ich. Das Bootsdeck lag hoch, wir schwammen hoch über der Werft.

„Das ist das Steintor, und das der Turm der Marienkirche“, sagte Günther. Die Stadt lag wie eine Krone auf Samt.

„Komm“, sagte ich. [...]

Frau S. fertigt Drosselspulen

Sie arbeitet unter Aufsicht

Unbekannter Verfasser

Frau S. ist in einem keramischen Werk für Radio- und Fernsehteile in einem Vorort der nahegelegenen Großstadt tätig. Das Werk ist in der Umgebung angesehen und gilt als ordentlich entlohnender Betrieb. Es beschäftigt etwa 900 Arbeiter und Arbeiterinnen. Die Anzahl der Angestellten schätzte Frau S. auf etwa 600.

Frau S. wurde eine Arbeit zugewiesen, die eine große Geschicklichkeit und Konzentration erfordert. Sie arbeitet im Akkord. Ihre Aufgabe besteht darin, Kupferdraht in kleine Röhrchen zu ziehen, „Drosselspulen fädeln" genannt. Beschreiben konnte sie die Tätigkeit nicht näher, so daß der Vorgang nicht ganz klar ist. Die Arbeit geht ihr schnell von der Hand. Das Sitzen wird als sehr anstrengend empfunden. Das intensive Hinschauen hält sie oft nicht gut aus. Ab und zu verläßt sie deshalb inoffiziell ihren Arbeitsplatz, um sich für kurze Zeit zu entspannen. Sie kann es sich trotz der Akkordarbeit leisten, weil sie eine der schnellsten Arbeiterinnen ist und keinen Verdienst durch die Unterbrechungen einbüßt.

In der Halle, in der sich Frau S.' Arbeitsplatz befindet, sind etwa 120 Frauen beschäftigt. Zu einer Arbeitsgruppe gehören jeweils vier bis sechs Frauen. Das Material muß von der betreffenden Arbeiterin selbst von der Ausgabestelle herbeigeschafft werden. Die Arbeit geschieht auf Anweisung und unter Aufsicht. Die aufsichtführenden Personen gehen durch die Halle von Arbeitsplatz zu Arbeitsplatz, oder sie beobachten von durchgehenden Balkonen, die an den Außenwänden innerhalb der Halle angebracht sind. Unterhaltungen am Arbeitsplatz sind nicht erwünscht, doch werden sie in gewissem Maße gebilligt.

In dem Arbeitsraum, in dem Frau S. ihren Arbeitsplatz hat, herrschen plus 32 Grad Celsius, erzeugt durch Brennöfen. Die Klimaanlage ist reparaturbedürftig und meistens außer Betrieb; daher lassen die Luftverhältnisse zu wünschen übrig. Der gewaltige Lärm der Maschinen in der Halle zehrt sehr an den Nerven der berufstätigen Mutter. Sie gibt zu: „Wenn ich das noch zwei

Jahre mitmache, klappe ich zusammen." Das Duschen mittags und abends in den neuen Wasch- und Duschräumen ist für sie eine wahre Erholung. Sie nutzt diese Gelegenheit täglich — wenn sie zu sehr schwitzt und abgespannt ist, ab und zu auch heimlich während der Arbeitszeit — aus. „Das ist wenigstens eine Einrichtung, die ordentlich funktioniert", meint Frau S. halb scherzend, halb verdrießlich. Gefrühstückt und zu Mittag gegessen wird in hellen, sauberen Kantinen bei Radiomusik. Morgens sind zum mitgebrachten Butterbrot warme und kalte Getränke zu billigen Preisen erhältlich. Zum Mittagessen muß ein Eigenanteil von 0,50 DM entrichtet werden. Die Gerichte sind schmackhaft und reichlich.

Einfache Arbeiter, die nicht im Akkord stehen, erhalten 1,95 DM stündlich. Akkordarbeiter werden nach ihren Leistungen bezahlt. Frau S. nimmt ihre Lohnabrechnung hin, wie sie sie bekommt. Sie weiß die Zusammensetzung der einzelnen Beträge nicht genau zu sagen.

(5. 7. 1970)

Stockenten

Konrad Lorenz

[...]

Ich experimentierte einst mit jungen Stockenten, um herauszufinden, warum frisch geschlüpfte, künstlich erbrütete kleine Wildenten im Gegensatz zu ebensolchen Graugänsen unzugänglich und scheu sind. Wildgansjunge betrachten ohne weiteres den Menschen, dem sie als erstem Lebewesen begegnen, als ihre Mama und laufen ihm getreulich nach. Stockenten dagegen wollten von mir nichts wissen. Ganz frisch dem Brutapparat entnommen, ohne jede vorangegangene Erfahrung, hatten sie Angst vor mir, liefen davon und drückten sich in den nächsten finsteren Winkel. Woran lag dieser Unterschied? Mir fiel ein, daß ich einmal eine Türkenente ein Gelege Stockenteneier hatte ausbrüten lassen und daß die kleinen Stockenten auch diese Amme nicht als Mama-Ersatz angenommen hatten. Sie waren ihr, sowie sie trocken geworden waren, einfach davongelaufen, und ich hatte Mühe genug gehabt, die weinend umherirrenden Kindchen einzufangen und zu retten. Andererseits aber hatte ich Stockenteneier einmal von einer dicken weißen Hausente ausbrüten lassen, und dieser Pflegemutter waren die kleinen Wildlinge genauso brav nachgelaufen, als sei sie ihre wirkliche Mutter. Es mußte an dem Lockton der führenden Ente liegen, denn im Äußeren war die Hausente von einer Stockentenmutter stärker verschieden als die Türkenente. Was sie aber mit der Stockente gemein hatte, die ja die wilde Stammform unserer Hausente ist, waren ihre stimmlichen Äußerungen, die sich im Laufe des Domestikationsvorganges so gut wie nicht verändert haben. Daraus war zu folgern: Ich müsse wie eine Stockente quaken, damit mir die Jungen nachlaufen. „Er hängt die Glocke um, schreit ‚Muh' / da glaubt das Kalb, er sei die Kuh." Wilhelm Busch paßt doch auf jede Lebenslage.

Gedacht, getan! Als gerade am Pfingstsamstag eine Brut reinblütiger junger Wildenten schlüpfen sollte, tat ich die Eier in den Brutapparat, nahm dann die Kinder, nachdem sie trocken geworden waren, in meine Obhut und quakte ihnen im besten Stockentisch die Führungslaute vor. Stundenlang, einen halben Tag lang. Das Quaken hatte Erfolg. Die kleinen Enten sahen vertrauensvoll zu mir empor, fürchteten sich diesmal offensichtlich vor mir nicht, und als ich mich, immer noch quakend, langsam von ihnen fortbewegte, setzten auch sie sich gehorsam in Bewegung und kamen, ein dicht gedrängtes Häuflein, so wie kleine Entchen ihrer Mutter folgen, hinter mir her. Meine Theorie war zwingend bewiesen: Die frisch geschlüpften Entchen haben eine angeborene Reaktion auf den Lockton, jedoch keine auf das optische Bild der Mutter. Alles, was den richtigen Quakton von sich gibt, wird als Mama betrachtet, ob es nun eine dicke, weiße Pekingente oder ein noch viel dickerer Mensch ist. Nur allzu *groß* durfte das Ersatzobjekt nicht sein! Ich hatte mich zu Beginn dieser Versuche zu den Entenkindern ins Gras gesetzt und war, um ihre Nachfolgereaktion auszulösen, sitzend von ihnen weggerückt. Sobald ich aber aufstand und versuchte, aufrecht vor ihnen her zu gehen, versagten sie, blickten, offenbar suchend, nach allen Seiten, nicht aber zu *mir empor,* und begannen alsbald ihr durchdringendes Pfeifen des Verlassenseins, das wir meist einfach als „Weinen" zu bezeichnen pflegen. Darauf, daß ihre Ersatz-Mama so hoch sei, konnten sie sich nicht umstellen. Ich war also gezwungen, mich in tiefer Hocke zu bewegen, sollten sie mir nachfolgen. Das war wenig bequem; noch weniger bequem aber war der Umstand, daß eine richtige Entenmutter *ununterbrochen* quakt. Hörte ich nur eine halbe Minute mit meinem melodischen „Quähggegegeg" auf, bekamen die Entenkinder immer längere und längere Hälschen, was genau einem länger werdenden Gesicht eines Menschenkindes entspricht, und wenn ich dann nicht sofort quakte, brach das scharfe Weinen aus. Sowie ich schwieg, glaubten sie gewissermaßen, ich sei gestorben, oder ich liebte sie nicht mehr; Grund genug zu weinen. Die Stockenten waren also im Gegensatz zu den Grauganskindern sehr anspruchsvolle und anstrengende Pfleglinge; denn man stelle sich vor: Zwei Stunden Spaziergang mit solchen Kindern, dauernd in tiefer Hocke und ununterbrochen quaken ...

Im Interesse der Wissenschaft habe ich mich dieser Mühe tatsächlich stundenlang unterzogen. Ich wanderte also an jenem Pfingstsonntag mit meinen eintägigen Stockenten in tiefer Hocke und quakend auf einer maigrünen Wiese im oberen Teil unseres Gartens dahin und erfreute mich an dem Gehorsam und an der Genauigkeit, mit der meine Entleinschar hinter mir hergewackelt kam. Aber als ich einmal aufblickte, sah ich den Rand des Gartenzauns eingefaßt mit einer Reihe bleicher Gesichter: Eine Ausflugsgesellschaft stand am Zaun und starrte entsetzt auf mich. Verzeihlich! Denn die Leute sahen da einen dicken Herrn mit Schnurrbart in tiefer Hocke und Achtertouren auf der Wiese herumrutschen, sich dauernd über die Schulter schaun und ohne Unterbrechung quaken — die Entlein aber, die erlösenden und alles erklärenden Entlein, konnten jene erschreckten Zaungäste in dem hohen Maiengrase leider nicht sehen! [...]

21. Juli 1969 3 h 56 min MEZ — die Sternstunde der Raumfahrt

Erich Dolezal

[...]

Am 16. Juli, um 14 h 32 min MEZ (mitteleuropäischer Zeit), hob die Saturn-V vom Komplex 39 A auf Kap Kennedy ab. Vorerst wurde in eine Kreisbahn um die Erde eingeschwenkt, die Parking Orbit, und aus dieser um 17 h 16 min Kurs auf den Mond genommen. Bis zum 19. Juli war das Raumschiff unterwegs zum Mond und schwenkte an diesem Tag um 18 h 26 min in eine Bahn um unseren Begleiter ein. In dieser Wartebahn, die rund 110 km über der Mondoberfläche verlief, blieben dann sowohl der Kommando- als auch der Triebwerksteil des Apollo-Raumschiffes (command and service module), nachdem sich die Mondfähre (LM) mit den beiden Astronauten Armstrong und Aldrin losgelöst hatte. Edwin E. Aldrin Jr., Oberst der Luftwaffe (geb. 1930), war der Pilot des LM.

„Eagle“ und „Columbia“ gingen nun eigene Wege. „Eagle“, die Mondfähre, schwenkte am 20. Juli um 20 h 14 min in die Abstiegsbahn zum Mond ein, die zum vorgesehenen Landeplatz im Meer der Stille (Mare Tranquillitatis) führte. Die letzten Sekunden vor dem Aufsetzen mußte Aldrin von Hand aus steuern, um einem etwa fußballplatzgroßen Krater auszuweichen. Dann setzte die Mondfähre um 21 h 18 min sanft auf dem Mondboden auf, die Landefüße sanken nur ganz wenig ein, und auch die Neigung der Mondfähre mit 4 Grad aus der Vertikalen war völlig ungefährlich.

Am 21. Juli um 3 h 56 min setzte Armstrong als erster Mensch seinen Fuß auf den Boden des Mondes und hinterließ die ersten Fußspuren im bisher unberührten grauschwarzen Staub unseres Begleiters. Der Ausstieg erfolgte 3½ Stunden früher als vorgesehen, genau 109 h 24 min und 20 sek nach dem Verlassen der Erde. Erinnern wir uns, daß Kolumbus zwei Monate und neun Tage unterwegs war, bevor er die „Neue Welt“ entdeckte! Nach dem Ausstieg Armstrongs setzte auch Aldrin seinen Fuß auf den Mondboden. Es erwies sich, daß das vorbereitende Training auf der Erde so gründlich war, daß die beiden Astronauten in ihren schwerfälligen Mondanzügen mit dem Luftversorgungs- und Temperaturregelungssystem auf dem Rücken — beides wog auf der Erde etwa 70 kg — in kürzester Zeit die Bewegungstechnik auf dem Mond beherrschten. Es stellte sich in wenigen Minuten das richtige „Mondgefühl“ ein. Bodenproben wurden eingesammelt, der Laser-Reflektor aufgestellt, ebenso ein Seismometer zur Registrierung von Mondbeben und schließlich das Gerät zur Analyse der „Sonnenwind-Partikel“ entfaltet. Filmen und Fotografieren füllten die spärlich bemessene Zeit des Aufenthaltes auf dem Mond noch aus. Um 6 h 18 min wurde die Luke von innen geschlossen, der Mondspaziergang war damit beendet.

Der entscheidende Augenblick des ganzen Unternehmens trat am 21. Juli um 18 h 52 min ein — der Start vom Mond. Der Aufstiegsteil (ascent stage)

„Mann im Mond" Edwin Aldrin stapft im Staub des Mare Tranquillitatis. Im Helmvisier spiegeln sich die Mondfähre, Neil Armstrong, die Fernsehkamera und die amerikanische Flagge. Eines der faszinierendsten Bilder der Apollo-11-Mission.

trennte sich vom Landeteil (descent stage), der als Startplattform diente, und dann hob das halbierte LM ab. Erst im Nachhinein wurde bekannt, daß zwei kritische Situationen herrschten, einmal als der Bordcomputer der „Eagle“ falsche Angaben über die Horizontalgeschwindigkeit vor der Landung lieferte, so daß nur durch eine enge Zusammenarbeit zwischen Besatzung und der Radarkontrolle auf der Erde die tatsächliche Höhe und Geschwindigkeit bestimmt werden konnte, und dann, als Aldrin beim Wiedereinstieg in die Mondfähre den Schalter abbrach, der die Aufstiegsstufe aktivieren sollte. Der Schalter mußte später auf komplizierten Umwegen betätigt werden.

Um 22 h 35 min dockte der „Eagle“ an die „Columbia“, Armstrong und Aldrin stiegen in den Kommandoteil des Apolloraumschiffes über, wo Michael Collins, Oberstleutnant der Luftwaffe (geb. 1931), auf die Rückkehr der beiden vom Mond wartete. So wie die Landestufe des LM auf dem Mond verblieb, wurde die Aufstiegsstufe nach Erfüllung ihrer Mission abgetrennt und im Weltraum zurückgelassen.

Am 22. Juli um 5 h 57 min wurde aus der Kreisbahn um den Mond ausgeschwenkt und der Rückflug zur Erde angetreten. Auch dieses zweite entscheidende Manöver vollzog sich programmgemäß; damit waren die kritischen Augenblicke glücklich überstanden, und der Rest war sozusagen Routinearbeit. Fahrplanmäßig wasserte Apollo-11 am Donnerstag, 24. Juli, um 17 h 50 min in den Fluten des Stillen Ozeans südwestlich von Hawaii, wo bereits der Flugzeugträger „Hornet“ mit Präsident Nixon an Bord die Astronauten erwartete. Sowohl die Mondfahrer als auch die Gesteinsproben vom Mond wurden strengen Quarantänemaßnahmen unterzogen. [...]

Wortklauberei

Unbekannter Verfasser

Papier und Bleistift werden verteilt, dann nennt der Spielleiter ein mehrsilbiges, längeres Wort. Es kommt darauf an, aus den Buchstaben dieses Wortes möglichst viele neue Wörter zu bilden. Bei der Neubildung darf jeder Buchstabe nur so oft verwendet werden, wie er im genannten Wort vorkommt. Eigennamen, Fremdwörter und fremdsprachliche Wörter gelten nicht.

Aus der Überschrift „Wortklauberei“ kann man z. B. (die Liste ist nicht vollständig) folgende Wörter bilden: Blei, Leib, Reibe, Eibe, Eber, Leber, Weber, Ort, Borte, Bart, Art, Rat, Kot, Brot, Raub, Taube, Traube, Rebe, Rabe, Bar, Liebe, Triebe, Ulk, Kröte und Eile. Das sind lauter Hauptwörter. Wenn daneben auch Tätigkeits- und Eigenschaftswörter erlaubt sein sollen, muß das vorher ausdrücklich gesagt werden.

Wenn die vorgesehene „Arbeitszeit“ abgelaufen ist, liest jeder reihum seinen Wortschatz vor. Alle Spieler müssen die genannten Wörter durchstreichen. Sieger ist, wer die meisten Wörter übrigbehält.

Siebzehn und vier

Robert Lembke

Das Prinzip dieses uralten Kinderspiels (nicht zu verwechseln mit dem Kartenspiel gleichen Namens), das neuerdings auch Rundfunk und Fernsehen mit großem Erfolg entdeckt haben, beruht darauf, daß eine oder mehrere Personen mit Hilfe einer beschränkten Zahl von in der Form beschränkten Fragen Wörter aus beschränkten Bereichen erraten müssen. Das klingt sehr kompliziert und ist sehr einfach.

1. Beschränkung: Es empfiehlt sich, nicht mehr als 20 oder höchstens 21 Fragen (17 + 4 also) zuzulassen. Man kann auch auf das Zählen der Fragen verzichten und statt dessen eine Höchstzeit, etwa 3 bis 5 Minuten, einführen. Aber darunter leidet im allgemeinen die Konzentration.

2. Beschränkung: Die Fragen müssen immer so formuliert sein, daß sie der Aufgabensteller mit Ja oder Nein beantworten kann. Fragen mit „oder" sind also ausgeschlossen. In der Praxis kann man das Ja oder Nein ein wenig aufweichen, außerdem kann man allein durch den Tonfall helfen. Ein klares, energisches Ja ist eben ganz etwas anderes als ein zögerndes, langgezogenes Jaaa.

3. Beschränkung: Man kann — und man sollte es vor allem für dieses Spiel tun — unseren Wortschatz, genauer gesagt: unseren Schatz an Hauptwörtern, in fünf Bereiche einteilen. Wörter aus dem Bereich der Lebewesen, aus dem Bereich des Gegenständlichen, aus dem Pflanzenreich, Wörter, die Begriffe und solche, die Ereignisse beschreiben. Die Begriffe und Ereignisse bringen eine Fülle von Komplikationen mit sich. Wir können sie ruhigen Gewissens ausscheiden.

Damit bleiben uns also Wörter aus dem Bereich des Gegenständlichen, dem Pflanzenreich und dem Bereich der Lebewesen (und Kombinationen davon), die mit 20 oder 21 Fragen aufgespürt werden müssen. Das ist bei der ungeheuren Fülle von Möglichkeiten nur zu bewältigen, wenn man sich ein System zurechtgelegt hat, eine feststehende „Eröffnung" sozusagen, in der jede Frage ganz bewußt den Kreis um das zu suchende Wort immer enger zieht. Die Munterkeit und die Variationsmöglichkeiten des Spiels leiden unter diesen feststehenden Eröffnungen ebensowenig wie das Schachspiel. [...]

Kintopp aus der Zigarettenschachtel

Hans Jürgen Press

Klebe einen Bilderstreifen auf Zeichenpapier, trenne die acht Bildchen, und stecke sie in der richtigen Reihenfolge in eine eingekerbte 1½ cm starke Korkscheibe. Schneide die Seitenwand einer Zigaretten-Klappschachtel 3 cm weit auf, und klebe 2 cm davon rechtwinklig nach innen. Tusche die Innenseite der Schachtel schwarz an, und loche Boden und Deckel im Mittelpunkt. Aus einer ausgedienten Kugelschreibermine biegst du die Kurbel. Diese führst du in die Schachtel ein und steckst auf ihr den vorher durchbohrten Korken fest. Drehst du die Kurbel rechts herum, bewegen sich die Figuren.

Beim Kurbeln wird jedes Bildchen einen Moment dem Auge dargeboten und sofort durch ein anderes ersetzt. Da unser Auge träge ist, wirkt jedes Bild noch eine Weile nach, wenn es schon verschwunden ist. Beim Abschnurren der Bilderfolge verschmelzen die Einzelbilder ineinander zu einer scheinbaren Bewegung. Diese Entdeckung wurde um das Jahr 1830 gemacht, und heute arbeitet der modernste Vorführapparat im Filmtheater nach dem gleichen Prinzip wie dein Taschenkino.

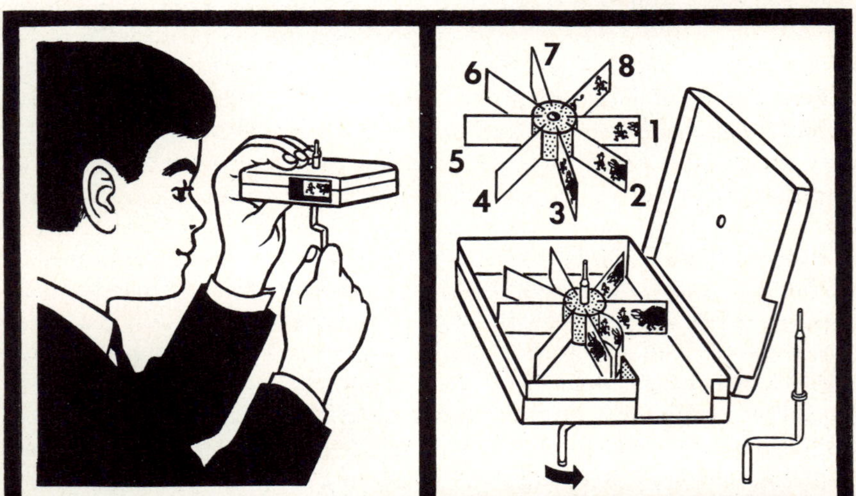

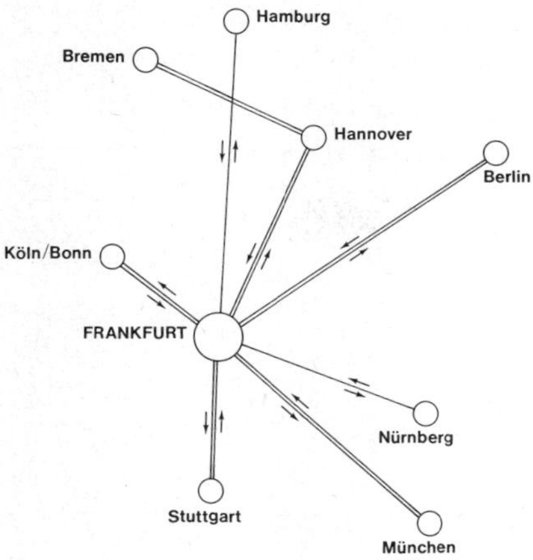

Das Nachtluftpostnetz –

ein Kundendienst der Deutschen Bundespost

Die Deutsche Bundespost nutzt alle Möglichkeiten, den Postbeförderungsdienst zu verbessern. Eine dieser Maßnahmen war die Einrichtung des Nachtluftpostnetzes am 1. September 1961.

Die Nachtluftpostbeförderung bringt dem Postkunden ganz beträchtliche Vorteile: gewöhnliche und eingeschriebene Briefe, Postkarten, Postanweisungen sowie Briefdrucksachen werden ohne Luftpostzuschlag, also zur normalen Gebühr, mit den Nachtluftpostflugzeugen innerhalb der Bundesrepublik sowie von und nach Berlin (West) befördert. Die am Nachmittag, an Orten mit Flughäfen sogar am späten Abend eingelieferten Briefe erreichen die Empfänger am nächsten Vormittag nahezu im gesamten Bundesgebiet. So wird z. B. ein in Hamburg spät abends eingelieferter Brief einem Empfänger in Berchtesgaden oder Garmisch am nächsten Vormittag zugestellt.

Heute werden auch Briefe aus den entlegenen Schwarzwalddörfern nach Schleswig-Holstein oder ins Allgäu über das Nachtluftpostnetz transportiert. Eilbriefe innerhalb der Bundesrepublik Deutschland sind daher ebenso überholt wie Luftpostzuschläge innerhalb Europas. Dieses Luftpostsystem macht es möglich, daß über 90 Prozent der abends eingelieferten Briefsendungen schon am nächsten Morgen überall in der Bundesrepublik zugestellt werden. Die Nachmittagszustellung ist dadurch großenteils überflüssig geworden. Die Verbindung zwischen den einzelnen europäischen Luftpostnetzen mit dem Nachtluftpostnetz der Deutschen Bundespost ermöglicht es, daß die Auslandsbriefe auch ohne Zuschlag mit Luftpost befördert werden.

Der Mittelpunkt des innerdeutschen Luftpostnetzes ist der Rhein-Main-Flughafen in Frankfurt am Main. Hier treffen sich jede Nacht von Montag bis Freitag sieben Maschinen der Deutschen Lufthansa und eine Maschine der Pan American World Airways. Die Maschinen, die von ihren Abgangsflughäfen zwischen 22.30 Uhr und 23.30 Uhr starten, befinden sich auf dem Flugfeld an den Vorfeld-Stationen 1 und 2 bei der Luftpostleitstelle der Deutschen Bundespost zwischen 0.20 und 0.59 Uhr. Jede Maschine hat ihren festen Platz, auf dem sie so dicht neben dem flachen Betriebsgebäude abgestellt wird, daß die Gabelstapler, die Tanklastzüge und die vielfältigen Spezialfahrzeuge fast Mühe haben, aneinander vorbeizukommen. Taghelles Licht aus unzähligen Scheinwerfern und Sicherheitslampen beleuchten dann für kaum mehr als eine Stunde ein scheinbar wildes Durcheinander von Behältern, Fahrzeugen und Förderbändern. Elektrofahrzeuge schleppen Wagen mit grünen Postsäcken an die Förderbänder, während Flugplatzpersonal, Postbeamte und Spezialisten der Fluggesellschaften das Aus- und Einladen der Fracht sowie die Abfertigung der Maschinen überwachen. Über 50 Tonnen Briefe und Postkarten, über 2 Millionen Briefsendungen werden hier in jeder Nacht umgeschlagen. Würde man die Sendungen aufeinanderstapeln, so ergäbe sich für eine einzige Nacht ein Stapel von 2 km Höhe oder 12mal die Höhe des Kölner Doms.

Jede Maschine bringt einen Teil dieser Post von ihrem Ausgangsflugplatz mit. In Frankfurt findet dann der große Tausch statt, bei dem alle Maschinen die Postsäcke wie bei einem Quartettspiel je nach dem Bestimmungsort abgeben und annehmen, bis die Fracht für jede der 8 Flugrichtungen komplett ist. Zwischen 2.45 Uhr und 3.40 Uhr landen die Nachtluftpostflugzeuge wieder auf ihren Bestimmungshäfen. Flug, Umladung, Austausch und Rückflug dürfen auf allen Strecken kaum mehr als 4 Stunden in Anspruch nehmen. Das Nachtluftpostnetz wird nämlich wirkungsvoll ergänzt durch eine Fülle von Straßenpostverbindungen. Im weiteren Gebiet um jeden Flughafen verkehrt zusätzlich ein Netz von Überlandposten, in denen die Sendungen während der Fahrt bearbeitet und unterwegs an Postämter und Bahnposten übergeben werden. Große Spezialfahrzeuge befördern die in den Morgenstunden gelandete Post bis weit hinein in das Hinterland der Flughäfen.

Bereits mehr als 20 solcher Straßenpostlinien mit Briefumarbeitung enden und beginnen auf den Flughäfen und dienen ausschließlich dem Zu- und Abbringerdienst für das Nachtluftpostnetz. Dadurch ist der Einzugsbereich des Nachtluftpostnetzes so erweitert, daß fast das gesamte Gebiet der Bundesrepublik und Berlin (West) durch das Nachtluftpostnetz versorgt wird. Der Postkunde sieht es bereits als Selbstverständlichkeit an, daß sein Brief, den er am späten Nachmittag in Flensburg in den Briefkasten eingeworfen hat, schon am nächsten Vormittag, bei normaler Briefgebühr, den Empfänger in München oder Rosenheim, ja sogar in Berchtesgaden erreicht.

Der Anteil der Luftbeförderung an den gesamten täglichen Postsendungen macht etwa 13 Prozent aus. Die pro Nacht von den Flugzeugen mit Nachtluftpost zurückgelegten Flugstrecken betragen rund 3400 km und entsprechen somit der Entfernung Frankfurt — Madeira. Im Jahr 1969 hat die Deutsche Bundespost als Vergütung an die Deutsche Lufthansa rund 7,3 Millionen DM bezahlt, das sind pro Nacht rund 33 000 DM. Die gesamten Aufwendungen für die Beförderungskosten für das Nachtluftpostnetz an die Deutsche Lufthansa und die Pan American World Airways betragen jährlich 11 Millionen DM.

Wei.

An die Schwester

Wolfgang Amadeus Mozart
Mailand, 18. Dezember 1772.

Ich hoffe Du wirst Dich gut befinden meine liebe Schwester. Wenn Du diesen Brief erhaltst meine liebe Schwester, so geht denselbigen Abend meine liebe Schwester meine Opera in scena. Denke auf mich meine liebe Schwester und bilde dir nur meine liebe Schwester kräftig ein, Du siehest und hörest meine liebe Schwester sie auch. Freilich ist es hart, weil es schon 11 Uhr ist, sonst glaube ich und zweifle gar nicht daß es beim Tag lichter ist als zu Ostern. Meine liebe Schwester morgen speisen wir beim Hrn. v. Mayer, und warum glaubst Du? Rate. Weil er uns eingeladen hat. Die morgige Probe ist auf dem Teatro. Der Impressario aber der Sig. Cassiglioni hat mich ersucht, ich solle niemand nichts darvon sagen, denn sonst lauffen alle Leute hinein, und das wollen wir nicht. Also mein Kind ich bitte Dich sage niemanden nichts davon, mein Kind, dann sonst lauffeten zuviel Leute hinein mein Kind. Approposito. Weißt Du schon die histori die hier vorgegangen ist? Nun will ich sie Dir erzählen. Wir giengen heunt von Graf Firmian weg um nach Haus zu gehen, und als wir in unser Gassen kommen, so machten wir unser Haustüre auf, und was meinste wohl was sich zugetragen? — Wir giengen hinein. Lebe wohl, mein Lüngel. Ich küsse Dich meine Leber und bleibe wie allzeit mein Magen, Dein unwürdiger Bruder (frater) Wolfgang.

Bitt bitt meine liebe Schwester mich beissts, kratze mich.

An die Kinder

Johann Gottfried Herder

Venezia, den 6. Juni (1789)

Lieben Kinder!

Nun bin ich in solch einem kleinen schwarzen Hause geschwommen, das man eine Gondel nennt. Es ist lang und schmal, vorn und hinten spitz und sieht wie ein Frauenpantoffel aus; das viereckigte Kämmerchen darauf, mit vier Sitzen, ist mit schwarzem Tuch beschlagen, so wie auch die Gondel schwarz ist. Der Gondelier steht hinten drauf und lenkt die Gondel mit seinem Ruder so geschickt, daß man es sich kaum denken kann, wenn man's nicht gesehen hat. Man schwimmt dicht auf den Wellen so sanft wie in einer Wiege und sieht an beiden Seiten große, hohe Paläste, einer dicht am andern; unter den Brücken fährt man durch; zwischen Gondeln, Schiffen, Barken fährt man wie auf einem Pfeil hin, daß im größten Gedränge eine Gondel die andre kaum berührt. In manchen ziemlich engen Kanälen gehen drei Gondeln nebeneinander so schnell vorbei, als ob man aneinander vorüberflöge. Die Damen sitzen mit ihren Herren drin, und sie haben es zehnmal bequemer, als wenn sie in den Kutschen gerüttelt würden. In Venedig sind keine Kutschen, alles wiegt sich in Gondeln, was nicht über die Brücken treppauf und -ab laufen will. Es ist eine sonderbare Stadt, die gleichsam aus der See emporsteigt, voll Gedränges von Menschen, voll Fleiß und Betrügerei. Es ist mir lieb, daß ich sie gesehen habe. [...]

Ein Brief aus Brasilien

Christina Stöterau

Ab 1850 begannen viele Menschen über den „großen Teich" auszuwandern, um in der „Neuen Welt" ihr Glück zu machen. Unter denen, die ihre Heimat verließen, waren viele Schleswig-Holsteiner. Frau Erika Täuber aus Vechta fand unter alten Familienpapieren auch Briefe ihrer Vorfahrin Christina Stöterau aus Nortorf, die nach Joinville in Brasilien ausgewandert war.

Lieber Bruder und Schwägerin! Joinville, den 25. Januar 1864

Wie lange habt Ihr wohl auf einen Brief von uns gewartet. Jetzt soll endlich Euer Wunsch erfüllt werden. Vater will Euch freilich noch nicht schreiben. Er will erst alles genau wissen und sehen, wie es mit dem Lande hier in Brasilien ist, mit dem Fortkommen und der Existenz.

Unsere Seereise und wie es uns bisher ergangen ist, will ich beschreiben. Wie Ihr wißt, gingen wir in Deutschland am Mittwoch, dem 10. Juni, an Bord. Unser Schiff war ein schöner Zweimaster, neu und stark. Ach, ich kann Euch gar nicht sagen, wie mir zumute war. Meine Schwester Anna und ich weinten beide. Ich dachte, wir kämen alle nicht wieder lebendig heraus aus dem Schiff. Abends mußten wir schon lachen, als es in die Kojen ging; denn es waren immer zwei übereinander. Die Füße mußten zuerst hinein, dann der Kopf. Nur so konnten wir uns der Länge nach hinlegen. Das sah natürlich gediegen aus.

Wir fuhren erst in der Nacht aus dem Hafen, wurden mittels eines Dampfschiffes hinausgezogen, weil wir keinen Wind hatten. Das Dampfschiff brachte uns vor Glückstadt, wo wir wieder liegen mußten. Bei Cuxhaven haben wir auch einige Tage gewartet, bis wir guten Wind gekriegt haben. Dann ging es in die Westsee hinein. Als der Wind etwas stärker wurde, bekamen fast alle die Seekrankheit. Ich mußte erst immer lachen, wenn einer nach dem andern blaß wurde und über Bord lag. Ich marschierte in Tücher gewickelt auf dem Deck herum. Es war kalt und schlechtes Wetter, bis dann die Reihe an mir war. Vater magerte ordentlich ab. Heinrich, der kleine Junge von Anna, hat mehrere Tage gelegen. Er war recht krank, und Anna ist die ganze Zeit gar nicht aus ihrer Koje gewesen. Es muß schlimm für sie gewesen sein, weil sie doch mit einem Kind ging.

Vierzehn Tage haben wir in der Westsee verbracht, weil immer schlechter Wind war. Was die Schiffskost betrifft, die wollte keinem so recht behagen. Ich hatte es am besten. Wir waren unter 73 Passagieren nur zwei Mädchen. Ich half dem Koch immer. Er frug mich gleich, ob ich ihm helfen wolle. Was ich auch mit Freuden tat, weil ich dann immer etwas Gutes zu essen hatte.

Die Schiffsleute waren sehr ordentliche, nette Leute. Mir graute vorher immer so vor den Matrosen; aber man tut doch vielen unrecht, wenn man alle für roh und schlecht ausruft.

Wir haben fast gar keinen Sturm gehabt, bloß mal starken Wind. Unter der Sonnenlinie war es nicht sehr heiß, und wir wurden es gar nicht gewahr. Von da segelten wir noch vierzehn Tage. Am 25. August morgens erblickten wir in der Ferne das gelobte Land Brasilien. Nachmittags um 2 Uhr waren wir dicht dabei. Wir freuten uns zu den grünen Bäumen; denn in vielen langen Wochen hatten wir nichts als Himmel und Wasser gesehen. Der zweite Steuermann warf schon das Senkblei aus, die Flagge wurde gehißt, Kanonenböller abgeschossen, um einen Lotsen herbeizurufen. In der Ferne konnten wir einige kleine Fischerhütten am Strande sehen.

Wie wir abends Tee tranken, wir standen alle auf dem Deck zusammen, hatte ich so meine Gedanken; denn der Lotse von Land war noch immer nicht gekommen und der Kapitän der Gegend unkundig. — Und in dem nämlichen Augenblick gab es ein paar tüchtige Stöße, daß wir alle taumelten. Da saßen wir fest auf einer Sandbank. Eine gefährliche Stelle, wo vor fünf Jahren ein Schiff untergegangen war.

Die Angst, die Verwirrung, die entstand, könnt Ihr Euch denken. Ich stürzte rasch ins Zwischendeck nach Anna, die lag noch in der Koje, erst sechs Tage von einem Kinde entbunden. Ich schrie: „Anna, wir sitzen fest!“ Ich weinte und setzte mich vor meine Koje. Nun ging's an die Kisten! Was mitzunehmen war und notwendig, wurde eingepackt. Die anderen Kisten waren alle in einem Raum eingeschlossen. Anna kam auch auf. Sie konnte aber kaum stehen, so schwach war sie noch. Sie packte für den kleinen Heinrich etwas ein und für das Neugeborene im Falle, daß wir von dem Schiff heruntermußten. Das ließ sich ja auch nicht anders denken; denn unser Zweimaster konnte jeden Augenblick auseinanderbersten. Es folgten Stöße auf Stöße. Freilich war nicht viel Wind; doch die Brandung machte so starke Bewegung, daß das Segelschiff in die Höhe gehoben wurde und dann mit aller Gewalt auf die Sandbank schleuderte. Gut war, daß die Bank kein Fels war, sonst wären wir alle verloren gewesen.

Die Mastbäume krachten und drohten jeden Augenblick zusammenzubrechen und auf das Deck zu schlagen. Alles Überflüssige wurde über Bord geworfen, die Wasserfässer zerschlagen, das Rettungsboot wurde herabgelassen, war aber zum Unglück unbrauchbar. Das Wasser drang von allen Seiten hinein. Nun hatten wir noch ein kleines Boot, zwei andere waren schon vorher verloren.

Jetzt ging alles an die Pumpen; denn das Wasser stürzte immer auf das Deck. Es war schon in die untersten Räume gedrungen. Ich zog mich bis auf einen Unterrock aus und stellte mich auch in die Reihe der Männer und schöpfte mit Wasser über Bord; denn ich war jetzt nicht mehr bange. Es war mir, als wenn jemand sagte: „Untergehen tut ihr nicht!“

Ich durfte oben an Deck bleiben. Viele Passagiere wurden hinuntergejagt vom Kapitän. Schon viermal war das kleine Boot mit einigen Matrosen zu Wasser gelassen worden, konnte aber der Brandung wegen nicht ans Land kommen. Alle Augenblicke gingen Notschüsse! Zuletzt wurden dicke Taue zusammengebunden, vom Schiff ans Boot befestigt. Langsam wurde das Tau nachgelassen, und so konnten wir endlich sehen — wir hatten nun Mondschein —, daß sie mit dem Boot an Land kamen. Bald darauf sahen wir dunkle Gestalten durch das Gebüsch rennen. Dann kamen unsere Matrosen zurück in ihrem Boot und mit einem Lotsen, einem kleinen, gelben Mann.

Nun wurde alles aufgeboten, unser Schiff zu retten; doch alle Mühe half nichts. Da wollte der Kapitän die Taue kappen; doch der Däne Rohde sagte: „Mein Herr Kapitän, das wollen wir doch nicht!" Und mit Gewalt hielt er ihn davon ab.

Ungefähr um zwei Uhr nachts hieß es, daß die Frauen sich zurechtmachen sollten, um nach und nach an Land gebracht zu werden. Der brasilianische Lotse bot sein Haus an. Nur Erbsen sollten unsere Passagiere mitbringen. Anna mußte zuerst mit in das Boot mit ihrem sechs Tage alten Kind. Sie hatte sehr große Angst, wurde aber hineingehoben, und das kleine Boot schaukelte ab. Viermal fuhr das Boot hin und her. Ich hatte mich immer zurückgehalten, weil ich lieber auf dem Schiff bleiben wollte. Es sah so schrecklich aus, wie das Boot auf den Wellen tanzte.

Oh, wie sehr wünschte ich, daß unser Zweimaster loskommen würde! Wir gingen gerade hinunter aufs Zwischendeck, das andere Mädchen und ich, da gab es so ungeheure Stöße, daß wir erschraken. Von oben riefen sie: „Das Schiff ist los! Das Schiff ist los!" Und richtig, mit der Flut waren wir freigekommen. Nun hatten wir Hochwasser. So etwas Schönes hatte ich noch nicht erlebt. Auf die Flut hatte uns der brasilianische Lotse immer wieder vertröstet. Ach, wie vergnügt wurden wir. Ich sang in meiner Freude laut: „Nun danket alle Gott mit Herzen, Mund und Händen!"

Wie sehr wünschte ich, daß Anna mit ihrem Kinde wieder da sein möge. Die Frauen hatten die Nacht voller Angst im Gebüsch zugebracht. Und Anna hatte ganz durchnäßt am Strand mit ihrem kleinen Kind gesessen. Des Morgens sind dann die brasilianischen Frauen gekommen; aber sie hatten sich nicht verstehen können. Trotzdem halfen sie. Die Brasilianer brachten die Auswandererfrauen nach San Franzisco do Sul. Nur Anna ist zu schwach gewesen. Sie haben sie in einer Hütte ins Bett gebracht, zu essen gegeben und das Kind versorgt. So nett waren die Fremden. Wir konnten Anna später abholen. Einer unserer Matrosen konnte brasilianisch, so erfuhren wir alles.

So wurden die Anker gelichtet, und nachmittags um 4 Uhr kamen wir in San Franzisco do Sul an, wo die anderen schon unserer harrten. Dann kamen auch noch andere Deutsche mit Booten, die unseren Kapitän kannten, brachten uns allen Orangen und Bananen. Von einem Schwarzen bekam ich sogar zwei Apfelsinen geschenkt. Später kamen wir nach Joinville. Für dieses Mal habe ich genug geschrieben. Es grüßt:

Eure Schwester und Schwägerin Christina Stöterau.

David Rubinowicz war der Sohn eines jüdischen Molkereibesitzers aus dem kleinen Dorf Krajno in Polen. Er begann mit 12 Jahren ein aus Schulheften bestehendes Tagebuch zu führen, in dem er festhielt, was ihm und seinen jüdischen Schicksalsgefährten nach dem Überfall der deutschen Truppen am 1. September 1939 widerfuhr.
Die erste Eintragung trägt das Datum vom 21. März 1940, die letzte Eintragung das vom 1. Juni 1942. Sie bricht mitten im Satz ab.
Wie aus amtlichen Dokumenten hervorgeht, wurde David Rubinowicz mit vielen Juden aus seiner Heimat am 22. oder 23. September 1942 in den Gaskammern des Vernichtungslagers Treblinka in Polen umgebracht. In diesem Lager starben in der Zeit von Juli 1942 bis September 1943 über 800 000 Menschen eines grausamen Todes.
Nachbarn aus dem Heimatdorf des David Rubinowicz entdeckten die beschriebenen Schulhefte des Jungen und versteckten sie. Im Jahre 1960 wurden sie erstmals in einem polnischen Verlag in Warschau veröffentlicht.

7. Juli [1940]. Seit einer Woche bin ich schon krank, heute geht es mir etwas besser. Ich habe mich ans Fenster gesetzt und auf die grünen Felder hinausgesehen. Es hat mir Spaß gemacht, denn die ganze Woche habe ich nicht einmal durchs Fenster gesehen.
11. Juli. Ich fühle mich schon gesund. Ich bin schon auf den Hof hinausgegangen, die Sonne schien, und es war heiß. Den ganzen Tag war ich draußen, denn zu Hause kann ich schon nicht mehr sein.
16. Juli. Tag für Tag werde ich fröhlicher nach dieser Krankheit. Wie die Tage jetzt fröhlicher und sonniger werden.
5. August. Gestern ist der Gemeindediener zum Schulzen gekommen, daß alle Juden mit ihren Familien in die Gemeinde gehen, zum Registrieren. Um sieben Uhr in der Frühe waren wir schon in der Gemeinde. Wir waren einige Stunden dort, denn die Ältesten haben den Ältestenrat der Juden gewählt. Dann sind wir nach Hause gegangen.
12. August. Den ganzen Krieg über lerne ich alleine zu Hause. Wenn ich mich erinnere, wie ich zur Schule gegangen bin, kommen mir die Tränen. Und heute muß ich zu Hause sein, darf nirgends hingehen. Und wenn mir einfällt, was für Kriege in der Welt geführt werden, wie viele Menschen täglich von Kugeln, Gas und Bomben, von Epidemien und anderen Feinden der Menschen fallen, dann verliere ich die Lust zu allem.
18. August. Das Jüdische Rote Kreuz hat einige Kranke (aber diese haben eine ansteckende Krankheit) aus Bodzentyn nach Kielce ins Krankenhaus gebracht.

1. September. Heute ist der erste Jahrestag des Kriegsausbruchs. Ich erinnere mich daran, was wir schon alles in dieser kurzen Zeit durchgemacht haben, wieviel Leid wir erleben mußten. Vor dem Krieg hatte jeder seine Beschäftigung, beinahe niemand war arbeitslos. Und in den heutigen Kriegen sind 90 Prozent arbeitslos, und 10 Prozent haben eine Beschäftigung. Wie wir: früher hatten wir eine Molkerei, und jetzt sind wir arbeitslos. Nur etwas Vorräte aus der Vorkriegszeit sind da, und man kann aus ihnen schöpfen, aber sie gehen doch schon zu Ende, und man weiß nicht, was wir dann tun werden. [. . .]

17. März [1942]. Alle möglichen Gedanken gehen mir durch den Kopf. Ob Papa einen unterschriebenen Passierschein haben wird, wenn er zurückkommt, und was ist, wenn er keinen haben wird? Manchmal hatte ich ganz sinnlose Ideen. Den ganzen Tag hielt ich nach Papa Ausschau. Ich war schon schlafen gegangen, und Papa war noch nicht da. Im Schlaf hörte ich, daß Papa schon da ist, zog mich an und ging in die Küche. Den Passierschein haben sie Papa unterschrieben, aber Bodzentyn ausgestrichen. Er gilt nur am Dienstag und Freitag, nur bis zum 1. April. So wollen sie die Juden einschränken, daß sie ganz am Hungertod aussterben. Ein Kilogramm Roggen kostet im Jüdischen Viertel schon 9 Zloty, ein Kilogramm Kartoffeln 3,20 Zl., zu so einem furchtbaren Preis sind die Lebensmittel angestiegen. Jetzt wird der ärmere Stand Hungers sterben.

18. März. Heute war das Komitee da, das die jüdischen Familien in größere Wohnungen einweist. Uns haben sie auch zum Untermieter der Tante eingewiesen. Zuerst begann er sich zu widersetzen, aber er mußte nachgeben. Wir stellten das Schränkchen hinein und machen schon alles hier.

19. März. Heute gibt es Gerüchte, daß am Sonntag sechs Posten polnischer Polizei und Gendarmerie kommen sollen. Die einen sagen, daß sie eine Razzia machen, und die anderen sagen etwas anderes, aber niemand weiß etwas Genaues. Natürlich eine Razzia auf Juden und nicht auf Arier. Jeder geht verängstigt herum und überlegt, wo er sich hier verstecken und einen sicheren Ort finden könnte. Aber wo kann man sich jetzt sicher fühlen, überhaupt nirgends. [. . .]

10. April. Uns gegenüber haben sie Mann und Frau verhaftet, und zwei Kinder sind geblieben. Wieder hört man, daß der Vater dieser Kinder zwei Tage vorher am Abend erschossen wurde, und sie hat man schwer krank nach Kielce gebracht. Die Gendarmerie hat, als sie in Slupi war, drei Juden verhaftet, und in Bielin haben sie mit ihnen abgerechnet (natürlich nicht anders, als daß sie sie erschossen haben). In diesem Bielin ist wirklich schon viel jüdisches Blut geflossen, das ist wirklich schon ein jüdischer Friedhof geworden. Wann kommt das Ende dieses furchtbaren Blutvergießens? Wenn es so weiter bleibt, dann werden die Menschen allein vor Entsetzen wie die Fliegen sterben. Ein Bauer aus Krajno ist zu uns gekommen, der sagte, daß sie unserem früheren Nachbarn seine Tochter erschossen haben, weil sie nach 7 Uhr auf der Straße war. Ich will es nicht glauben, aber alles ist möglich. So ein Mädchen wie eine Blume, daß sie erschossen werden kann, das ist wohl schon das Ende der Welt. Daß kein einziger ruhiger Tag sein kann. Die Nerven sind schon ganz erschöpft, wenn ich was von einem Unglück höre, dann treten mir die Augen aus den Höhlen, und der Kopf tut mir weh, weil ich so müde bin, wie nach der schwersten Arbeit. Nicht nur ich, jeder. Nicht genug, daß in dem anderen Krieg die Kosaken Papas Vater erschossen haben, und er mußte das ansehen, da hat er doch genug gehabt, er war damals elf Jahre alt. Wenn er jetzt einen Deutschen sieht, möchte er sich in ein Loch verkriechen, so zerrüttet ist er.

Der Unterschied

Anne Moody

[...]
Wir waren die einzigen Neger an diesem Straßenabschnitt, was uns wie eine Art Ehre vorkam. Alle Weißen in der Nachbarschaft waren wohlhabende Leute. Sie reichten von Lehrern bis zu Ärzten und vermögenden Geschäftsleuten. Die weiße Familie, die uns gegenüber wohnte, besaß ein Begräbnisunternehmen und den einzigen Möbelladen in Centreville. Sie hatten zwei Kinder, einen Jungen und ein Mädchen. Es gab noch eine andere weiße Familie, die etwa eine Viertelmeile hinter dem Haus der Johnsons wohnte, die auch einen Jungen und ein Mädchen hatte. Die beiden weißen Mädchen waren etwa in meinem Alter, die Jungen ein wenig jünger. Sie fuhren manchmal auf ihren Fahrrädern oder auf Rollschuhen den kleinen Abhang hinunter, der gerade vor unserem Haus lag. Adline, Junior und ich saßen immer da und sahen ihnen zu. Wie hätten wir gewünscht, daß Mama uns ein Fahrrad kaufen könnte oder wenigstens ein Paar Rollschuhe für uns alle drei zusammen.

Von der Straße her lief ein breiter Graben an unserem Haus vorbei. Er trennte unser Haus und das Anwesen der Johnsons von einem großen zweistöckigen Haus, das auf dem Hügel lag. Ein großer Nußbaum wuchs auf unserer Seite des Grabens, und wir bauten uns darunter ein Häuschen, so daß wir in dem Graben sitzen und die weißen Kinder beobachten konnten, ohne daß sie wußten, daß wir da saßen und zu ihnen hinstarrten. Unser Häuschen bestand aus zwei Apfelkisten und einer Blechkanne, auf der wir saßen.

Eines Tages fuhren die weißen Kinder auf ihren Fahrrädern die Straße hinauf und hinunter, und wir saßen auf den Apfelkisten, stießen Indianergeheul aus und trommelten mit Stöcken auf der Blechkanne. Es hörte sich so indianisch an, daß sie herüberkamen und uns fragten, ob wir wirklich Indianer seien.

Dies war der Anfang unserer Freundschaft. Wir brachten ihnen bei, wie Indianer zu heulen und zu tanzen, und sie ließen uns radfahren und rollschuhlaufen. Ich war die einzige, die es wirklich lernte. Adline und Junior waren zu klein und zu bange, aber es machte ihnen Spaß, uns zuzusehen. Ich war sieben, Adline fünf und Junior drei, und dies war das erste Mal, daß wir Spielkameraden hatten. Manchmal nahmen sie uns mit zu dem Miniatur-Häuschen, das sie besaßen. Katie und Bill, die Kinder der Weißen, die den Möbelladen besaßen, hatten neben dem Haus ihrer Eltern ein Spielhaus. Das Häuschen war genau wie das große Haus, außen schneeweiß gestrichen und mit richtigen Möbeln ausgestattet. Um dieses Spielhaus beneidete ich sie mehr als um ihre Fahrräder und Rollschuhe. Hier hatten sie ein Haus nur zum Spielen, das viel schöner war als jedes Haus, in dem zu wohnen ich mir je geträumt hätte. All das hatten sie mir zu bieten, und ich hatte ihnen nichts zu bieten als ein Kleefeld im Sommer und die Apfelkisten unter dem Nußbaum.

Ich hatte bestimmt geglaubt, daß Mama uns, nachdem wir dort hingezogen waren, zu Weihnachten Rollschuhe schenken würde. Aber sie tat es nicht. Wir bekamen nichts als ein paar Äpfel und Apfelsinen. Ich weiß noch, daß ich wegen dieser Rollschuhe eine Woche lang weinte.

Jeden Samstagabend nahm Mama uns mit ins Kino. Die Neger saßen oben auf dem Balkon, und die Weißen saßen unten. Eines Samstags kamen wir zusammen mit den weißen Kindern im Kino an. Als wir uns sahen, liefen wir zueinander hin. Katie spazierte geradewegs unten in den Kinosaal, und Adline, Junior und ich gingen hinterher. Mama sprach mit einer der weißen Frauen und hatte nicht bemerkt, daß wir in die Abteilung für Weiße gingen. Ich glaube, sie dachte, wir seien am Seiteneingang, den wir immer benutzten und der zum Balkon führte. Wir standen mit unseren Freunden in der weißen Abteilung, als Mama hereinkam und uns sah. „Kommt, los kommt", schrie sie mit schriller Stimme und stieß Adline durch die Tür. „Wart nur, Essie Mae, ich schlag dich tot, wenn wir nach Haus kommen. Ich hab euch doch gesagt, ihr dürft nicht in die Läden und überall hinlaufen, als ob euch alles gehörte", schrie sie und zerrte mich durch die Tür. Als wir nach draußen kamen, standen wir da und weinten, und wir konnten die weißen Kinder drinnen im Kinosaal weinen hören. Mama ließ uns nicht einmal den Film ansehen. Sie brachte uns sofort nach Hause.

Während des ganzen Heimwegs sagte uns Mama immer wieder, wir könnten nicht unten im Kinosaal sitzen, wir könnten nicht dies oder das mit den weißen Kindern zusammen tun. Bis dahin hatte ich noch nie richtig darüber nachgedacht. Schließlich spielten wir doch zusammen. Ich wußte, daß wir zu verschiedenen Schulen gingen und all das, aber ich hatte nie gewußt, warum.

Nach dem Zwischenfall im Kino hörten die weißen Kinder auf, vor unserem Haus zu spielen. Zwei Wochen lang sahen wir sie überhaupt nicht. Dann eines Tages waren sie wieder da, und wir fingen wieder an, zusammen zu spielen. Aber es war nicht mehr das gleiche. Ich hatte früher nie daran gedacht, daß sie Weiße waren. Jetzt plötzlich waren sie Weiße, und ihr Weiß-Sein machte sie zu etwas Besserem als ich war. Ich stellte plötzlich fest, daß sie nicht nur deshalb besser waren, weil sie weiß waren, auch alles, was sie besaßen und alles, was mit ihnen zusammenhing, war besser als das, was mir erreichbar war. Früher hatte ich nie bemerkt, daß es unten im Kino besser war als oben. Jetzt merkte ich es. Ihr Weiß-Sein gab ihnen das Recht, unten in der schönen Abteilung zu sitzen, und mein Schwarz-Sein verbannte mich oben auf den Balkon.

Jetzt, da ich darüber nachdachte, merkte ich, daß ihre Schulen, Häuser und Straßen besser waren als die meinen. Sie hatten eine große rote Backsteinschule, deren einzelne Gebäude durch saubere Gehwege verbunden waren. Ihre Häuser waren groß und schön, hatten die Toiletten im Haus und allen Komfort, den ich damals kannte. Alle Häuser, in denen wir gewohnt hatten, waren Hütten mit einem oder zwei Räumen und einem Klosett draußen. Ich machte mir wirklich Gedanken darüber, daß sie alles besaßen und wir nichts. ‚Es ist noch ein Geheimnis dabei, außer daß sie weiß sind', dachte ich. Und mit allen Kräften meines Geistes versuchte ich, hinter dieses Geheimnis zu kommen.

Als wir eines Tages in unserem Häuschen im Graben unter dem Nußbaum spielten, kam mir eine verrückte Idee. Ich glaubte, das Geheimnis müsse zwischen den Beinen liegen. Außer ihrer Scham hatte ich alles an ihnen gesehen, und es war nicht anders als bei mir. Ich schlug also ein Spiel vor, das ich ‚Onkel Doktor' nannte. Ich war noch nie bei einem Arzt gewesen. Aber Mama hatte uns gesagt, daß der Doktor der einzige Mensch außer den Eltern sei, der den nackten Körper eines Kindes betrachten dürfe. Dann erinnerte ich mich an die Zeit, als meine Oma Winnie krank war. Als ich sie fragte, was der Doktor mit ihr gemacht habe, sagte sie: „Er hat mich untersucht." Dann fragte ich, was das sei ‚untersuchen', und sie sagte mir, er habe ihre Zähne angesehen, in ihre Ohren geguckt, das Herz abgehorcht, ihr Blut und ihre Scham angesehen. Jetzt würde ich der Doktor sein. Sie mußten sich alle, Katie, Bill, Sandra und Paul ebenso wie Adline und Junior ausziehen und in eine Reihe stellen, während ich auf einer der Apfelkisten saß und sie untersuchte. Ich sah ihnen in den Mund und in die Ohren, legte mein Ohr auf ihre Brust und horchte auf den Herzschlag. Dann mußten sie sich auf die Blätter legen, und ich betrachtete ihre Geschlechtsteile. Ich sah mir jeden von ihnen mindestens dreimal an, konnte aber keinen Unterschied feststellen. Ich hatte das Geheimnis immer noch nicht entdeckt. [. . .]

Meine Mutter kam am 9. April 1871 im Dorfe Kleinpelsen zur Welt. Und auch damals gab es, wie so oft im Leben, gerade Krieg. Deshalb wurde ihr Geburtsort auch nicht halb so berühmt wie im gleichen Jahre Wilhelmshöhe bei Kassel, wo Napoleon III., der Kaiser der Franzosen, interniert, oder wie Versailles bei Paris, wo König Wilhelm von Preußen zum Deutschen Kaiser ernannt wurde.

Der französische Kaiser wurde in einem deutschen Schloß eingesperrt, und der deutsche Kaiser wurde in einem französischen Schlosse proklamiert. Umgekehrt wär's eigentlich viel einfacher und wesentlich billiger gewesen! Aber die Weltgeschichte kann ja nicht genug kosten! Wenn ein Kolonialwarenhändler in seinem kleinen Laden so viele Dummheiten und Fehler machte wie die Staatsmänner und Generäle in ihren großen Ländern, wäre er in spätestens vier Wochen bankrott. Und er käme ganz und gar nicht ins goldne Buch der Geschichte, sondern ins Kittchen. Doch das gehört, schon wieder einmal, nicht hierher.

Die kleine Ida Augustin, meine zukünftige Mama, verbrachte ihre Kindheit in einem Bauernhaus. Zu diesem Hause gehörte mancherlei: eine Scheune, ein Vorgärtchen mit Stiefmütterchen und Astern, ein Dutzend Geschwister, ein Hof mit Hühnern, ein alter Obstgarten mit Kirsch- und Pflaumenbäumen, ein Pferdestall, viel Arbeit und ein langer Schulweg. Denn die Schule lag in einem Nachbardorf. Und sehr viel gab's in der Schule im Nachbardorfe nicht zu lernen. Denn sie hatte nur einen einzigen Lehrer und nur zwei Klassen. In der einen Klasse saßen die Kinder vom siebenten bis zum zehnten, in der andern vom elften Lebensjahre bis zur Konfirmation. Da war außer Lesen, Schreiben und Rechnen nichts zu holen, und für die gescheiten Kinder war es schrecklich langweilig! Vier Jahre in ein und derselben Klasse, — es war zum Auswachsen!

Im Sommer war es damals heißer als heutzutage, und im Winter kälter. Woran das gelegen hat, weiß ich nicht. Es gibt Leute, die behaupten, sie wüßten es. Aber ich habe sie im Verdacht, daß sie renommieren.

Im Winter lag der Schnee mitunter so hoch, daß die Haustür nicht aufging! Dann mußten die Kinder durchs Fenster klettern, wenn sie in die Schule wollten. Oder weil mein Großvater meinte, sie sollten wollen! Wenn sich die Tür trotz des Schnees öffnen ließ, mußte man mit Schaufeln erst einen Tunnel graben, durch den die Kinder dann ins Freie krochen! Das war zwar ganz lustig, aber die Lustigkeit dauerte nicht lange. Denn der Wind pfiff eisig über die Felder. Man versank im Schnee bis zu den Hüften. Man fror an den Fingern und Zehen und Ohren, daß einem die Tränen in die Augen schossen. Und wenn man schließlich pitschnaß, halb erfroren und zu spät in der Schule ankam, gab es nicht einmal etwas Rechtes und Interessantes zu lernen!

Das alles verdroß die kleine Ida nicht. Sie kletterte aus dem Fenster. Sie kroch durch den Schneetunnel. Sie fror und weinte auf dem Schulweg vor sich hin. Es machte ihr wenig aus. Denn sie war wissensdurstig und wissenshungrig. Sie wollte alles lernen, was der alte Lehrer selber wußte. Und wußte er auch nicht sehr viel, so wußte er doch immer noch etwas mehr als die kleine Ida!

Ihre älteren Brüder — vor allem der Franz, der Robert und der Paul — hatten von der Schule und vom Lernen eine durchaus andere Auffassung. Sie hielten das Herumsitzen im Klassenzimmer für verlorene Zeit. Das bißchen Lesen und Schreiben, das sie später brauchen würden, war rasch gelernt. Und Rechnen? Ich glaube, rechnen konnten die drei Jungen schon in der Wiege, und bevor sie die Worte ‚Mutter' und ‚Vater' aussprechen konnten. Das Rechnenkönnen war ihnen angeboren. Wie das Atmen und Hören und Sehen.

Aus diesen Gründen diente ihnen der Schulweg zwar dazu, um von zu Hause wegzukommen, aber sie kamen, oft genug, sonstwo an, nur nicht in der Schule! Wo trieben sich die Bürschchen herum, und was stellten sie an? Spielten sie auf einer abgelegenen Wiese Ball? Warfen sie Fensterscheiben ein? Ärgerten sie einen bissigen Hofhund, der an der Kette zerrte? Dergleichen ließ sich natürlich nicht immer vermeiden. Aber in der Hauptsache taten sie, statt in der Dorfschule zu hocken, eines: Sie handelten mit Kaninchen!

Selbstverständlich hätten sie schon damals lieber mit Pferden gehandelt! Aber Pferde sind anspruchsvolle Tiere und viel zu groß, als daß man sie in Holzkisten verstecken könnte! Außerdem: Kaninchen vermehren sich bekanntlich ‚wie die Kaninchen'. In einem fort kriegen sie Junge. Man braucht nur ein paar Rüben, Möhren und Salatköpfe zu finden, damit die lieben Tierchen satt werden und für prächtigen Nachwuchs sorgen.

Nun, die drei Brüder fanden das nötige Futter. Ich vermute, daß sie es nicht einmal bezahlten. Wer billig einkauft, kann billig verkaufen. Das Geschäft blühte. Die Gebrüder Augustin versorgten Kleinpelsen und Umgebung so lange und so reichlich mit Kaninchen, bis der Ruhm der Firma das Ohr meines Großvaters erreichte. Er war nicht entfernt so stolz auf seine Söhne, wie man hätte glauben sollen. Da sie, als er sie zur Rede stellte, stumm blieben, auch nachdem er sie verprügelt hatte, bis ihm beide Arme wehtaten, knöpfte er sich die kleine Ida vor. Sie erzählte ihm, was sie wußte. Und sie wußte allerlei.

Dem Robert, dem Franz und dem Paul gefiel das ganz und gar nicht. Deshalb unterhielten sie sich anschließend in aller Stille mit der Schwester, und sie hatte nach dieser Unterhaltung noch sehr lange blaue Flecke, die erst grün und dann gelb wurden, bevor sie schließlich wieder verschwanden.

Im Grunde war, abgesehen von den blauen Flecken, die Unterhaltung ergebnislos verlaufen. Fast wie eine internationale Konferenz. Die Schwester hatte erklärt, der Vater habe die Wahrheit wissen wollen, und die Wahrheit müsse man unter allen Umständen sagen. Das lerne man daheim und in der Schule. Doch die drei Brüder waren viel zu selten daheim und in der Schule gewesen, um diese Ansicht zu teilen. Sie sagten, Ida habe geklatscht. Sie sei kein guter Kamerad und keine ordentliche Schwester. Und sie solle sich schämen.

Wer recht hatte, ist schwer zu entscheiden, und der Streit darüber ist älter als sämtliche Augustins. Er ist so alt wie die Welt! Darf man, den Brüdern zuliebe, die Eltern belügen? Oder muß man, den Eltern zuliebe, die Geschwister anschwärzen?

Hätte mein Großvater auf seine Lausejungen besser aufgepaßt, so hätte er die kleine Ida nicht ausfragen müssen. Aber er war oft unterwegs, um ein Pferd zu kaufen oder zu verkaufen. War das sein Fehler?

Wären die drei Lausejungen brave, musterhafte Knaben gewesen, so hätte die kleine Ida sie nicht verklatschen müssen. Aber der Geschäftsgeist steckte ihnen im Blut. Der Vater handelte mit Pferden. Sie handelten, statt in die Schule zu gehen, mit Kaninchen. Was das ihr Fehler?

Der einzige Mensch, der sich Gewissensbisse machte, war die kleine Ida! Und warum? Sie ging brav zur Schule. Sie half wie ein Heinzelmännchen im Haushalt, kümmerte sich um ihre kleineren Geschwister und sagte, als man danach fragte, die Wahrheit. War das ein Fehler?

Liebe Kinder, lest über diese Zeilen nicht hinweg! Worum es sich dreht, ist vielleicht nicht so interessant wie der Deutsch-Französische Krieg 1870/71 oder wie unerlaubter Kaninchenhandel, aber es ist wichtiger als beides zusammen! Deshalb wiederhole ich die drei Punkte noch einmal!

Erstens: Ein Vater hat für seine Familie, um genug Geld für sie zu verdienen, zu wenig Zeit, erwischt und verprügelt drei seiner zwölf Kinder, und damit ist für ihn alles wieder in bester Ordnung. Zweitens: Drei Jungens schwänzen die Schule, werden vom Vater verprügelt, verhauen eine Schwester, und damit ist für sie alles wieder in Ordnung. Und drittens: Ein kleines kreuzbraves Mädchen, das die Eltern und die Geschwister gern hat, soll die Wahrheit sagen und sagt sie. Und damit gerät für sie alles in Unordnung!

Das war so, und das ist schlimm. Meine Mutter hat ihr Leben lang — und sie ist achtzig Jahre alt geworden — darunter gelitten, daß sie, damals als kleine Ida, die Wahrheit gesagt hatte! War es nicht Verrat gewesen? Hätte sie lügen sollen? Warum hatte sich der Vater gerade an sie gewendet? Fragen über Fragen! Und keine gescheite Anwort drauf!

Sehr, sehr viel später, als aus dem kleinen Kaninchenzüchter Franz längst der steinreiche Pferdehändler Augustin samt Villa, Auto und Chauffeur geworden war, sollte sich zeigen, daß er das Damals keineswegs vergessen hatte. Ebenso wenig wie meine Mutter. Und wenn wir ihn zu Weihnachten besuchten und friedlich unterm Christbaum saßen, bei Glühwein und Dresdner Rosinenstollen ... Doch das gehört noch nicht hierher. [...]

[...]

Ich kenne also das Auto, seit es sozusagen noch aus der Flasche trank. Sie müssen schon in ein Automobilmuseum gehen, um sehen zu können, was zur damaligen Zeit ein rassiger Sportwagen war.

Und so einen kaufte ich im Jahre 1909. Es war ein Franzose; Grégoire hieß der Unglücksrabe. Dafür ist sein Name heute auch schon längst vergessen. Fragen Sie nicht, was er kostete. Torpedoform war die große Mode, natürlich offen. Limousinen gab es überhaupt noch nicht. Mein Grégoire hatte vier Zylinder, jeder so groß wie eine Milchkanne, wurde angekurbelt und hatte eine pfundige Azetylenbeleuchtung.

Hatte man abends seine Streichhölzer vergessen, mußte man einen Passanten ansprechen: „Entschuldigen Sie, haben Sie vielleicht ein Streichholz? Ich möchte nämlich meine Scheinwerfer anzünden."

Und dann ging es ans Starten. Mit der Kurbel. Erst Spätzündung einstellen — wehe, wenn man das vergaß! Ich habe das nicht nur einmal mit einer ausgerenkten Hand gebüßt. Er schlug zurück wie ein türkischer Esel. Also — Spätzündung und dann ein wenig Gymnastik mit der Kurbel. Das sah besonders gut aus, wenn man einen Smoking oder einen Frack anhatte. Wenn er nicht ansprang und einem schon langsam der Kragen weich wurde, standen auch schon viele Zuschauer herum und bewunderten die Verrenkungen mit Hochachtung. Denn damals sah man nicht viel mehr Autos als heute Düsenjäger. Nur selten wagte es jemand, einen Ratschlag zu geben.

Aber ich hatte doch meine helle Freude an dem Wagen, denn er war so, wie er sein mußte — damals — anders wußte man es ja nicht.

Ich arbeitete zu der Zeit im Zirkus Médrano in Paris. Natürlich war der Grock jener Zeit nicht so begütert wie der Grock von heute. Und der Wagen verschlang alle meine Ersparnisse. Aber das beeinträchtigte meine Liebe zu ihm nicht. Ich wollte und mußte meinen Kollegen imponieren; denn ich war nun der erste Artist in Paris, der einen Wagen besaß.

Ich hatte nicht die Geduld, erst eine Fahrprüfung abzulegen. Nein, der Verkäufer und ich setzten uns in das Auto und steuerten munter hinein in die freie Natur. Dort lernte ich nun — ungefähr eine Stunde lang — und siehe da, es ging. Zurück fuhr ich den Wagen. Sehr vorsichtig, aber ich fuhr. Im Zentrum der Stadt wurde ich leicht nervös, verwechselte hie und da die Bremse mit der Kupplung, oder Gas mit der Bremse, aber das war alles nicht so schlimm. Der Verkehr in jener Zeit verzieh einem solche Fehler. Ich hielt mich in einem genügend respektvollen Abstand von jeder vor mir fahrenden Droschke, umkrampfte das Lenkrad und gab fleißig und nicht ohne Stolz Hupsignale mit der Gummiballhupe, die wie eine Klistierspritze aussah. Und da sowieso vor einem Automobil jeglicher Fußgänger oder unmotorisierte Fahrer ehrfurchtsvoll auswich, kamen wir ohne Karambolage wieder zum Autogeschäft zurück.

„Nun", meinte der Verkäufer, „trauen Sie sich, alleine weiterzufahren?"

„Natürlich", erwiderte ich selbstbewußt, „keine Angst, ich fühle mich ganz sicher."

Und es ging auch alles gut. Nur gab es damals noch keine synchronisierten Gänge, und die Kupplung war auch nicht so weich wie heute. Beim Anfahren gab es immer einen Bocksprung nach vorne, und während des Schaltens hätte man glauben können, daß sämtliche Zahnräder pulverisiert würden.

Aber nichtsdestotrotz kam ich auf meiner ersten Autofahrt zum Zirkus Médrano durch. Verschwitzt, mit zitternden Knien stieg ich aus dem Wagen. Ich traute mich nicht, den Motor abzustellen, denn ich war mir nicht unbedingt sicher, ob er auch wieder anspringen würde. Ich hatte Glück, einige Kollegen standen Gott sei Dank vor dem Eingang und kamen sofort herbei.

„Mensch, Adrian, wem gehört denn der Wagen?"

„Mir."

Ich bedauerte, mein eigenes Gesicht nicht sehen zu können. Ich ließ meine Kollegen stehen und tat sehr eilig. Ich ging in den Zirkus hinein zu meiner Garderobe, obwohl ich dort nichts zu tun hatte. Ich kam auch gleich wieder heraus. Inzwischen hatte sich, wie erwartet, ein ganzer Haufen Kollegen um mein Auto versammelt. Stumm vor Bewunderung traten sie beiseite. Stolz marschierte ich die Parade entlang und bestieg meinen Wagen; nicht ohne meinen Bewunderern huldvoll zuzulächeln. In ihren Blicken las ich etwas von dem, womit hohe Staatsmänner oder Bezwinger des Nordpols betrachtet werden. Nur jetzt keinen Fehler machen, Adrian, sagte ich mir. Aber die nötige Ruhe hatte mich verlassen. Ich hatte sozusagen Lampenfieber bekommen. Ich fummelte am Gang herum, dorthin und hierhin — er wollte nicht!

Endlich gelang es mir mit unterdrückter, anwachsender Wut, ihn in eine Stellung hineinzuwürgen, von der ich aber in meiner Aufregung nicht ganz sicher war, ob es die richtige sei. Aber noch länger herumzufuhrwerken, konnte ich mir nicht leisten, ohne zu riskieren, mein hoheitsvolles Vorspiel mit einem lächerlichen Finale abzuschwächen. Ich ließ die Kupplung zurück, und schon machte mein Wagen einen Sprung, aber nach hinten! Zwei Kollegen konnten sich gerade noch retten.
„Vorsicht!" schrie ich und hatte das Gefühl, mit diesem scharfen Kommando etwas von meiner gefährdeten Autorität wiederherzustellen. Endlich bekam ich den Gang rein. Und mit einem Satz, diesmal gottlob nach vorn, quittierte der Wagen meine Aktion. Den Blick scharf geradeaus — brauste ich ab. [. . .]

Im Weltraum

Jurij Gagarin

Gagarin war der erste Mensch im Weltraum (12. 4. 1961).

Das Schiff hatte seine Bahn, die breite Straße durch den Weltraum, erreicht. Die Schwerelosigkeit ist für uns alle, die wir auf der Erde leben, eine seltsame Erscheinung. Doch der Organismus paßt sich ihr schnell an. Ich empfand in allen Gliedern eine ungewöhnliche Leichtigkeit. Ich löste mich vom Sessel und schwebte zwischen Decke und Boden der Kabine. Der Übergang in diesen Zustand der Schwerelosigkeit erfolgte ganz allmählich. Als der Einfluß der Schwerkraft schwand, fühlte ich mich ganz ausgezeichnet, alles war plötzlich leichter geworden. Es kam mir vor, als gehörten Arme und Beine, selbst mein ganzer Körper nicht mehr zu mir, sie hatten überhaupt kein Gewicht mehr. Ich saß nicht und lag nicht, sondern schien irgendwie in der Kabine zu hängen. Alle unbefestigten Gegenstände flogen umher, und wie ich sie betrachtete, glaubte ich zu träumen. Da schwebten die Kartentasche, der Bleistift und das Notizbuch durch die Kabine. Einige Flüssigkeitstropfen aus einem Schlauch hatten die Form von kleinen Kugeln angenommen und trieben frei durch den Raum. Als sie die Kabinenwände berührten, blieben sie daran haften wie Tau auf einer Blüte.
Nun war ich auf der Fahrt meines Lebens, auf dem Fluge um den Erdball! Und in einer Höhe von 300 Kilometern dankte ich für das große Glück, als erster Mensch durch den Kosmos fliegen und als erster Mensch davon berichten zu können.
Ich sah die Wolken und ihre Schatten auf der fernen, geliebten Erde. Für einen Moment erwachte in mir der Bauernsohn. Der vollkommen schwarze Himmel sah wie ein frisch gepflügtes Feld aus, und die Sterne waren die Saatkörner. Sie strahlten hell und klar. Auch die Sonne war außerordentlich grell, mit bloßen, selbst zugekniffenen Augen konnte ich sie nicht betrachten.

Sie leuchtete wahrscheinlich um viele dutzendmal, vielleicht sogar auch hundertmal heller, als wir es von der Erde aus kennen. Sie leuchtete greller als das flüssige Metall beim Abstich, das ich noch aus meiner Tätigkeit in der Gießerei kannte. Um ihre blendenden Strahlen abzuschwächen, schob ich zeitweise den Schutzvorhang vor das Bullauge.

Gerne hätte ich auch den Mond gesehen. Wie mochte er wohl im Kosmos aussehen? Aber leider blieb er während des Fluges außerhalb meines Blickfeldes. Macht nichts, dann eben beim nächsten Mal, dachte ich.

Ich beobachtete nicht nur den Himmel, sondern auch die Erde. Wie sahen die Meere aus? Sie erschienen als ziemlich dunkle, schwach glänzende Flecke. War die Kugelform unseres Planeten zu erkennen? Selbstverständlich. Als ich auf den Horizont schaute, bemerkte ich einen deutlichen, stark kontrastierenden Übergang von der hellen Erdoberfläche zum vollkommen schwarzen Himmel. Die Erde erfreute das Auge durch eine bunte Farbenpalette. Sie war von einer zartblauen Aureole umgeben. Der Streifen wurde immer dunkler, türkisfarben, blau, violett und ging schließlich in Kohlschwarz über. Dieser Übergang war ein sehr schöner Anblick.

Als ich die westliche Halbkugel überflog, mußte ich an Kolumbus denken. Unter Mühen und Strapazen hatte er die neue Welt entdeckt. Aber ihren Namen erhielt sie nach Amerigo Vespucci, der damit durch die zweiunddreißig Seiten seines Buches „Beschreibung der neuen Länder“ unsterblich wurde. Ich hatte darüber in einem Buch von Stefan Zweig gelesen.

Mit innerer Erregung blickte ich mich um, denn ich wollte alles sehen, erkennen und verstehen. Durch die Sehschlitze sah ich die Sterne klar und kalt wie Diamanten schimmern. Bis zu ihnen war es noch sehr weit, zehn Lichtjahre oder vielleicht noch viel mehr, und dennoch erschienen sie mir von meiner Kreisbahn aus viel näher als von der Erde. Ich war glücklich und zugleich etwas benommen bei dem Gedanken, daß mir das Raumschiff anvertraut wurde — dieser kostbare Schatz des Staates, in dem so viel Mühe und Geld steckte.

Aufruf und Werbung

Aufstehen

Peter Jacobi / Lutz Maier

In den meisten schulen müsst ihr aufstehen, wenn ihr etwas sagt und wenn jemand hereinkommt. Einige lehrer üben das aufstehen mit euch, damit es schnell und leise geht. Oft rufen die lehrer: „aufstehen!“ wenn einer hereinkommt und „setzen!“ wenn er wieder aus der klasse geht. Manche lehrer sagen auch „bitte“ — wenn ihr älter seid. Wenn der hausmeister oder das reinigungspersonal hereinkommen, könnt ihr oft sitzen bleiben. Wenn ihr fragt, warum ihr dauernd aufstehen müsst, könnt ihr folgende antworten bekommen: „Darüber brauche ich mit euch nicht zu diskutieren! oder: Aus höflichkeit oder: Wegen der ordnung in der klasse! oder: Weil ihr jung seid und achtung vor dem alter haben sollt!“
Sagt den lehrern, dass der unterricht und die ordnung und die achtung durch das aufstehen nicht besser werden. Weigert euch ab sofort aufzustehen, oder steht jedesmal auf, wenn ein schüler hereinkommt oder hinausgeht. Aber handelt gemeinsam. Die meisten lehrer gewöhnen sich sehr schnell daran.

Schönen Gruß vom
Tigerboy
Das ist Tigerboy.
Man erkennt ihn an den Spuren, die er überall hinterläßt: den Kopf des wilden Tigers!
Seinen Schuh kann man jetzt überall kaufen: den Tigerboy mit dem Tiger-Kopf! Das ist ein Schuh, leicht wie die Feder des Adlers und stark wie die Haut des wandernden Büffels! Und wie er außenrum aussieht? Wilde Klasse!
Mit Tigerboy könnt Ihr tigern und tigern und tigern — schnell und meilenweit!
Und alle, die Eure Spur sehen, werden sich zuflüstern:
„Tigerboy war hier…!"
Wichtig:
Sagt Euren Muttis, daß es auf den Tigerboy von Tuf 6 Monate Garantie gibt, auf den ganzen Schuh!
Tigerboy von Tuf
der Schuh, der Spuren hinterläßt!

Aus einem Katalog

Heinz Oestergaard

„Kinder, wird das ein flotter Winter! Quelle bringt die hübscheste Kindermode, lustigbunt und abwechslungsreich, zum Kombinieren wie geschaffen. Alle Wünsche werden erfüllt . . . auch die von Mutti nach preiswerten, pflegeleichten Kleidchen!"

⑩ **„Donna" Festliches Mädchenkleid.** Dekorative Teilungsnähte mit Zierstepperei, eingesetzte Glocken im Rock. Zierknöpfe. Material: 100 % Polyester-Jersey, vollwaschbar und pflegeleicht.

Körpergr.	128	134	140	146	152	158 cm
pinkrot	19709	19710	19711	19712	19713	19714
DM	**29.-**	**30.50**	**32.-**	**33.50**	**35.-**	**36.50**

⑫ **„Herzle" Niedliches Hängerchen** mit dekorativen Herzchen und langen einrollierten Ärmeln. Material: 100 % ORLON-Jersey, vollwaschbar.

Körpergrößen	86	92	98	104	110 cm
lila	33379	33380	33391	33392	33488
DM	**28.-**	**29.50**	**31.-**	**32.50**	**34.-**

⑬ **„Angela" Kleid mit Boleroeffekt,** mit modischen Herz-Applikationen verziert, 100 % ORLON-Jersey, daher vollwaschbar und pflegeleicht.

Körpergrößen	116	128	140	152	164 cm
lila	47277	47278	47281	47282	47283
DM	**42.-**	**45.-**	**48.-**	**51.-**	**54.-**

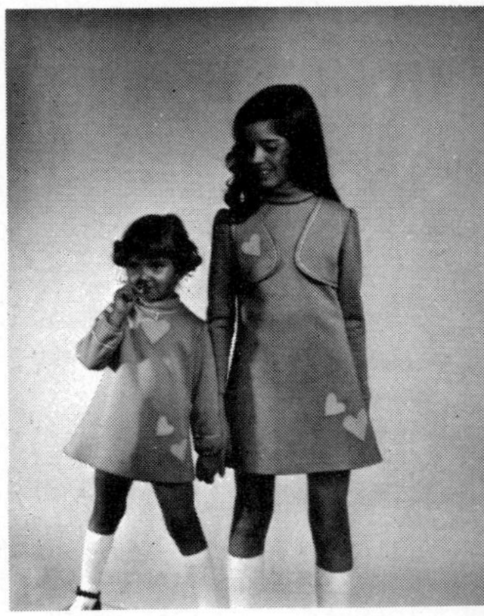

⑫ *Herzle* ⑬ *Angela*

Hallo Girls!
Hallo Boys!

In diesen Pullovern macht der Winter richtig Spaß! Ein hübscher Gürtel darüber und eine flotte Hose dazu – schon habt Ihr eine schicke Kombination. Auch sonst hat Quelle alles, was Ihr für einen schönen Winter braucht – von der warmen Pudelmütze bis zu den robusten Wandersocken. Das Inhaltsverzeichnis auf Seite 704–705 sagt Euch, wo Ihr die tollen Sachen findet.

② **Top-schicke Knabenhose im Pariser Modell-Schnitt – ein Quelle-STARANGEBOT aus guten Gründen:**

- Problemloser Stoff aus Erbaglob TREVIRA und DOLAN, in aktueller Musterung.
- Beste Innenausstattung, hervorragende, fachmännische Verarbeitung, modische Trompetenform.
- Die besonderen Eigenschaften: Leicht zu pflegen, knitterfest und bügelfrei – diese Hose sieht immer wie neu aus!

2 Clubtaschen, Gesäßtasche, ausgestellte Fußweite, Schlitz mit Reißverschluß.

im gespräch

Uta Schorn

Uta, du bist bei Beginn der Europameisterschaften in Minsk genau zwei Monate und neun Tage „kunstturnreif", das heißt, 14 Jahre, und damit berechtigt, an Welt- oder Europameisterschaften teilzunehmen. Hast du als jüngste Teilnehmerin in Minsk Lampenfieber?

Uta Schorn: „Noch nicht. Aber ich glaube, das kommt bis zum Wochenende auch nicht mehr."

Deinen ersten Länderkampf hast du mit zwölf Jahren gegen England in Kamen gewonnen. Was war dein bisher größter Erfolg?

Uta: „Das war in diesem Jahr in Miami, als ich im Weltcup im Kürturnen Fünfte geworden bin."

In Minsk wird auch Kürvierkampf geturnt. Welchen Platz glaubst du, kannst du in Minsk erreichen?

Uta: „Wenn ich gut durchturne, hoffe ich auf einen Platz unter den ersten Zwanzig, mehr ist wohl nicht drin."

Das scheint realistisch! Aber kannst du die vierfache Deutsche Meisterin Jutta Oltersdorf in Minsk übertreffen?

Uta: „Da sage ich vorher lieber nichts."

Du turnst seit vier Jahren und trainierst seit zwei Jahren in Frankfurt im Leistungszentrum. Wie lange willst du noch Leistungssport betreiben?

Uta: „Mindestens bis zu den Olympischen Spielen 1976 in Montreal, dann bin ich gerade 19 Jahre."

Wen hältst du für die Favoriten auf den Europameisterschafts-Titel nach der Absage der vierfachen Titelverteidigerin Karin Janz aus Ostberlin?

Uta: „Ich glaube nicht an die vierfache Weltmeisterin Ludmilla Turischtschewa aus der UdSSR. Eher an Erika Zuchold aus Leipzig, die ja auch zweifache Weltmeisterin ist."

J. K.

(13. 10. 1971)

Uta Schorn

Wo Kinder sich frei bewegen können

Fragen an Luise Besser

Die ehemalige Studienrätin Luise Besser ist heute Erste Vorsitzende der „Aktion Kinderparadies", einer seit 1954 bestehenden Vereinigung, die sich vor allem um die Einrichtung und Betreuung von Kinderspielplätzen in der Hansestadt kümmert.

WELT: Auch in einer so reichen Stadt wie Hamburg ist es um die Spielplätze für Kinder schlecht bestellt. Was kann die „Aktion Kinderparadies" tun?

Luise Besser: Noch vor 16 Jahren, als die „Aktion Kinderparadies" gegründet wurde, waren Spielplätze weithin unbekannt. Unsere ersten Initiativen gingen deshalb dahin, den Kindern überhaupt erst einmal Gelände in der Nähe ihrer Wohnungen zu verschaffen, auf dem sie sich, ihren Bedürfnissen entsprechend, frei bewegen konnten.

WELT: Heute gehören nach der Bauordnung zu jedem Neubau je nach Größe der Wohneinheiten einige Quadratmeter Spielraum im Freien. Genügt diese gesetzliche Bestimmung, um den Kindern ausreichende Spielmöglichkeiten zu gewähren?

Luise Besser: Natürlich nicht. Die Plätze müssen mit Spielmaterial versehen werden — leider geschieht das noch sehr dürftig und phantasielos —, und in den Sandkästen müßte der Sand jedes Jahr erneuert werden, schon um die Verbreitung von Krankheiten zu vermeiden. Diese Forderung blieb bisher jedoch weithin unbeachtet.

WELT: Manche Spielplätze werden von „Parktanten" betreut. . .

Luise Besser: Ja, deren Auswahl und Einsatz gehören heute zu unseren vordringlichen Aufgaben. Im Auftrag der Jugendbehörde sehen wir uns Spielplätze auf ihre Eignung als „Parktanten-Platz" an. Dabei muß geprüft werden, ob genug Kinder in der Nähe wohnen, deren Eltern auch bereit sind, für eine Spielplatzaufsicht am Vormittag 30 Pfennig je Stunde zu bezahlen.

WELT: Wer kann „Parktante" werden?

Luise Besser: Jede unbescholtene, gesunde und kinderliebe Frau. Die „Parktanten" sollen ja keinen Freiluft-Kindergarten aus ihrem Platz machen. Sie können zwar auch mal einen Streit schlichten oder Spielanregungen geben, sollen aber in erster Linie aufpassen, daß die Kinder nicht zu Schaden kommen.

WELT: Bekommen die „Parktanten" Spielmaterial gestellt?

Luise Besser: Leider nicht, dafür ist kein Geld da, weder bei der Behörde noch bei uns. Sie bekommen hin und wieder Spielzeug von den Eltern der Kinder geschenkt, kaufen aus Idealismus auch mal selbst etwas. Da fehlen uns ein paar großzügige Spender.

WELT: Sie haben erreicht, daß im Juni in Niendorf ein Spielplatz eingeweiht wird, der 11 000 Mark gekostet hat. Das Geld haben Sie selbst beschafft, also findet Ihre Arbeit doch auch Interesse und Unterstützung.

Luise Besser: Natürlich, aber für die Kinder — für die schönste und wichtigste Zeit im Leben der Menschen überhaupt — muß noch so unendlich viel getan werden. Übrigens: Mitarbeiter nehmen wir jederzeit gern auf. Unsere Telefonnummer: 56 26 74.

(19.5.1970) **Heike Mundzeck**

ohne Kommentar.
Spohn
Das Spielen der Kinder auf Hof, Flur und Treppen sowie das Umherstehen vor der Haustür ist streng untersagt!
Das Spielen der Kinder in Flur und Treppenhaus ist verboten! Der Wirt
Betteln, Hausiren, Musiciren u. Ausrufen, das Umherstehen und der unnütze Aufenthalt, sowie Spielen der Kinder auf Hof, Flur & Treppen ist streng verboten. Der Wirt.
Radfahren, Rollern und Ballspielen sind auf diesem Grundstück streng untersagt
Spielen der Kinder auf dem Hof ist verboten! Die Hausverwaltung
Der Aufenthalt vor der Haustür, das Spielen der Kinder auf Hof, Flur und Treppen ist verboten! Der Verwalter
Das Spielen Kinder auf Hof, Flur u. Treppe ist streng untersagt!
Das Spielen der Kinder auf Hof, Flur u. Treppen, sowie das Umherstehen vor der Haustür ist verboten. Der Wirt.
Das Spielen der Kinder auf den Höfen, Treppen u. Durchfahrt ist vom Eigentümer und auch polizeilich verboten! Die Hausverwaltung
Spielen der Kinder auf Hof, Flur und Treppen ist im Interesse aller Mieter untersagt!

DAS Kurzinterview mit Zooinspektor Hellmut Neubüser, Frankfurt

Igel, schlafgestört

DAS: Wir hatten bis jetzt einen ungewöhnlich milden Winter; an vielen Orten blühen sogar Bäume. Stimmt es, was Tageszeitungen berichten, daß manche Tierarten nicht in ihren gewohnten Winterschlaf kommen?

N.: Das kommt darauf an, welche Tierarten man hier herausstellt. Entscheidend für diese Meldungen ist wohl das Verhalten des Igels. Er ist durch die milde Witterung aufgewacht, verläßt sein Winterquartier, und hier beginnt das Verhängnis: Er ist wach, verbraucht Körperreserven durch seine Aktivität, findet aber kein Futter, um die verbrauchten Reserven wieder zu ersetzen. Das bedeutet also, daß er schlechter in den noch folgenden Winter oder in das kommende Frühjahr hineingeht als der Igel, der bei strengem Frost schläft, also seine Körperfunktionen auf ein Minimum herabgesetzt hat und so mit seinen Körperreserven wesentlich besser haushalten kann.

DAS: Gibt es andere Tierarten, die betroffen sind?

N.: Die Reptilien, alle wechselwarmen Tiere: die einheimischen Echsen, Schwanzlurche, Froschlurche, Schlangen sind in ihrem Winterschlaf. Sie beginnen schon bei gewissen Plustemperaturen passiv zu werden; sie verkriechen sich.

DAS: Wo liegt diese Temperaturgrenze?

N.: Das kommt darauf an — in der Regel schon um zehn Grad. Für diese Tiere ist aber entscheidend, daß die Sonneneinstrahlung fehlt. Die wechselwarmen Tiere sind darauf angewiesen, sich tagsüber in der Sonne mit Wärme vollzutanken.

DAS: Gibt es neben dem ausgesprochenen Winterschlaf so etwas wie eine Winterstarre?

N.: Damit ist der Winterschlaf gemeint. Wenn ich zum Beispiel jetzt eine Eidechse ausgrabe, also aus ihrem Winterquartier hole, dann ist sie nicht sofort bewegungsfähig, sondern sie ist erstarrt, genauso wie der Igel oder der Siebenschläfer. Alle diese Tiere wachen erst bei Erwärmung langsam auf.

DAS: Sind irgendwelche anderen Arten durch den irregulären Wetterablauf beeinträchtigt?

N.: Unsere einheimischen Reptilien scheinen weniger bedroht zu sein. Die Frösche sind in die Gewässer gegangen, und auch unsere Nagetiere werden in ihren Lagern sein. Der Hamster hat sowieso seinen Vorrat. Es ist ja wesentlich leichter für die Nager — Hamster, Eichhörnchen —, sich einen gewissen Futtervorrat anzulegen; sie leben von Früchten, die den Winter überdauern, während ein Igel, der von Schnecken, Regenwürmern usw. lebt, diesen Vorrat nicht anlegen kann.

DAS: Armer Igel! *güg*

EPISCHE TEXTE

Erzählungen

10:0 für den Kater

Jo Pestum

Fräulein Jong hatte ihren Jenseitsblick aufgesetzt, weil sie sich zu Weihnachten verloben wollte. Inspektor Picht redete seit Stunden von elektrischen Eisenbahnen und Legobausteinen. Assistent Degenhardt hatte zwar verkündet, er fände den ganzen Weihnachtszinnober doof, aber aus der Mittagspause kam er mit einem Arm voll Tannengrün zurück. Das ganze Morddezernat duftete nach Kerzen und Printen.

Der Kater dachte: Da soll ein Mensch arbeiten können! Doch im Grunde suchte er auch nur einen Anlaß, den Aktenberg auf seinem Schreibtisch möglichst unberührt zu lassen. Wochen harter Fahndungsarbeit lagen hinter ihm. Er dachte mit gemischten Gefühlen an den langen Abend, der vor ihm lag. Jahrelang hatte er nichts von seiner alten Clique gehört, der Pokerabend der ehemaligen Studienfreunde war geplatzt. Geschäfte, Umzug, Berufswechsel. Der eigentliche Grund war vielleicht gewesen, daß man sich gegenseitig nichts mehr zu sagen hatte.

Doch dann plötzlich die Einladung von Wolf Teschner. Seine Frau wäre zur Kur. Nichts Schlimmes, nein. Aber ob man das nicht zum Anlaß nehmen wollte, wie in alten Tagen einen langen Abend gemeinsam ...

Als wenn Picht Kommissar Katzbachs Gedankengänge verfolgt hätte: „Wann gehst du eigentlich zu deiner komischen Herrenparty, Kater? Heute?"

„Hm. Um zehn."

„So spät? Donnerwetter. Und wo findet das mitternächtliche Besäufnis statt?"

„Pfui! Schon mal von einer seriösen Herrengesellschaft gehört? Deine Phantasie ist etwas schräg, mein Lieber. Ein alter Bekannter hat sich in einem Kaff hinter Neuß ein Landhaus gekauft. Das will er präsentieren. Noch was?"

Das Telefon schnurrte atonal. Picht nahm den Hörer. „Für dich, Kater."

Wieder kam dem Kommissar der Verdacht, daß manche Leute Gedanken lesen könnten; denn es war Wolf Teschner. Er sprach mit seltsam belegter Stimme. „Wirst du kommen, Kater? Hör zu, du mußt kommen. Jetzt gleich!"

„Aber es ist doch erst sechs. Wollten wir uns nicht um zehn bei dir treffen? Ich meine ..."

„Es ist wichtig, Kater! Hier im Hause ... Ich, ich fühle mich ... Bitte, komm ... Es, es gehen unheimliche Dinge ... Ah!"

Ein gurgelnder Laut, der mit einem Seufzer endete. Dann war die Leitung tot. Schneetreiben setzte ein, als Kommissar Katzbach beim Ortsschild Grefrath die Bundesstraße verließ. In den Scheinwerferstrahlen tanzten die Flocken wie irr. Hinter einem Espengehölz lag das Landhaus. Schwarz die Fenster. Nur oben im Haus ein kleines Licht, das sofort verlöschte, als der Peugeot über den matschigen Zufahrtsweg schlitterte. Ein gekalkter Torbogen aus Ziegelstein. Dahinter, rechts — nur etwa 20 Schritte vom Haus entfernt — ein Gerätehaus, das dem Anschein nach erst vor kurzer Zeit im Stil der spätbarocken Villa errichtet worden war. Der Kommissar sah, daß die dünne Schneedecke vor dem Haus unberührt von Autospuren und Fußabdrücken war. Er schloß für Sekunden die Augen, als er die Scheinwerfer abgeschaltet hatte, um sich an die Finsternis zu gewöhnen.

Die Haustür war nur angelehnt. Sie quietschte abscheulich in den Angeln. Obwohl der Kater sehr vorsichtig auftrat, dröhnten seine Schritte auf den Fliesen des hohen Flurs.

Gegenüber dem Eingang führte eine geschwungene Flügeltür in einen Raum, in dessen Hintergrund ein Kaminfeuer glomm.

„Hallo!" rief der Kater. „Hallo — allo — lo", machte das Echo im Haus. Der Kater nahm seine Taschenlampe und näherte sich dem Kaminfeuer. Er zupfte an den Seidenschnüren der drei kristallenen Wandampeln, und gelbliches Licht leuchtete den großen Raum bis in den hintersten Winkel aus. Hohe Bücherwände. Ölbilder mit Jagdszenen. Biedermeiermöbel, die viel zu zierlich waren. Auf dem ovalen Marmortisch ein Fichtenstrauß. Also auch hier! dachte der Kommissar und wandte sich dem Kamin zu. Verkohlendes Papier. Wortfetzen noch zu entziffern: „... sonst tot ... nichts verraten; denn ... die Summe in kleinen Scheinen ... keine Chance gegen ..." Die Zeilen waren mit einer Schreibmaschine geschrieben.

„Ist hier niemand?" rief der Kommissar. Er dachte an das Licht, das er von der Straße aus gesehen hatte. Leichter Brandgeruch zog durch das Zimmer. Weihnachtserinnerungen, leicht makaber. Der Kater zog ein Zigarillo aus der Tasche.

Es sprang ins Auge, und der Kommissar wunderte sich, daß es ihm erst jetzt auffiel: Im mittleren Bücherregal standen die Bücher in vier Reihen verkehrt herum. Ein ganzer Quadratmeter Goethe in sepiafarbenem Leder war bewegt worden. Hastig räumte Katzbach die schweren Bände aus. Er pfiff unhörbar durch die Zähne, als er die Tür in der Täfelung sah. Kein Geheimmechanismus. Ein simpler Griff. Kalte Luft fuhr dem Kater entgegen. Mit der Taschenlampe leuchtete Kommissar Katzbach in das schwarze Loch hinein. Ein schmaler Raum. 6, 7 Meter in der Länge, 2 Meter in der Breite. Und auf dem Fußboden lag regungslos eine Gestalt. Es war Wolf Teschner.

Als der Lichtschein sein Gesicht erfaßte, bewegte sich der Mann. An seiner Stirn, dicht unter dem Haaransatz, glänzte es rot.

„Fast hätte ich es geschafft, Kater. Siehst du, die Hände hab' ich fast freigekriegt. Aber — verdammt — dann muß ich wohl wieder ohnmächtig geworden sein. Schönes Wiedersehen das! Wie?"

„Bist du verletzt?"

„Mein Schädel, Donnerknispel! Verletzt? Na, das wäre übertrieben. Aber mir ist es schon mal besser gegangen. Willst du mir nicht diese Stricke abnehmen?"

„Pardon", sagte der Kater und kletterte durch die Wandtäfelung. Wolf Teschner hatte sich ein wenig aufgerichtet und war damit beschäftigt, die Schnüre von seinen Beinen zu zerren. Schmerz und Wut standen ihm im Gesicht. Katzbach half ihm vorsichtig auf die Beine.

„Schönes Wiedersehen!"

„Das sagtest du schon. Vielleicht solltest du mir aber jetzt verraten, was sich hier abgespielt hat. Meinst du nicht?"

„Wenn das so einfach wäre!"

„Was heißt das?"

„Daß ich es selbst nicht weiß. Ich kam nach Hause. Ich spürte schon an der Tür, daß da was nicht stimmte. So ein Brandgeruch. Auch Geräusche. Sie mußten wohl im Haus auf mich gewartet haben. Gesehen habe ich überhaupt nichts. Ich habe dich sofort angerufen. Dann kann ich mich an nichts mehr erinnern. Es kam von hinten. Plötzlich kriegte ich eins über den Schädel. Ich ..."

„Und wer es war, kannst du nicht sagen?"

„Ich habe doch nichts gesehen."

„Wie viele waren's?"

„Drei."

„Sie hatten es eilig. Sie haben nicht einmal die Bücher ordentlich einsortiert. Was wollten sie von dir?"

Wolf Teschner zuckte mit den Schultern.

Man brauchte gar nicht durch die Wand zu steigen. Eine richtige Tür führte in die Küche, deren schwarzes Gebälk ein bißchen an provenzalische Bauernhäuser erinnerte. Gleich neben dem Lichtschalter fand der Kater einen bräunlichroten Fingerabdruck auf der weißen Wand. In einer gesprungenen Tasse Zigarettenkippen. Nasse Flecken, wie von Schuhabdrücken, zwischen Tisch und Wandschrank.

Doch der Wandschrank enthielt nichts Besonderes: Gewürzdosen, getrocknete Petersilie, Knoblauch, Flaschen mit Currysoße und Ketchup, Öl, Essig ...

Wolf Teschner lehnte an der Tür und rieb sich den Hinterkopf.

Vor die Stirn hatte er ein nasses Tuch gepreßt.

„Ob wir nicht die Polizei ... Ich meine, müßte man nicht ..."

„Doch", sagte Katzbach, „man müßte. Ich wundere mich, daß du's nicht schon längst getan hast. Schließlich muß ja alles seine Ordnung haben."

„Kannst du dich nicht darum kümmern? Mir ist das hier ganz schön ... Na, wie soll ich sagen — peinlich."

„Trink einen Kognak", schlug der Kater vor und zeigte auf die Flasche, die auf dem Wandbord stand. Wolf Teschner folgte dem Rat.

Als der Kater durch den winzigen Wintergarten ins Freie trat, pustete ihm der Wind Schnee ins Gesicht, riß ihm fast den Hut vom Kopf, fuhr ihm kalt unter den geöffneten Mantel. Die Lichter der fernen Landstraße erinnerten penetrant an eine Christbaumbeleuchtung.

Die Spuren im Schnee waren leicht zu finden. Drei Personen, da gab es keinen Zweifel. Sie hatten seltsam kleine Schritte gemacht, der Vorderteil des Eindrucks war viel tiefer als die Hacke. Leichte Schleifspuren hatten die Schuhspitzen hinterlassen. Der Kater verzog die Mundwinkel zu spärlichem Grinsen. Die Spuren zeigten zum Haus. Katzbach knipste die Taschenlampe aus.

„Sie ... Sie sind noch im Haus, ja?“ flüsterte Teschner.

„Sieht so aus.“

„Himmel! Hast du eine Schußwaffe bei dir?“

„Ohne Kanone fühlen sich Kriminalbeamte nackt. Siehst du dir denn keine Krimis im Fernsehen an?“

„Ich finde, jetzt ist nicht der Zeitpunkt zum Witzemachen. Die Kerle wollen mir doch an den Kragen!“

„Nun wein' mal nicht gleich.“

Sie gingen ins Haus zurück. Teschner ging dicht hinter dem Kater und zitterte ein bißchen. Während er am Spülbecken seine Kompresse erneuerte, beschäftigte sich Katzbach ausgiebig mit der Kognakflasche. Das sah Teschner aber nicht.

Die Geräusche hörten sie beide gleichzeitig. Stimmen. Sie kamen aus dem oberen Stockwerk.

„Du bleibst unten!“ zischte der Kater. Wolf Teschner nickte. Natürlich führte der Kommissar keinen Revolver spazieren, wenn er alte Freunde besuchen ging. Aber das brauchte Wolf Teschner nicht zu wissen.

Die wuchtige Standuhr, von Holzwurmlöchern übersät, zeigte fünf Minuten nach Mitternacht. Sie ging um vier Stunden vor. Die Treppe knarrte erbärmlich, aber der Kommissar achtete nicht sonderlich darauf. Die Stimmen waren jetzt deutlicher zu hören. Aufgeregtes Getuschel. Ein paar Worte waren zu verstehen: „... könnt ihr nicht leiser sein ... fertig machen den Kerl ... über die Grenze ... nicht zahlt, dann ... Maschinenpistole in den Rhein schmeißen ... keine Maske ... genau verteilen ... schon ins Gras gebissen ...“ Der Kater blieb stehen und zündete endlich das Zigarillo an, auf dem er die ganze Zeit gekaut hatte.

Nach minutenlangem Suchen entdeckte er den Sicherungskasten. Er war mit einem Gobelin aus schwerer Seide zugehängt. Jan Wellem auf irrsinnig fettem Schimmel hielt sich an seinem Zepter fest.

Als der Kater den Schalter der Hauptsicherung herumdrehte, ging das Licht aus. Auch die Stimmen verstummten. Totenstille im Haus. Nicht einmal die Uhr war zu hören. Katzbach paffte einige Sekunden vor sich hin. Dann drehte er den Schalter wieder herum. Knisternd leuchteten die Glühbirnen auf. Auch das Gemurmel setzte wieder ein.

„Na also“, knurrte der Kater.

Er huschte über den Flur des Obergeschosses und legte sein Ohr an die helle Fichtenholztür, hinter der die Stimmen palaverten. Er dachte angestrengt nach. Dann fiel sein Blick auf die modische Stehlampe mit der weißen Kuppel, die als überdimensionale Glühbirne geformt war. Die Idee kam plötzlich, und sie machte dem Kater Spaß. Er nahm seinen Füller aus der Tasche und machte sich an die ungewohnte Arbeit.

Mit jähem Ruck riß Kommissar Katzbach die Tür auf. Dann sprang er zur Seite. Gleichzeitig flammte das Blitzlicht im Zimmer auf, und der Kater erfaßte mit einem Blick, daß das Zimmer leer war. Leer bis auf das Tonbandgerät in der Ecke und den Aufbau der Kamera gegenüber der Tür, deren Auslöser mit dem Türgriff gekoppelt war. Aber das hatte Katzbach nicht anders erwartet. Nur war das Foto garantiert anders geworden, als die Herren Fotografen es sich vorgestellt hatten.

Unten im Haus erschallte grölendes Gelächter. Wolf Teschner stürmte die Treppe herauf. Dahinter Will Langner, dann Roland Brochhaus. Und den Schluß bildete Georg Neep, prustend wie die erste Dampflok, der sich zu Katzbachs Entsetzen seit dem letzten Pokerabend vor einigen Jahren einen fürchterlichen Bauch zugelegt hatte.

„Ich hab' gewonnen!“ brüllte Langner wie der Stier von Uri. „Ich hab' die Wette gewonnen! Der Kater ist uns auf den Leim gegangen! Der große James Bond ist uns auf den Leim gegangen! Ha, Leute, das ist ein Fest, das ist ein Fest!“

„Los, das Bild her!“ kreischte Wolf Teschner und warf dem Kater seine nasse Kompresse klatschend vor die Brust. Wie die Kinder bei der Weihnachtsbescherung drängten sich die vier Männer ins Zimmer und zerrten das Foto aus der Polaroid-Kamera. Der Kater sah schmunzelnd zu.

Dann gab es lange Gesichter. Nein, das Foto zeigte keinen grimmigen Kriminalisten mit gezücktem Revolver und zornsprühenden Augen. Das Foto zeigte statt dessen eine Lampenkuppel in Form einer riesigen Glühbirne, auf die ein Mondgesicht gezeichnet war. Und in der Sprechblase stand: „Ihr Vollidioten!“

In der Tat, die Gesichter waren sehr lang.

Nur Georg Neep feixte wie ein Schneekönig. „Langner, gib die Moneten her! Ich habe die Wette gewonnen! Der Kater ist doch nicht auf das Theater 'reingefallen. Mensch, Katzbach, oller Spürhund, du hast mich gerade um 100 Mark bereichert. Brüderchen, da gebe ich einen aus!“

Sie zogen lachend nach unten, hockten sich prustend in die Biedermeiersesselchen. Und während Wolf Teschner seine Goethe-Strunz-Ausgabe wieder einsortierte, kramte Will Langer in sämtlichen Taschen nach und kriegte nur 76,73 Mark zusammen. Die Männer bedrängten den Kater, endlich zu erzählen.

„Schon Wolfs Anruf bei mir war billiger Simon-Templar-Stil. Sein Gejaule war vielleicht bühnenreif. Aber für einen alten Hasen war's doch ein bißchen zu dick aufgetragen. Dann das düstere Haus mit dem einsamen Lämpchen, das im richtigen Moment verlöschte. Die knarrende Tür aus der Klamotte, die gleich so einladend offen war. Ja, und als dann noch so unheimlich geheimnisvolle Dokumente im Kamin verkohlten, da war die Sache natürlich sonnenklar. Schließlich war das Papier ja offenbar erst angezündet worden, als ihr Ganoven meinen Wagen hörtet. Daß ihr mich durch die Wand klettern ließt und dabei den guten alten Goethe mißbrauchtet, nehme ich euch natürlich übel. Auf meine alten Tage! Und du, Wolf, du warst ganz mies! Du mimtest so, als hättest du schon 'ne halbe Ewigkeit in deinem dunklen Loch gelegen, dabei waren deine Pupillen ganz klein, als ich dich anleuchtete. Vor allem gurgelt und stöhnt man nicht, wenn man von hinten eins über die Rübe kriegt. Vielleicht merkst du dir das für das nächste Mal, ja? Und wenn du erklärst, man habe dir ganz plötzlich den Schlag versetzt, und du hättest überhaupt nichts gesehen, dann darfst du nicht sagen, es wären drei Figuren gewesen, die dich überfallen hätten. Junge, das war hyperdilettantisch!"

„Aber du hast doch so getan, als wäre es ernst, Kater! Da mußte ich doch meinen ..."

„Kleine Vorweihnachtsfreude für dich."

„Schuft! Aber wie war unsere Idee mit den Fußspuren?"

„Schlecht. Ihr seid rückwärts gegangen, das konnte jedes Kind sehen. Ihr habt euch in dem Geräteschuppen versteckt. Das war übrigens gar nicht so dumm, daß ihr euer Palaver per Tonband gemacht habt; denn wenn ich euch tatsächlich auf den Leim gegangen wäre und tatsächlich eine Waffe gehabt hätte, wäre das vielleicht gefährlich geworden, wenn ihr in dem Zimmer gehockt hättet."

„Aber du hast doch gesagt, du hättest deine Kanone bei dir!" protestierte Wolf Teschner.

„Kleiner Scherz von mir", sagte Katzbach trocken. „Ich wollte dich ein wenig erheitern, weil du ja so eine furchtbare Ohnmacht hinter dir hattest und soviel Kraft bei dem Entfesselungsakt vergeudet hattest. Die Ketschupspur am Lichtschalter in der Küche hättest du dir übrigens auch verkneifen können."

„Aber es war trotzdem prima", sagte Will Langner trotzig.

Wolf Teschner holte die Kognakflasche aus der Küche und füllte die Schwenker. Alle — bis auf den Kater — taten einen tiefen Schluck. Dann spuckten sie wie die Lamas und verdrehten die Augen. Georg Neep fiel hinterrücks vom Stuhl.

„Hilfe! Was war das?"

„Mein Hals!" wimmerte Wolf Teschner.

„Wenn ihr mir Tomatensoße als Blut serviert, kann ich euch doch wohl ein Literchen Worcesterbrühe in den Kognak gießen. Denkt an die Spielregeln, Freunde. Eine Hand wäscht die andere."

Kommissar Katzbach lächelte verträumt. Und man einigte sich, daß das Spiel 10 : 0 für den Kater ausgegangen war. Es wurde ein langer Abend. Und es störte den Kater auch gar nicht sehr, daß es im Haus ein bißchen nach Weihnachten roch. Man muß die Feste feiern, wie sie fallen, dachte er.

„Wie sahen die Jungens aus?" fragte der Kommissar.
Der Wärter sagte: „Sie trugen blaue Hosen und gelbe Hemden; sie waren so groß —", und er hielt dabei die Hand über den Tisch.
„Sonst haben Sie keinen Anhaltspunkt?"
„Nein, sonst habe ich keinen Anhaltspunkt", sagte der Wärter.
Am nächsten Tag stand in der Zeitung unter „Lokales" mit fettgedruckter Überschrift:

Übermütiger Diebstahl im Tiergarten

Drei Jungen im Alter von 10 bis 12 Jahren gelang es gestern am späten Nachmittag, den im März zur Welt gekommenen Jungbär Puh an sich zu nehmen und zu entführen. Die Täter entkamen über den Zaun zur Flußseite. Nach Aussagen des Wärters trugen die Jungen blaue Hosen und gelbe Hemden. Der Verein für Tierschutz e. V. bittet die Bevölkerung, bei der Suche behilflich zu sein und zweckdienliche Angaben an ihn direkt oder an das nächstgelegene Polizeirevier zu machen.

Alle, die die Notiz gelesen hatten, sahen auf der Straße nach den Jungen aus.
Die Jungen klingelten mit ihren verchromten Fahrrädern durch die Stadt, sie standen vor den Schaukästen der Kinos und betrachteten die Cowboy-Plakate, sie lehnten vor der Eisdiele an der Mauer und redeten über die PS der Autos und Motorräder; auf den Wiesen, unten am Fluß, spielten sie Fußball, im Vorort legten sie Konservendosen auf die Straßenbahnschienen; sie trugen die Ledermappen zur Schule und die Geigenkästen zur Violinstunde, sie holten Romane von der Leihbibliothek und Kaugummi vom Kiosk, und alle trugen blaue Hosen und gelbe Hemden, und niemand konnte gegen irgendeinen der Jungen eine Anzeige erstatten.
Mungo hatte am Morgen, als die Zeitung durch den Türspalt raschelte, die Zeitung aufgeschlagen und die Notiz entdeckt.
Er ging in sein Zimmer zurück, nahm die Lederhose aus dem Schrank, zog sie an und steckte sein kariertes Hemd in den Bund.
Seine Mutter sagte in der Küche: „Warum ziehst du schon jetzt die Lederhose an? Es ist doch bitter kalt."
„Gar nicht kalt", sagte Mungo.
Er trank zwei Tassen Milch, aß ein Brötchen, und zwei steckte er, als seine Mutter die Bettvorlage vom Balkon klopfte, in die Taschen.
Er lief durch die Straße, klingelte zweimal bei Simson und sah hinauf, bis dessen blonder Kopf oben am Fenster erschien.

„Ich komme gleich!“ rief er von oben.

Als er aus der Tür kam, sagte Mungo: „Hast du die Zeitung gelesen?“

„Warum soll ich Zeitung lesen?“

„Es steht drin. Und wie wir angezogen waren, steht drin.“

„Wie wir angezogen waren —?“

„Blaue Hosen und gelbe Hemden.“

Mungo sah Simson an, und Simson sah an sich herab: blaue Hosen — gelbes Hemd.

„Zieh dich schleunigst um“, sagte Mungo. — „Und nimm was zu fressen für ihn mit!“ rief er Simson nach.

Manfred wohnte vor der Stadt, in der Siedlung zwischen dem Gaskessel, dem Stadion und dem Rangierbahnhof.

Im letzten Häuschen der Relaisstraße wohnte er bei seiner Mutter, die immer im Bett lag.

Breitbeinig, die Hände in den blauen Hosen, stand er vor dem Zaun.

„Ihr könnt es wohl nicht mehr erwarten, mit ihm zu spielen“, empfing er die beiden.

„Das auch“, sagte Mungo. „Aber zuerst mußt du eine andere Hose und ein anderes Hemd anziehen.“

„Warum?“

„Es steht in der Zeitung: Die Täter trugen blaue Hosen und gelbe Hemden.“

„Los, zieh was anderes an“, sagte Simson.

„Ich hab nichts anderes“, sagte Manfred.

Im Schuppen, hinten im Garten, zwischen Holzstapeln, Brettern, einem zersprungenen Faß, einem verrosteten Bettgestell, zwischen Autoreifen, Kübeln und Eimern, dem Kaninchenstall und der verdrahteten Kiste mit den Meerschweinchen hatten sie den kleinen Bären versteckt. Zur Kugel gerollt, lag er auf der Erde. Er äugte zu ihnen herauf, streckte die Tatzen vor und leckte sie mit tiefem Gebrumm. Er erhob sich und trottete zu Mungo, der ihm ein Brötchen vorhielt. Er schnappte danach, doch es fiel ihm zwischen die Tatzen. Er nahm es von der Erde auf, und in zwei, drei Sekunden hatte er es verschlungen.

Mungo gab ihm das zweite Brötchen. Simson zog ein belegtes Brot aus der Tasche, und Manfred brachte eine Schüssel voll Milch aus dem Haus.

Nichts blieb übrig.

Puh, der Bär, reckte und streckte sich. Er gähnte. Er rieb sein dickes, schwarzbraunes Fell am Faß, daß es umfiel. Er rollte auf den Rücken. Er tappte rückwärts. Er hatte es gern, wenn ihm die Jungen durch das Fell strichen.

Nein, alle anderen Jungen hatten kein schöneres Spielzeug!

Die Tage waren für die drei zu kurz, mit Puh zu balgen, Löwenzahn, Mäuse, Milch und Brötchen für ihn zu besorgen, ihm zuzusehen und zu lachen, bis die Tränen aus den Augen rollten.

Als die Ferien zu Ende gingen, war Puh schon groß wie ein Pudel.

Eines Morgens, als Manfred in den Schuppen kam, fand er den Bären, wie er den Draht vom Kaninchenstall riß. Das weiße Kaninchen saß in der hintersten Ecke der Kiste und sah mit großen, ängstlichen Lichtern zu ihm her.

Das schwarze Kaninchen war verschwunden.

Manfred nagelte die Lücke zu. Er suchte das schwarze Kaninchen zwischen den Holzstapeln, den Brettern, den Autoreifen, den Kübeln und Eimern. Er suchte es im Garten und fand es nicht.

Dann erst sah er Blutflecken auf der Erde und am Fell des Bären.

Als Mungo und Simson kamen, sagte Manfred: „Er hat das schwarze Kaninchen gefressen!"

„Das kann nicht sein!" sagte Mungo.

„Aber, wo ist es denn? Hab ich's vielleicht gefressen?"

„Es ist weggelaufen", sagte Simson.

„Ich habe überall gesucht."

Puh stieß die Schnauze an Manfreds Bein. Er ließ sich hinterrücks umfallen. Sie lachten alle drei. Sie spielten einen Nachmittag lang mit ihm.

Einmal aber schlug er seine rechte Vordertatze in Mungos Rücken und riß mit seinen Klauen sieben rote Risse in die Haut.

Drei Tage später war auch das weiße Kaninchen weg. Die Kiste der Meerschweinchen lag auf der Erde. Der Draht war lose, und die Meerschweinchen waren verschwunden, bis auf eines, das tot unter Puhs Tatzen lag. Manfred lief zu Simson. Sie liefen zu Mungo, und alle drei liefen sie zurück zum Schuppen, wo der Bär zwischen dem Gerümpel stand. Aufrecht stand er da, fest auf den Hinterbeinen. Er war so groß wie Manfred, der Kleinste der drei, und sie fürchteten sich.

Mungo sagte: „Der wächst bis zum Dach."

„Sicher wächst er bis zum Dach", sagte Simson.

„Darüber hinaus", sagte Manfred.

Und sie wagten nicht mehr, mit ihm zu spielen.

„Wir melden es der Polizei", sagte Manfred.

„Du spinnst", sagte Mungo.

„Da wären wir schön dumm", sagte Simson. „Lieber bringen wir ihn in der Nacht zurück."

„Ich nicht! Nein, ich rühre den Kerl nicht mehr an!" sagte Manfred.

„Nur weil er deine ollen Meerschweinchen verschlungen hat?"

„Und die Kaninchen", sagte Manfred.

„Die blöden Kaninchen."

„Ich mag ihn nicht mehr sehen", sagte Manfred.

Mit hängenden Köpfen gingen sie auseinander.

Am nächsten Tag kam Mungo allein. Er brachte ein Stück gebratenes Fleisch mit, das er in hohem Bogen zu Puh hineinwarf.

Bald blieb auch er aus.

Am Abend ließ Manfred die Tür des Schuppens offen. Lange lag er wach und dachte immerfort: Am besten, wenn er wegläuft — am besten, wenn er wegläuft.
In der Nacht blieb alles still.
Und doch war der Bär am Morgen fort.

Manfred ging zur Schule wie jeden Tag.
Die Lehrerin fragte: „Wo entspringt der Rhein?"
Sie kam durch die Reihen vor Manfreds Bank und fragte nochmals: „Manfred, wo entspringt der Rhein?"
Er hörte die Frage erst, als die Lehrerin sie wiederholte und ihm dabei mit den Fingerspitzen an die Brust tippte.
„Woran denkst du schon wieder, Manfred?"
Er fuhr auf. Alle Buben und Mädel hatten die Gesichter zu ihm gedreht.
„Wo der Rhein entspringt, habe ich gefragt!"
„Ich weiß es nicht", sagte Manfred.
Theo wußte es. Er leierte herunter: „Es gibt einen Vorderrhein und einen Mittelrhein. Sie entspringen am St. Gotthard. Das ist ein Berg in den Alpen. Der St. Gotthard ist 2114 Meter hoch —".

Gegen Abend gingen Fräulein von Osten und Fräulein Lortzing, die Klavierlehrerin, im Stadtpark spazieren.
„Die Astern blühen schon", sagte Fräulein von Osten.
„Ach, die Astern", seufzte Fräulein Lortzing. „Astern machen so traurig. Astern bedeuten Herbst."
„Aber doch nicht für Sie, Gertrude", sagte Fräulein von Osten.
Unter solchen Gesprächen wandelten sie den Pfad zum Goldfischteich hinab. Wo der Pfad durch die Tannen führt, stand ein Bär. Er hob die Tatzen hoch und sperrte das Maul auf.
Die ältlichen Fräuleins ließen die Handtaschen und Schirme fallen und liefen laut schreiend den Pfad zurück.
„Hilfe! Hilfe! Ein Bär!"
Die Leute, die vor dem Konzertpavillon auf den Bänken saßen, spangen auf, ihnen entgegen.
„Ein Bär! Ein Bär!" schrien die Fräuleins grell.
„Aber, meine Damen", sagte ein dicker Herr, „im Stadtpark gibt es doch keine Bären. Sicher war es ein Hund, ein großer, zottiger Hund."
„Nein, ein Bär", sagte Fräulein von Osten.
„Ich schwöre, ein Bär", sagte Fräulein Lortzing.
Ein Polizist kam von der Straße herüber. Er sagte: „Es ist schon möglich, daß es ein Bär ist."
Die Fräuleins mußten mit ihm zur Wache gehen. Sie wollten weinen, doch sie hatten keine Taschentücher, in die sie hätten weinen können, deshalb lächelten sie nervös.

Am nächsten Morgen wurde Puh, der Bär, von den Feuerwehrleuten und den Wärtern des Tiergartens eingefangen und in den Zwinger zurückgebracht.
Die Bärin beschnupperte ihn von allen Seiten. Sie trottete einige Male um ihn herum, dann legte sie ihre vier Tatzen um Puh, und auch die Schnauze deckte sie noch über ihn.
Wie in einer Wiege lag Puh bei ihr.
Die Mitglieder des Tierschutzvereins und mehr Besucher als sonst kamen, den eingefangenen Bären zu sehen. Sie warfen Brötchen, Bonbons, Äpfel und Bananenstücke hinab. Sie riefen: „Mach Bittschön!“ Aber es dauerte eine Weile, bis die beiden unten reagierten.
Auch Mungo, Simson und der kleine Manfred kamen in den Tiergarten, den eingefangenen Bären zu sehen.
Als sie über die Mauer des Zwingers lehnten, kam der Wärter Greiner von der Seite, blieb stehen, sah die drei an und sagte: „Ihr kommt mir so bekannt vor.“
Ihre Gesichter wurden weiß. Sie spannten die Beinmuskeln, wegzulaufen, doch Mungo sagte schlagfertig: „Sicher bekannt. Wir gehen nämlich öfter in den Zoo. Wir haben Tiere gern.“
„Vor allem kleine Bären“, sagte der Wärter.
„Auch andere Tiere“, sagte Mungo.
„Kaninchen und Meerschweinchen“, piepste Manfred.
„Hoffentlich habt ihr sie nicht *zu* gern“, sagte der Wärter.
„Nein, das bestimmt nicht“, sagte Mungo.
Der Wärter blieb noch ein paar Sekunden stehen, dann ging er weg.
Die drei atmeten wieder.
Sie sahen hinab zu Puh, der die tollsten Späße vollführte.
Aber so sehr sie auch riefen, nicht einmal sah er zu ihnen herauf.

Becky und Tom

Mark Twain

[...]
Als Tom bei dem kleinen, allein stehenden hölzernen Schulhaus angelangt war, trat er voller Schwung ein, wie einer, der mit ehrlicher Eile hergekommen ist. Er hängte seinen Hut auf einen Haken und warf sich mit geschäftsmäßiger Beflissenheit auf seinen Platz. Der Lehrer, der droben auf seinem großen Korbsessel thronte, döste vor sich hin, vom schläfrigen Gesumm der Lernenden eingelullt. Die Unterbrechung weckte ihn auf.
„Thomas Sawyer!“
Tom wußte: wenn sein Name unverkürzt ausgesprochen wurde, so bedeutete das Verdruß.
„Jawohl, Herr Lehrer.“

„Komm mal hier rauf, Freundchen. Weshalb bist du schon wieder zu spät gekommen?"

Tom wollte sich gerade in eine Notlüge flüchten, als er zwei lange gelbe Zöpfe einen Rücken herabhängen sah, den er mit dem Scharfblick der Liebe erkannte, und daneben war *der einzig leere Platz* auf der Mädchenseite. Sofort sagte er: „Ich bin stehengeblieben und hab mich mit Huckleberry Finn unterhalten."

Dem Lehrer stand das Herz still, und er starrte Tom hilflos an. Das Gesumm der Lernenden hörte auf; die Schüler fragten sich, ob dieser tollkühne Junge wohl den Verstand verloren habe. Der Lehrer sagte: „Du hast — was hast du getan?"

„Bin stehengeblieben und hab mich mit Huckleberry Finn unterhalten." Die Worte waren nicht mißzuverstehen.

„Thomas Sawyer, das ist das erstaunlichste Geständnis, das ich je gehört habe; für dieses Vergehen genügen ein paar mit der Rute nicht. Zieh die Jacke aus." Der Arm des Lehrers schlug zu, bis er ermüdete und der Vorrat an Ruten merklich zusammengeschmolzen war. Dann erfolgte der Befehl: „So, Freundchen, jetzt geh und setz dich zu den *Mädchen*. Und laß dir das zur Warnung dienen."

Das allgemeine Gekicher schien den Jungen in Verlegenheit zu bringen; in Wirklichkeit aber war es die ehrerbietige Scheu, die er vor seinem unbekannten Idol empfand, und die bange Freude über sein Glück, was ihn verlegen machte. Er setzte sich auf das Ende der Bank aus Tannenholz, und das Mädchen rückte von ihm ab, wobei es den Kopf in den Nacken warf. Ein Anstoßen, Zwinkern und Flüstern durchlief den Raum; Tom aber saß still, die Arme auf das lange, niedrige Pult vor ihm gestützt, und schien in sein Buch vertieft. Nach und nach ließ die allgemeine Aufmerksamkeit von ihm ab. Nun begann der Junge, dem Mädchen verstohlene Blicke zuzuwerfen. Sie bemerkte es, zog ihm eine „Schnute" und drehte ihm eine Minute lang den Hinterkopf zu. Als sie sich vorsichtig wieder umwandte, lag ein Pfirsich vor ihr. Sie stieß ihn fort, Tom legte ihn sanft wieder zurück; sie stieß ihn von neuem fort, diesmal aber weniger ablehnend. Tom legte ihn geduldig wieder auf seinen Platz; da ließ sie ihn liegen. Tom kritzelte auf seine Tafel: „Bitte nimm ihn — ich habe noch mehr." Das Mädchen blickte auf die Worte, verzog aber keine Miene. Jetzt begann der Junge, etwas auf seine Tafel zu zeichnen, wobei er sein Werk mit der linken Hand versteckte. Eine Zeitlang wollte das Mädchen es nicht zur Kenntnis nehmen; bald aber begann sich durch kaum wahrnehmbare Anzeichen eine menschliche Neugier bei ihr bemerkbar zu machen. Der Junge arbeitete weiter, scheinbar ohne sich ihrer Aufmerksamkeit bewußt zu sein. Das Mädchen unternahm einen zu nichts verpflichtenden Versuch, die Zeichnung zu sehen; der Junge verriet aber in keiner Weise, daß er es bemerkt hatte. Endlich gab sie nach und flüsterte: „Laß mich mal sehen."

Tom enthüllte nun teilweise die traurige Karikatur eines Hauses mit zwei

Giebelenden, aus dessen Schornstein korkenzieherförmiger Rauch aufstieg. Jetzt begann das Werk das Interesse des Mädchens zu fesseln, und sie vergaß alles übrige. Als es beendet war, staunte sie es einen Augenblick an und flüsterte dann: „Sieht hübsch aus — mal einen Mann dazu."

Der Künstler errichtete im Vorgarten einen Mann, der einem Ladebaum glich. Er hätte über das Haus hinwegtreten können; das Mädchen war jedoch nicht übermäßig kritisch; sie war mit dem Ungeheuer zufrieden und flüsterte: „Ein wunderschöner Mann — jetzt male mich, wie ich daherkomme."

Tom zeichnete eine Sanduhr mit einem Vollmond darauf und versah sie mit Strohhalmen als Gliedern; die ausgebreiteten Finger bewaffnete er mit einem ungeheuren Fächer. Das Mädchen sagte: „Wie hübsch — ich wollte, ich könnte zeichnen."

„Es ist ganz leicht", flüsterte Tom. „Ich werd's dir beibringen."

„Wirklich? Wann denn?"

„In der Mittagspause. Gehst du zum Essen nach Hause?"

„Wenn du dableibst, bleibe ich auch."

„Gut, abgemacht. Wie heißt du?"

„Becky Thatcher. Wie heißt du? Ach, ich weiß. Thomas Sawyer."

„So nennen sie mich, wenn sie mich verprügeln. Eigentlich heiße ich Tom. Du nennst mich Tom, ja?"

„Ja."

Jetzt begann Tom etwas auf die Schiefertafel zu kritzeln und die Worte vor dem Mädchen zu verbergen. Diesmal aber zierte sie sich nicht, sondern bat ihn, es sie sehen zu lassen. Tom sagte: „Ach, es ist nichts."

„Doch, es ist was."

„Nein, es ist nichts, es interessiert dich gar nicht."

„Doch, wirklich. Bitte laß mich's mal sehen."

„Du verrätst es doch nur."

„Nein, ich verrat's nicht — doppeltes großes Ehrenwort."

„Du sagst es bestimmt keinem Menschen? Solange du lebst nicht?"

„Nein, ich sag's niemand. Jetzt zeig's mir mal."

„Ach, es interessiert dich ja gar nicht!"

„Jetzt grade, wenn du mich so behandelst, Tom" — und sie legte ihre schmale Hand auf die seine, worauf sich eine kleine Balgerei entspann. Tom tat, als leiste er ihr ernsthaft Widerstand, ließ aber seine Hand nach und nach beiseite gleiten, bis sie die Worte „Ich liebe dich" freiließ.

„Bist du aber ein frecher Kerl!" Sie versetzte seiner Hand einen scharfen Klaps, errötete aber und sah aus, als freue es sie doch.

Gerade in diesem kritischen Augenblick fühlte sich der Junge mit schicksalhaftem Griff am Ohr gepackt und von einem stetigen Antrieb in die Höhe gehoben. Wie in einen Schraubstock eingeklemmt, wurde er durch den Raum befördert und auf seinem richtigen Platz abgesetzt, unter dem aufreizenden Gelächter der ganzen Schule. Dann stand der Lehrer einige schreckliche Augenblicke lang über ihn gebeugt und begab sich schließlich fort auf seinen Thron, ohne ein Wort gesagt zu haben. Obgleich Tom das Ohr brannte, war sein Herz doch voller Jubel.

[...]

Als die Schüler endlich zur Mittagpause entlassen worden waren, stürzte Tom auf Becky Thatcher zu und flüsterte ihr ins Ohr: „Setz dir die Mütze auf, und tu, als wenn du nach Hause gingst; wenn du dann an der Ecke bist, läufst du den anderen fort, kehrst um und kommst durch die Gasse zurück. Ich geh andersrum und führ sie genauso an."

So ging der eine von ihnen mit einem Trupp Schulkinder davon und der andere mit einem zweiten. Nach einer kleinen Weile trafen sie sich am Ende der Gasse, und als sie wieder in die Schule kamen, hatten sie diese ganz für sich allein. Sie setzten sich nebeneinander, eine Schiefertafel vor sich; Tom gab Becky den Griffel, nahm ihre Hand, führte sie und schuf so wieder ein bemerkenswertes Haus. Als das Interesse an der Kunst zu erlahmen begann, gerieten die beiden ins Plaudern. Tom war eitel Wonne. Er sagte: „Magst du Ratten gern?"

„Nein, ich kann sie nicht ausstehen!"

„Ich ja auch nicht — lebendige. Aber ich meine tote, die man mit einer Schnur um den Kopf schwingt."

„Nein, ich mach mir überhaupt nicht viel aus Ratten. Ich hab nun wieder Kaugummi gern!"

„Natürlich! Ich wünschte, ich hätt jetzt welchen."

„Wirklich? Ich hab welchen. Ich laß dich ein bißen kauen, aber du mußt ihn mir wieder zurückgeben."

Darüber ließ sich reden, und so kauten sie abwechselnd und ließen im Übermaß der Zufriedenheit die Beine gegen die Bank baumeln.

„Bist du schon mal im Zirkus gewesen?" fragte Tom.

„Ja, und wenn ich artig bin, nimmt mich mein Papa nächstes Mal wieder mit."

„Ich bin schon drei- oder viermal im Zirkus gewesen — x-mal schon. Die Kirche ist ein Dreck gegen den Zirkus. Da ist immerzu was los. Wenn ich groß bin, werd ich Zirkusclown."

„Tatsächlich? Das wird aber prima. Die sind so hübsch überall gesprenkelt."

„Ja, stimmt. Und Geld kriegen sie auch wie Heu — fast einen Dollar pro Tag, sagt Ben Rogers. Hör mal, Becky, bist du schon mal verlobt gewesen?"

„Was ist denn das?"

„Na, verlobt, um später zu heiraten."

„Nein."

„Möchtest du gern?"

„Ich glaub schon. Ich weißt nicht. Wie ist denn das?"

„Wie? Na, wie gar nichts. Du sagst einfach zu einem Jungen, du würdest nie einen anderen nehmen als nur ihn, nie — niemals, und dann küßt ihr euch, und das ist alles. Kann jeder."

„Küssen? Wozu denn das?"

„Ja, das ist, weißt du, um — na, sie machen's eben immer so."

„Alle Leute?"

„Natürlich, alle, die ineinander verliebt sind. Weißt du noch, was ich auf die Tafel geschrieben hab?"

„J-ja."

„Was denn?"

„Das sag ich nicht."

„Soll ich's sagen?"

„J-ja, aber ein andermal."

„Nein, jetzt."

„Nein, jetzt nicht — morgen."

„Oh, nein, jetzt bitte, Becky. Ich flüster's nur, ich flüster's ganz, ganz leise."

Da Becky zögerte, nahm Tom ihr Schweigen für Zustimmung, legte ihr den Arm um die Hüfte und flüsterte, den Mund an ihrem Ohr, ganz leise das magische Wort. Dann fügte er hinzu: „Jetzt flüster du mir's zu — genauso."

Eine Weile sträubte sie sich, dann sagte sie: „Dreh das Gesicht weg, damit du nichts sehen kannst, dann sag ich's. Du darfst's aber nie jemand erzählen — hörst du, Tom? Bestimmt nicht — hörst du?"

„Nein, ganz, ganz bestimmt nicht. Jetzt, Becky."

Er wandte das Gesicht ab. Sie beugte sich schüchtern zu ihm, bis ihr Atem seine Locken streifte, und flüsterte dann: „Ich — liebe — dich!"

Dann sprang sie davon und lief rings um die Bänke und Pulte, und Tom hinter ihr her, bis sie sich endlich in eine Ecke flüchtete und das Gesicht hinter ihrer kleinen weißen Schürze verbarg. Tom umhalste sie und bat: „So, Becky, jetzt ist alles vorbei, alles, außer dem Kuß. Davor brauchst du keine Angst zu haben — das ist gar nichts. Bitte, Becky."

Er zog sie an der Schürze und an den Händen.

Allmählich gab sie nach und ließ die Hände sinken; ihr Gesicht, das noch ganz gerötet war, wurde sichtbar und fügte sich. Tom küßte ihr die roten Lippen und sagte: „Nun ist alles erledigt, Becky. Und von jetzt an, weißt du, darfst du nie jemand lieben als nur mich, und darfst nie jemand heiraten als nur mich, nie, nie und nimmer. Ja?"

„Nein, ich werde nie einen anderen lieben als dich, Tom, und ich werde nie einen anderen heiraten als nur dich, und du darfst auch nie jemand anders heiraten als nur mich."

„Aber sicher. Natürlich nicht. Das gehört ja dazu. Und immer, wenn du zur Schule kommst oder auf dem Heimweg, mußt du mit mir gehen, wenn keiner guckt — und bei Gesellschaften wählst du mich und ich dich, so macht man's, wenn man verlobt ist."

„Das ist aber hübsch. Das hab ich noch nie gehört."

„Oh, das ist mächtig lustig! Was denkst du, als ich und Amy Lawrence . . ."

Ihre großen Augen sagten Tom, was für einen Schnitzer er gemacht hatte,

und verwirrt hielt er inne.
„Ach, Tom! Dann bin ich ja gar nicht die allererste, mit der du dich verlobt hast!“
Das Kind begann zu weinen. Tom sagte: „Ach, Becky, wein doch nicht. Ich mach mir doch gar nichts mehr aus ihr.“
„Doch, Tom, du machst dir noch was aus ihr, das weißt du ganz genau.“
Er versuchte, ihr den Arm um den Hals zu legen; sie stieß ihn jedoch fort, wandte das Gesicht zur Wand und fuhr fort zu weinen. Tom war ergriffen und stand einen Augenblick da, ohne genau zu wissen, wie er es nun anstellen sollte. Dann sagte er zögernd: „Becky, ich — ich mach mir aus niemand was als nur aus dir allein.“
Keine Antwort — nur Schluchzen.
„Becky“, erklang es bittend, „Becky — willst du denn gar nichts sagen?“
Wieder nur Schluchzen.
Tom holte sein kostbarstes Kleinod hervor, einen Messingknopf, der von der Spitze eines Feuerbockes stammte, legte den Arm um sie, hielt ihn so, daß sie ihn sehen konnte, und sagte: „Bitte, Becky, willst du den nicht haben?“
Sie schlug ihm den Knopf aus der Hand. Da ging Tom aus dem Haus, über die Hügel und weit fort; er kehrte an diesem Tage nicht mehr in die Schule zurück. Becky begann schon bald, ihn zu vermissen. Sie lief zur Tür, er war nirgends zu sehen; sie rannte um das Haus zum Spielplatz, aber auch dort war er nicht. Nun rief sie: „Tom! Komm zurück, Tom!“
Sie lauschte gespannt, aber keine Antwort erklang. Um sie war nur Schweigen und Einsamkeit. So setzte sie sich nieder, um von neuem zu weinen und sich Vorwürfe zu machen, und jetzt kamen die Schüler, um sich wieder zu versammeln; daher mußte sie ihren Kummer verbergen, ihr gebrochenes Herz zur Ruhe zwingen und das Kreuz eines langen, öden, schmerzvollen Nachmittags auf sich nehmen. [. . .]

Nevada oder Das erledigt er selbst

Helmut Ballot

John Burte kannte keine Furcht, jedenfalls so lange nicht, wie er John Burte war, den Sheriff-Stern auf der Brust trug und hoch zu Roß unter Nevadas heißer Sonne zu Millers Ranch ritt, wo sich, wie er längst richtig kalkuliert hatte, der verdächtige Fremde mit dem Pokergesicht verborgen hielt. Ebensowenig kannte er das Wort Furcht, wenn er die Polka-Jimmy-Bande zur Strecke brachte oder mit geschultem Blick der einsamen Spur des Roten Lary durch die Grand Canons nachritt . . .
Nur wenn er er selbst war, wenn er kein anderer war als Horst Kalert, mittelmäßiger Schüler der Gemeinschaftsschule in der Binderstraße 137, dann . . . ja, das ist eine dumme Sache, wenn man plötzlich kein anderer mehr ist als man

selbst! Da geschehen Dinge, auf die ist man gar nicht gefaßt. Alles geschieht so schnell, und ehe man sich einmal umgedreht hat, ist man seine Wasserpistole los und muß noch froh sein, wenn einen der andere nicht in den Schwitzkasten nimmt oder in den Dreck wirft! So war es vor drei Tagen gewesen, an der Düsseldorfer, Ecke Bayerische Straße. Bis dahin war er dort ungeschoren vorbeigekommen, aber so ein dummes Gefühl, so ein merkwürdiges Prickeln den Rücken hinunter verspürte er immer, wenn er an dem Haus Düsseldorfer, Ecke Bayerische vorüberging. Nicht etwa, daß er sich fürchtete, aber hier wohnte Benno Geyer, der freche Benno, der böse Benno, der trickreiche Benno ... Grund genug, sich zu wünschen, niemals die Aufmerksamkeit des Straßenschrecks auf sich zu ziehen.

Aber dann war es doch passiert, vor genau drei Tagen, als er zu seinem zehnten Geburtstag trotz gegenteiliger Voraussagen doch die Wasserpistole bekommen hatte und nun, eifrig Wasser um sich verschießend, in der Hitze des Gefechts in die Nähe von Bennos Haus geriet.

„Zeig mal her!" Wie aus dem Erdboden gewachsen stand Benno vor ihm. Flinke Augen funkelten frech und begehrlich nach der Wasserpistole, und im nächsten Augenblick war sie in Bennos Hand.

„Prima", sagte Benno, spritzte in die Luft und dann eine volle Ladung Horst ins Gesicht.

Ja, was soll man dagegen tun? Schließlich war das nur mal so zum Spaß, und wer will sich's gleich mit einem Benno verderben!

„Probier mal, die schießt sechs Meter weit!" sagte Horst allzu bereitwillig. Aber wem fällt immer gleich ein, was John Burte jetzt getan hätte? Ein trockener Kinnhaken, genau auf den Punkt gezielt. Aber hier stand Benno Geyer, und das ist ein Unterschied!

„Los, lauf! Ich bin der Verfolger und du der Verfolgte!" Ein Stoß in Horsts Rücken brachte ihn in Bewegung. Es war ja nur Spiel, außerdem war es eine Ehre, mit Benno Geyer spielen zu dürfen. So war auch nichts dagegen einzuwenden, daß Benno ihm den ganzen Inhalt der Wasserpistole in den Nacken schoß.

Als die Pistole leer war, liefen sie zum Brunnen am Olivaer Platz, wo sich Benno mit neuer Wassermunition versorgte. Andere Jungen gesellten sich hinzu, und so verstärkt, machten sie mit viel Geschrei die Gegend um den Platz unsicher; Benno und die Wasserpistole bildeten dabei eindeutig den Mittelpunkt. Horst war längst auf die niedere Stufe des geduldeten Mitläufers abgesunken, und er rannte nur noch mit, weil es schließlich seine Pistole war. He! Schätze, daß du sofort die Spritze zurückgibst! würde John Burte jetzt gefährlich langsam sagen. Aber von John Burte, dem kaltblütigen Sheriff, war keine Spur zu sehen. Er war plötzlich verschwunden, wie weggeblasen, als hätte es ihn niemals gegeben. Dabei hätte John Burte nicht einmal die bekannte blitzschnelle Bewegung zum tiefhängenden Colt auszuführen brauchen, ein kurzer Blick seiner eisgrauen Augen hätte genügt!

Als Benno ein neues Spiel einteilte, bei dem es galt, Kundschafter auszusenden, eine Hauptmacht aufzustellen und eine Nachhut abzukommandieren, war Horst nicht einmal bei der Nachhut dabei. Er wurde glatt übergangen, ausgeschaltet und fiel von der niederen Stufe des Mitläufers in die noch niedrigere der überflüssigen Person. Zwar versuchte er noch, sich am Rande der sich um Benno scharenden Hauptmacht zu halten, aber jeden Augenblick konnte etwas viel Schlimmeres eintreten!

„Mensch, hau ab, wir sind sowieso zuviel!“ Benno entledigte sich der stumm hinter ihm herlaufenden Anklage auf sehr einfache Weise. Und wie das so ist, wenn ein Mächtiger was sagt, sofort sind andere zur Stelle, die seinen Worten Nachdruck verleihen: Horst erhielt einen Stoß in den Rücken, und als er dem kleineren Angreifer wütend nachsetzte, stellte ein anderer ihm ein Bein.

Er fiel, wie vom Bannstrahl gefällt, der Länge nach hin, zerschrammte sich Knie und Hände. Tränen der Wut und Scham mischten sich mit dem Straßenschmutz. Als er sich wieder aufgerappelt hatte, waren die anderen längst weiter, ein Pulk schreiender, gestikulierender Jungen, der sich immer weiter entfernte, weiter und weiter, bis nur noch eine Staubwolke am flimmernden Horizont Nevadas sichtbar war ...

John Burte hob seinen breitrandigen Hut auf, klopfte bedächtig den Staub davon ab, rückte seinen verrutschten Colt zurecht und hob die Rechte zu einem schrecklichen, einsamen Schwur der Vergeltung. Dann stieg er aufs Pferd und ritt der untergehenden Sonne nach. Nach genau drei Stunden Ritt wandte er sich nach Norden, durchquerte die Indianer-Furt, ritt und ritt und langte in Kingstown an, wo jeder zweite die untrüglichen Merkmale eines Schurken trägt. Plötzlich steht er in Mikes Bar, breitbeinig, die Arme leicht gekrümmt, hinter ihm schlagen die brusthohen Türflügel noch ein paarmal hin und her, vor ihm sitzen, hocken, lümmeln sich die Schurken von vorhin. Es wird totenstill im Raum. Mike, der Barkeeper, hält im Spülen der Gläser inne; wie hypnotisiert starrt er auf John Burte: Wer ist der Schnellere?

Niemand weiß, niemand sieht, wer den ersten Schuß abgibt, plötzlich knallt es von allen Seiten. Aber John Burte steht wie eine Eiche mitten im Raum, breitbeinig, beidhändig nach allen Seiten feuernd ... Er steckt seine Colts erst ein, als die letzten Banditen über stürzende Fässer, durch Fenster, Türen, von Dächern, rücklings, bäuchlings, der Länge nach fallend, blindlings das Weite suchen. Zu dem hinter der Theke wieder auftauchenden Barkeeper sagte er gelassen: Chef, einen doppelten Whisky!

Kunststück, wenn zu Hause keine Eltern sind, die so unbequeme Fragen stellen: Wo ist denn die neue Wasserpistole?

Noch schlimmer als ihr Verlust und alle Schmach sind diese Fragen, mit allen damit verbundenen Unannehmlichkeiten. Wenn das nicht wäre, könnte man sich einreden: Benno hat sich die Pistole nur mal ausgeliehen. Morgen, übermorgen oder später wird man sie sich schon zurückholen. Im äußersten Fall kann man sich damit abfinden, Benno die Pistole geschenkt zu haben. Vielleicht war sie sowieso schon kaputt.

Aber die Eltern werden sich damit nicht abspeisen lassen. Du gehst sofort zu diesem Bengel und verlangst deine Pistole zurück! werden sie sagen. Und sie werden immer wieder danach fragen, und eines Tages wird der Vater mit ihm zu Bennos Wohnung gehen, dort klingeln und die Pistole verlangen. Er weiß ja nicht, was es heißt, von da an Benno zum Feind zu haben! Woher soll er es auch wissen? Ihm tut Benno bestimmt nichts. Der Vater wird nur lachen und sagen: Was? Du fürchtest dich doch nicht etwa vor diesem Straßenlümmel!

Wie soll man da erklären, daß man sich wie John Burte vor nichts fürchtet, aber daß das mit Benno ganz was anderes ist!

So war es vor drei Tagen geschehen, und es kam alles, wie es kommen mußte. Schon am nächsten Tag wurde zu Hause der Verlust der Wasserpistole bemerkt. Horst hatte sie auf dem Heimweg von der Schule in dem Mercedes von Bennos Vater liegen sehen. Dann zu Hause ein unbedachtes Wort, und schon war die Geschichte heraus. Natürlich in abgeschwächter, abgewandelter Darstellung: „Wir haben zusammen gespielt, da hab' ich sie ihm geborgt. Er wollte sie nur mal für einen Tag haben. Außerdem bekomme ich sie morgen zurück."

Immerhin war damit eine Art Waffenstillstand erreicht, und die Mutter sagte nur: „Da sieh nur zu, daß du deine Wasserpistole wiederbekommst, ausgerechnet dem mußt du sie borgen!"

Aber das war nur ein Aufschub. So vergeßlich die Erwachsenen in manchen Dingen auch erscheinen, wenn es sich um unangenehme Dinge handelt, sind sie es bestimmt nicht.

Das war gestern gewesen, und die Erde hatte sich weiter rundherum gedreht, und der nächste Tag folgte wie immer. Schon während des Frühstücks bekam Horst den alarmierenden Befehl mit auf den Schulweg, sich endlich um seine Wasserpistole zu kümmern!

Das war ein erster, nicht mehr zu überhörender Paukenschlag! So, wie wenn John Burte während eines routinemäßigen Patrouillenritts überraschend auf eine erste, unverkennbare Spur der Polka-Jimmy-Bande stößt: zwei gekreuzte Pfeilspitzen, in eine Baumrinde eingeschnitten. Er steigt aus dem Sattel, geht dicht heran an das Zeichen der Bande, seine Augen verengen sich, und in sein Gesicht tritt ein harter, entschlossener Ausdruck. Und niemand zweifelt mehr, daß John Burte den Kampf mit der Polka-Jimmy-Bande ganz allein aufnehmen wird.

Auch Horst zweifelte nicht daran. Er zweifelte auch nicht, Benno die Pistole wieder abzunehmen, jedenfalls so lange nicht, wie er mit sich und John Burte allein war.

Sein Schulweg führte an Bennos Haus vorbei. Benno besuchte eine andere Schule, eine Privatschule, weil er auf der Gemeinschaftsschule sitzengeblieben war. Meist war er schon fort, wenn Horst bei ihm vorbeikam.

Vielleicht war es Zufall oder nur der Wunsch, durch früheres Gehen allen lästigen Fragen auszuweichen, daß Horst heute zeitiger als sonst das Haus verließ. Er befand sich kurz vor Bennos Haustür, als diese aufging und Benno herauskam.

Horst starrte Benno an, auch Benno war überrascht, aber seine Augen funkelten frech und böse.

Wenn irgendwo etwas nicht stimmt, braucht man keine langen Erklärungen abzugeben, man weiß sowieso, worum es geht. Ein kurzer Zweikampf zwischen Benno und Horst, mit Blicken ausgefochten, endete eindeutig für Benno. Er trat dichter an Horst heran: „Verschwinde!“ sagte er angriffslustig.

„Schlag doch zu!“ Für einen Augenblick hörte Horst John Burtes Stimme, aber sie klang so schwach, als käme sie von weit her.

Benno packte Horst vorn am Hemd. „Verschwinde!“ wiederholte er mit Nachdruck und stieß ihn zurück.

„Verschwinde du doch!“ raffte sich Horst auf und stellte sich wieder vor Benno auf.

Benno wurde dreister, er stieß noch kräftiger zu, und Horst stellte sich wieder mit hängenden Armen vor Benno auf. Die Furcht vor diesem trickreichen Kämpfer Benno lähmte ihn. Willenlos ließ er sich von ihm hin und her stoßen, stolperte im Schwitzkasten im Kreis herum — nur ausreißen, das vermochte er nicht. Diese letzte Schmach konnte er sich einfach nicht antun.

Endlich ließ Benno von Horst ab. Er zeigte ihm einen Vogel und sagte: „Flasche!“, drehte sich um und ging. Horst folgte ihm in wenigen Metern Entfernung, bis Benno hinter dem Olivaer Platz nach links und Horst nach rechts ging, jeder seiner Schule zu.

Das war heute früh gewesen, und die Welt hatte sich verfinstert, wie sie finsterer kaum sein konnte. Und dabei war das erst der Anfang! Und keine Krankheit, kein Unfall und gar nichts kommt, wodurch alles ausgelöscht wird.

Nach der Schule wählte Horst einen Umweg. Natürlich hatte da wieder John Burte seine Hand im Spiel; denn es war lediglich eine List, Benno in Sicherheit zu wiegen, um ihn später desto vernichtender zu treffen. Aber so recht überzeugte John Burte nicht mehr, irgend etwas stimmte da nicht. Warum verschwand John Burte immer, wenn es darauf ankam?

Zu Hause fragte die Mutter sofort nach der Wasserpistole.

„Ich habe Benno nicht getroffen, vielleicht ist er krank“, log Horst. Zu allem noch lügen! Da hilft kein freiwilliges Geschirrtrocknen, kein Putzen der Schuhe auf Hochglanz, kein Hinuntertragen des Mülleimers — der Stachel bleibt sitzen. Gewiß, wäre er nur wie John Burte — mit einem Schlag wäre alles ganz anders!

Beim Abendbrot verkündete der Vater energisch: „Morgen wünsche ich die Wasserpistole zu sehen, oder wir geben beide zu Bennos Eltern, wäre ja noch schöner!“

Das war der letzte Fanfarenstoß! Nur noch eine kurze Frist, dann brach die Katastrophe herein. Horst sagte tonlos: „Ja“, und er dachte in einem fort: Benno, Benno der Riese! Benno der Trickreiche! Benno der Schuft!

Früher als sonst und ohne wiederholt dazu aufgefordert zu werden, ging er zu Bett. Vorher wusch er sich besonders gründlich, auch hinter den Ohren. Heute vergaß er nicht, die Zahnpastatube zuzuschrauben, trödelte nicht und wußte doch: Mit Bravheit allein läßt sich ein Benno-Schreck nicht bannen. Eine ganz gemeine Zwickmühle, in die er geraten war!

Am nächsten Morgen war sein erster Gedanke schon wieder Benno. Ich hätte Benno mit Möttchers Trick werfen sollen! Mit beiden Händen des Gegners Kniekehle umklammern, tief Luft holen und dann mit einem Ruck hochreißen — schon liegt der Gegner auf dem Rücken. So kommt man aus jedem Schwitzkasten heraus. Bei Sportlehrer Möttcher, der ihnen diesen Trick in der Turnstunde gezeigt hatte, klappte es immer. Zu dumm, daß man im Ernstfall an sowas nie denkt!

Horst wurde wütend, wütend auf Benno, wütend auf sich und wütend auf die ganze Welt, einschließlich John Burte. Wenn der nicht wäre, könnte man einfach sagen: Ich hab' nun mal keine Lust, mich mit Benno zu streiten, und damit basta! Aber so bohrte immer wieder John Burtes Stimme im Hintergrund.

In der Schule war Horst in sich gekehrt und für nichts zu gewinnen. Auch zu Hause saß er lustlos und bedrückt herum und wartete nur darauf, daß die Mutter die gefürchtete Frage stellen würde: Warst du schon bei Benno? Und als die Frage tatsächlich kam, stand er wie von der Feder geschnellt auf: „Ach ja, ich gehe schon!"

Er lief schnurstracks die Treppen hinunter, setzte mechanisch einen Fuß vor den andern bis vor Bennos Haus — und ging daran vorbei, machte kehrt, ging wieder vorbei, und beim drittenmal stand er sogar vor Bennos Wohnungstür. Lange las er den gefürchteten Namen, stellte sich vor, wie er den Klingelknopf drückt, aber kurz danach war er wieder draußen, ohne geklingelt zu haben. Ziellos ging er durch die angrenzenden Straßen. Flasche! hatte Benno zu ihm gesagt. Flasche! äffte es von überall an seinem Ohr . . . Flasche! Flasche!

In der Bregenzer Straße, nahe dem Haus, wo sein Freund Harry wohnte, näherten sich von hinten rasche Schritte, ein Arm schlang sich um seinen Hals und riß ihn in den Schwitzkasten. Diese Art Begrüßung, das konnte nur Harry sein, der kam ihm gerade recht!

Mit beiden Händen packte Horst Harrys Standbein in der Kniekehle, riß es hoch und auf dem Rücken lag — Benno!

Ausreißen und nicht zurücksehen, war Horsts erste Regung. Aber dann merkte er: Verdutzt und viel zu langsam rappelte sich Benno auf. „He, bist wohl blöd!" sagte Benno unsicher und postierte sich mehr in Abwarte- als in Angriffsstellung. Er wirkte gar nicht mehr groß und unbezwingbar.

So leicht war das also! So einfach und ging ganz ohne John Burte — nur mal richtig zugelangt! Horst wurde kühner, er stieß Benno beide Fäuste vor die Brust, und als Benno nur schwach Widerstand leistete, wurde Horst noch kühner. „Gib mir meine Wasserpistole her! Gib sie her, du Schuft, du Flasche . . . Flasche!" So stieß und trieb er Benno vor sich her.

„Die will ich gar nicht haben, die kannst du dir einsalzen", sagte Benno geringschätzig und rückte die Wasserpistole heraus, dabei Schritt um Schritt zurückweichend. Als er außer Reichweite war, rief er giftig: „Selber Flasche!" drehte sich um und rannte weg . . .

Ja, ein Horst Kalert läßt sich nicht die Wasserpistole wegnehmen — er holt sie sich zurück! Er braucht dazu weder einen John Burte noch sonst wen, er erledigt das selbst. Das können sich alle getrost hinter die Ohren schreiben, besonders Benno — diese Flasche!

Die Burg der Kinder

Werner Klose

Elisabeth stand etwas höher auf einer Sandrippe; so konnte sie die Kinder gut beobachten. Rolf suchte Muscheln, weitab von den anderen. Er kannte den Strand. Laut kommandierte Erwin seine Mannschaft, und munter klatschten die kleinen Schaufeln auf den Ringwall. Um Erwin war immer Betrieb. Auch Hubert feuerte seine Leute in der Nachbarburg an, aber er hatte zu groß geplant, und sein Bau kam nicht gut voran. Obwohl Rolf älter war als die beiden, taugte er nicht zum Führer; Rolf war still und hielt sich gern allein.

Alle Kinder schaufelten fleißig; nur die ängstliche Karin, so klein und blaß, pappte abseits von den anderen Sandkuchen aus bunten Blechformen. Elisabeth Behnk zählte ihre Schützlinge noch einmal: Rolf, Klaus, Gerhard, Erwin, Hubert, Karin, Eva — es waren siebzehn —, und sie stellte beruhigt fest, daß alle sorglos spielten.

Sorglos? — Sie setzte sich auf den warmen Sand und legte sich zurück, bis sie den weichen Flausch des Bademantels im Nacken fühlte. Für Augenblicke wohlig entspannt, räkelte sie sich in der Sonne, und die Rufe der Kinder kamen von sehr weit. — — Ach, sie wollte einmal nicht hinhören, wollte tun, als habe sie Urlaub, und dann gehört der Kinderlärm dazu wie Strandkorb und Eisbecher, Federball und Kurkonzert. Sie schloß die Augen, ließ die Bilder kommen und gehen, wie der Seewind die lichten Wolken treibt. Und doch hatte sie keine Ferien. Sie war froh gewesen, noch vor Beginn des Semesters diese Stellung als Kindergärtnerin gefunden zu haben. Das war im Sommer besser als Büroarbeit, und immer besser als Fabrik. Der Umgang mit den Kindern war anstrengend, aber es gab Augenblicke wie diesen, und abends die stillen Wege am Deich . . .

Sie hielt die linke Hand vor die Augen und sah nach der Uhr: Halb fünf? — Unmöglich, es war doch schon halb fünf gewesen, als die Kinder den Bau der Burgen begonnen hatten! Sie richtete sich auf, hob die Hand ans Ohr — die Uhr stand! Und wie lange stand sie schon?

„Tante Lisa, die Flut, da ist schon die Flut!" rief Rolf eifrig herüber und lud die Muschelschalen am Burgwall ab.

Hubert drängte sich dazwischen und nahm dem Enttäuschten die Muscheln fort. „Prima, ich mache das Wappen drauf!“ Sie sah es, aber sie sagte nichts. Die Uhr, dachte sie, ich weiß nicht, wie lange sie steht, und die Flut kommt. Sie sprang auf und bemühte sich, ihre Unruhe vor den Kindern zu verbergen. Aber dann lief sie hastig und ganz allein zur braungelben Kante der Sandbank, an der die Flut schon leckte, verspielt und träge, doch drohend und tückisch für jeden, der die Gesetze des Meeres nicht kennt.

Die Flut war sonst nie so weit, dachte sie, und ich hätte längst zurückgehen müssen. Bleibt noch Zeit genug, durch die Priele zu waten? Vielleicht!

Sie erreichte die Kinder, mahnte zum Aufbruch, atemlos und die Angst kaum noch verbergend. Aber die Kinder wehrten sich dagegen, so jäh aus dem Spiel gerissen zu werden. Die Jungen schimpften, die Mädchen trödelten absichtlich. Sie raffte noch ein Sieb, zwei Schaufeln und Karins Täschchen zusammen, ließ die im Westwind fröhlich knatternden Fähnchen stecken und trieb die Schar mahnend und bittend vor sich her. Bald überholte sie die Kinder und eilte ihnen voraus. Gottlob, nur seichtes Wasser stand in den ersten Prielen. Aber sonst waren sie trocken gewesen! Am Böhler Priel wird sich alles entscheiden; dort schießt die Flut zuerst ein und schwillt zum mächtigen Strom, der die Sandbank vom Festland trennt und oft genug überschwemmt; deshalb wird vor der Sandbank immer wieder gewarnt. Aber kein Platz ist schöner als dieser: eine schmale, helle Rippe aus Sand, der sich warm und weich unter die Sohlen schmiegt, eine Sonneninsel in der gewaltigen Schlickwüste des Watts, in das die Priele als schimmerndes Netz von Strömen und Flüssen verwoben sind.

Sie hatte die Uhr wieder aufgezogen, und die Zeit verging, doch das Meer hat sein eigenes Maß. Fehlte ihr eine Stunde, eine halbe? Sie wußte es nicht. Die Uhr ging falsch, und vor ihr wälzte sich die Flut in den großen Priel. Da blickte sie zu den Kindern zurück: Sie zockelten zankend und schwatzend über das Watt. Nur Rolf holte sie ein. „Komm mit!“ sagte Elisabeth und nahm seine Hand. Die Angst peitschte sie über den Schlick. Schlamm spritzte, die Füße versanken im Schwemmsand, lauwarmes Wasser umfloß die Knöchel, erreichte die Waden, die Knie. „Der Priel ist schon tief“, sagte Rolf und krempelte sich die Hose hoch.

„Warte hier!“ rief sie und watete allein weiter. Das Wasser stieg ihr zu den Schenkeln, schon mußte sie schwimmen. Aber nach wenigen Stößen kehrte sie um — zu spät.

„Wie die Strömung schon zieht!“ sagte Rolf. Er sagte es ganz ruhig und sah sie aus großen, ernsten Augen an. Sie schwieg.

„Wir könnten über die Sandbank zurück“, sagte der Junge.

Sie wandte sich ab; er sollte nicht sehen, daß sie rot wurde, weil sie sich ihrer Ratlosigkeit schämte. Nun überlegte sie: Man konnte, wenn man rechtzeitig aufbrach und sich sehr beeilte, auf der Sandbank die Flut überholen und den Priel umgehen. Aber mit den Kindern brauchte sie für den Umweg mehr als eine halbe Stunde, und da sie nicht wußte, wie lange die Uhr gestanden hatte, konnte die Flut schon die ganze Sandbank gesperrt haben. Zu spät, dachte sie, auch dafür schon zu spät; aber dann fiel ihr ein letzter Ausweg ein ...

Die Kinder hatten nun alle den Priel erreicht, und sie mußte Hubert und Erwin aus dem Wasser jagen. Es war heiß, aber sie fror. Die Flut hatte sich über das Watt näher herangeschoben, doch ragte die Sandbank weiß aus dem grauen Schlick, und auf der Sandbank war Erwins Burg der einzige Punkt, an dem sich ihr Blick festhalten konnte.

Sie zwang sich zur Ruhe und rief die Kinder zusammen. „Hört zu", sagte sie, „heute machen wir ganz was Feines: Wir laufen nicht zurück — das ist langweilig; ich hole euch ein Boot, und dann gibt's eine Seereise! Wollt ihr?" — Die Kleinen stimmten begeistert zu und stritten sich lärmend darum, wer Kapitän sein sollte. „Ich bin am stärksten und am größten", schrie Erwin, „ich bin der Kapitän!" Sie nickte und rief ihm zu: „Aber bis ich komme, mußt du Kommandant sein in deiner Burg. Erwin führt euch alle zur Burg, und dort wartet ihr auf das Boot. Ich schwimme durch den Priel und hole es."

Ja, das war gut, prima war das, also los, zur Burg zurück! Sie schwenkten Fähnchen und Schaufeln, lachten und schwatzten und rannten los, um sich einen guten Platz zu sichern.

Aber Rolf blieb zurück. Schon wollte sie ihn schimpfend den anderen nachjagen, da sah sie in den großen, dunklen Augen des Jungen ihre eigene Angst und erschrak. Endlich sagte sie: „Rolf, zu dir will ich ganz ehrlich sein. Ihr müßt alle in der Burg bleiben, unbedingt! Es kann länger dauern, und die Flut wird steigen. In der Burg seid ihr noch sicher, doch wer die Burg verläßt ..." Sie stockte, und plötzlich umarmte sie den Jungen: „Rolf, versprich mir, daß niemand die Burg verläßt, niemand! Laß Erwin kommandieren, aber aufpassen mußt du, und du darfst den anderen nicht sagen, wie gefährlich es ist! Willst du?" — Weit, noch weiter öffneten sich seine Augen, doch er sagte: „Bestimmt, Tante Lisa, ich passe auf." Seine Stimme klang rauh, als spräche ein Mann. „Hier, nimm meine Badetasche!" — Sie zwängte ihr Haar eilig unter die weiße Gummikappe, gab ihm die Hand, lächelte mühsam und warf sich in den Priel. Sie schwamm anfangs hastig, doch als sie den Sog der Strömung fühlte, wurde sie ruhig und kämpfte in weiten, gleichmäßigen Stößen um den kürzesten Weg. Rolf sah ihrer weißen Kappe noch eine Weile nach, wandte sich endlich zögernd ab und ging langsam zur Burg zurück. Um seine nackten Beine schlenkerte die Tasche. Sie war schwer und war doch fast leer.

Als er die anderen erreicht hatte, sagte er zu Erwin: „Vielleicht können wir die Burg noch höher machen."

„Nee", meinte der, „die trampeln doch alles kaputt, hab' keine Lust."

Hubert kam und setzte sich zu Erwin; Rolf stand neben den beiden. „Komische Idee, diese Bootsfahrt", meinte Hubert. „Warum läuft sie erst jetzt nach dem Boot? Hätte es ja vorher bestellen können."

„Stimmt, sie ist überhaupt ziemlich blöd. Alle Weiber sind blöd", sagte Erwin. Hubert, zwölf Jahre alt und zwei Jahre jünger als Erwin, nickte anerkennend zurück. Dann wies er hinaus auf das Meer: „Bei Flut darf niemand auf der Sandbank sein.“

Erwin stand auf, lief einige Schritte fort, und als er zurückkam, setzte er sich nicht mehr, sondern sagte: „Hier oben ist die Sandbank ganz trocken. Die Flut kommt nicht so hoch.“ Rolf stimmte zu: „Nein, die Sandbank wird nie überschwemmt.“

„Aber wenn jemand hier bleibt“, rief Hubert, „muß er die Hochflut abwarten und kann erst bei Ebbe zurück!“

Erwin rechnete umständlich: „Das sind sechs, nein, zehn Stunden mindestens, weil die Priele leerlaufen müssen. Der Ebbestrom treibt uns sonst zum Meer hinaus.“

„Uns? Aber sie holt doch das Boot!“ sagte Rolf.

„Was ist, wenn sie nicht zurückkommt mit dem Boot?“ meinte Hubert.

„Sie wird kommen“, sagte Rolf ruhig und legte ihre Badetasche vor seine Füße in den Sand.

„Ach, du bist ja ihr Freund!“ höhnte Hubert. Rolf wurde rot, sagte aber nichts.

„Was habt ihr beide denn noch am Priel getuschelt?“ stichelte auch Erwin.

„Wir sollen hier bleiben“, sagte Rolf, „bis sie uns mit dem Boot abholt.“

Hubert stand auf und stellte sich zu Erwin. „Und wenn sie nicht kommt?“ wiederholte er, und da hörte auch Erwin die Angst aus Huberts Frage heraus und rief: „Acht Stunden, und dann ist es Nacht, und in der Finsternis finden sie uns nicht!“

„Und die Flut kommt wieder“, sagte Hubert, „und wer weiß denn, ob die Sandbank immer frei bleiben wird? Bei Sturmflut bleibt sie bestimmt nicht frei!“

„Vielleicht saufen wir ab“, schrie Erwin, „aber die hat sich gerettet, das feige Biest!“

„Du bist gemein“, sagte Rolf und wandte sich ab.

„Sie ist deine Freundin“, hetzte Erwin, „hat dich aber auch sitzen lassen! Aber ich bin nicht blöd, du, ich bin nicht so blöd wie du, ich kann *auch* schwimmen!“

Rolf sah ihn an und sagte: „Die Strömung ist zu stark, und es gibt Strudel.“

„Stimmt“, nickte Hubert, „sie hat noch die letzte Minute erwischt, und ich kann nicht schwimmen. Aber ich weiß was: Wir umgehen den Priel auf der Sandbank!“

„Ihr kommt nicht mehr hinüber“, widersprach Rolf, „wir sollen hier warten.“

Aber da ballte Erwin die Fäuste und schrie: „Warten, warten! Aber sie ist abgehauen, die feine Dame! Los, Hubert, wir versuchen's über die Sandbank!“

Die beiden nahmen ihr Badezeug und wollten gehen. Rolf trat ihnen in den Weg und sagte: „Ihr müßt bleiben!“

„Müßt?“ — Erwin lachte los. „*Ich* bin der Burgkommandant und mach', was ich will!“

„Feiner Kommandant, der einfach türmt!“ sagte Rolf.

Erwin warf die Badesachen fort und kam näher: „Hast du ‚türmt' gesagt? — Hubert, du hast doch gehört, daß er es gesagt hat?“ Hubert nickte. Rolf war sehr blaß; sein linker Fuß stieß die Badetasche der Kindergärtnerin um, und das Sieb der kleinen Karin rollte aus der Tasche in den Sand. „Wir sollen alle in der Burg bleiben“, sagte er, „sie hat mich dafür verantwortlich gemacht.“

Erwin starrte ihn an, und seine Augen wurden schmal. „Verantwortlich!“ höhnte er. „Rede bloß nicht geschwollen, du! Ich will gar nicht wissen, was das feige Aas gesagt hat. Los, wir hauen ab!“

Aber Rolf stellte sich ihm wieder in den Weg, und als Erwin ihn fortstoßen wollte, schlug er zurück. „Seht bloß das Kindchen!“ lachte Erwin. „Das Kindchen will Prügel.“

Da liefen alle zusammen und stellten sich um die kämpfenden Jungen. Sie lachten und schrien, aber die Kleinen weinten bald. Erwin war stärker, doch Rolf gab nicht nach. Sie wälzten sich im Sand und über die Muscheln, die knirschend unter Erwins breitem Rücken zerbrachen. Als er eine Schale, deren scharfe Kante sich eingedrückt hatte, mit der Linken entfernen wollte, sprengte Rolf die Umklammerung und schleuderte ihn zurück in den Graben der Burg. Erwin sprang auf — das Gesicht entstellt vor Schmerz und Wut —, da sah er die Schaufel. Er packte den Stiel und schlug mit dem scharfen rostigen Blatt auf den anderen ein.

„Das dürft ihr nicht“, schrie Eva, „nein, ihr dürft das nicht!“

Rolf blutete am Ohr, an der Schulter; aber dann hielt er die Schaufel fest. „Hände weg, du Hund!“ stöhnte Erwin und zog. Da ließ Rolf los, und Erwin stürzte. Rolf riß ihm die Schaufel aus der Hand, aber er schlug nicht zurück, sondern sah zu Hubert hinüber, und jetzt sahen alle Hubert an. Der zeigte hinaus auf das Watt und rief noch einmal: „Nebel, es kommt Nebel!“

Eva war älter als die anderen Mädchen, und sie ahnte, was geschah. „Hilfe!“ schrie sie. „Tante Lisa, Hilfe!“

Rolf wischte sich das Blut vom Hals und bot dem anderen die Schaufel an: „Schlag zu, wenn du noch willst!“ Und zu Eva sagte er laut, damit es alle hörten: „Heul nicht! Wenn wir in der Burg bleiben, findet uns das Boot. Im Sommer zieht der Nebel schnell vorbei.“ Da gingen alle in die Burg, und die Kleinen krochen wimmernd zusammen. Sie hatten Angst, nur noch Angst, und gehorchten Rolf, der schon oft an der See gewesen war.

„Stimmt es, daß sich der Nebel im Sommer nicht lange hält? Ich wußte nicht, daß es Sommernebel gibt“, sagte Hubert.

„Sehr selten“, sagte Rolf, „und es wird gleich wieder hell sein.“ Aber er dachte daran, daß vor zwei Jahren ein Mann im August auf der Sandbank ertrinken mußte, weil er sich im Nebel verirrt hatte. Davon wußten die anderen nichts, und Rolf schwieg.

Die Burg lag hoch, doch der Nebel stiegt feucht und kalt über den Wall. Sie froren, und Rolf holte sein dünnes Hemd aus der Tasche und zog es an. Nun hatten alle mit dem Anziehen zu tun, doch bald saßen sie still und starrten wieder hinaus auf das Watt, und da war die graue Fläche schon sehr klein. Das Wasser hatte die Priele zu Seen und die Seen endlich zum großen Meer verbunden, darin die Sandbank wie eine Insel lag, um die der Nebel lauernd strich. Die Haut wurde naß, die Poren wölbten sich auf, und die Kinder weinten vor Kälte und Angst. Erwin sprang plötzlich auf und schrie. „Ich will nicht sterben!“ schrie er, „ich will nicht, will nicht!“

Er brach schluchzend ab, doch dann heulten alle los, und Rolf hielt sich die Ohren zu. Obwohl er nicht weinte, schüttelte auch ihn die Angst, und er wußte keinen Rat. Einige liefen schreiend fort, um das Boot zu suchen. Wer die Burg verläßt ist verloren, dachte der Junge. Er nahm die Schaufel, lief ihnen nach und trieb sie in die Burg zurück.

„Ich weiß etwas“, sagte er dort, „aber ihr müßt mir zuhören! Die Schiffe haben ein Nebelhorn, und wir wollen rufen. Los, wir brüllen im Chor, wie Sirenen heulen!“ — Als sie einzeln und zaghaft riefen, schlug er vor: „Einer zählt immer bis dreißig, und dann heulen wir alle los!“ — Hubert zählte, die anderen zählten mit bebenden Lippen mit, und bei dreißig heulten sie auf: „Haaalooo!“ Und niemand heulte so laut wie Erwin. Im Nebel war die Sandbank noch kleiner geworden, und die Flut wuchs auf die Burg der Kinder zu. Rolf sah noch den dunklen Rand der Ablagerung, die Flutspur von gestern mit Muscheln und Tang, Holzabfällen und Ölrückständen. Wenn keine Sturmflut kommt, wird das Wasser wie gestern steigen, dachte er, und schlimmstenfalls müssen wir die Nacht abwarten. Eine schreckliche Nacht!

Da fing Eva zu beten an: „Vater unser, der du bist im Himmel ...“ Aber sie sahen den Himmel nicht, sahen nicht Sand und nicht Wasser, sondern trieben verlassen im Nebelmeer. Huberts Zähne schlugen zusammen; aber er zählte immer noch: „— siebzehn — achtzehn — neunzehn —“

Rolf stand auf, beugte sich über den nassen Wall der Burg lauschend nach vorn, doch die Kleinen weinten laut. „Still“, rief Rolf, „ihr müßt still sein!“ Sie schwiegen jäh, auch Hubert.

„Zähl weiter!“ flüsterte Rolf.

„— zwanzig — einundzwanzig — zweiundzwanzig —“

Aber Eva sprang auf. „Da rief jemand!“

„Wir müssen antworten“, sagte Rolf, und schon zählte er selbst: „— achtundzwanzig — neunundzwanzig — dreißig!“

Noch hörte er das Geheul der anderen; aber er wurde den eigenen Schrei nicht los. Er lag auf dem Wall; zitternd und schluchzend lag er und starrte zum Rande der Sandbank, auf die sich der Schatten des Bootes aus dem Nebel schob.

Das Leben ist ein Fest, jeder Tag bringt neue, aufregende Abenteuer. Das hat sie in den sechs Jahren ihres Daseins gelernt. Kein sorgenvolles Erwachsenengesicht, kein gedämpftes, altkluges Kinderwort können sie davon abbringen. Alles, was geschieht, bringt Abwechslung in ihren Tageslauf; alles ist dazu da, ihr Leben festlicher zu machen. Ob es immer so bleibt?

Jetzt ist etwas Unerhörtes, Neues hinzugekommen: ein Stern auf ihrem Mantel, ein Stern auf ihrer Jacke, ein Stern auf ihrem Sommerkleid, ein Stern sogar auf ihrer Schulschürze. Niemals zuvor hat sie so etwas gehabt. Das Schwesterchen kriegt nichts, weil es noch zu klein ist. Aber sie! Genau wie Vater auf seiner Jacke und Mutter auf Kleid und Mantel hat sie einen Stern, einen organgegelben Stern, auf dem ‚Jude' steht. Mit dem darf sie morgen auf die Straße und zur Schule. Jeder wird sie ansehen und wissen, daß sie sechs Jahre alt ist und Jude. Jeder wird ihr zunicken und zuzwinkern, noch mehr als sonst, und es wird wie ein Geheimnis zwischen ihr und den anderen sein. Schade, daß so viele Kinder bereits sechs Jahre alt sind und es deshalb nichts Außergewöhnliches sein wird, mit einem Stern zur Schule zu gehen. Aber vielleicht vergessen einige oder vielleicht sogar alle Mütter, einen Stern auf die Schulschürzen zu nähen? Dann ist sie die einzige in der Klasse, die kerzengerade und ordentlich mit einem Stern auf der Brust in der Bank sitzt ...

Und Jukie? Ob Jukies Mutter wohl an den Stern gedacht hat? Morgen wird sie die Freundin noch früher abholen als sonst, und wenn sie ohne das neue Zeichen aus dem Hause kommt, wird sie Jukie erschrocken ansehen, die Hand vor den Mund halten und sagen: „Oh, du hast keinen Stern? Das darfst du nicht."

Dann wird Jukie schnell ins Haus laufen und ihre Mutter um einen Stern bitten. Vielleicht kommen sie dann zu spät zur Schule, aber bestraft werden sie bestimmt nicht, denn der Stern ist viel wichtiger als alles andere.

Strahlend und hoffnungsvoll tritt sie aus der Tür. Die Mutter sieht ihr nach, wie sie über den Weg springt, und es zittert wie ein demütiges Gebet in ihrem Herzen, daß es doch, bitte, ein Fest bleiben möge, daß ihre kleine Tochter so weiter tanzen möge mit dem Stern auf dem Mantel.

Und nun kommt sie aus der Schule zurück. Die Augen glänzen, aber der Mund zeigt einen nachdenklich ernsthaften Zug.

„War es schön?" fragt die Mutter. Jeden Tag dieselbe Frage.

„Wunderschön!" Jeden Tag dieselbe Antwort.

Und dann sprudelt sie los:

„Es war herrlich mit dem Stern, alle Menschen haben mich gegrüßt. Jukies Mutter hatte auch an den Stern gedacht, fast alle Mütter, nur ein paar hatten es vergessen, und das geht doch nicht! Mutter, darf das sein, Kinder ohne Stern?"

Sie wartet die Antwort nicht ab, preßt den Mund zusammen, und sogar über die Augen legt sich ein betrübter Schimmer.

„Aber es ist nicht alles schön mit dem Stern. Es ist auch Schlimmes dabei. Nicht wahr, Mutter?“

„Warum?“ fragt die Mutter teilnahmsvoll.

Sie seufzt.

„Jukie hat es gesagt.“

„Oh“, murmelt die Mutter. „Warum?“

Sie seufzt noch einmal.

„Das hat Jukie nicht gesagt“, gesteht sie beschämt.

Rein äußerlich

Detlef Marwig

Sie wäre nicht tragisch, die Geschichte, meint Irene, da sie ja nur mit ihrem Äußeren zu tun habe, meint sie.

Sie ist 1,52 klein, schwarzäugig und -haarig und würde auf dem Balkan und dem Vorderen Orient vermutlich kaum auffallen. Dennoch ist sie Deutsche und, wie ihre Eltern einst nachweisen mußten, arisch.

„Aber das ist mir egal“, sagt sie.

Im Supermarkt packt und zeichnet sie Fisch- und andere Konserven, Teigwaren und Feinkost aus, ordnet sie in Regale ein und hilft gelegentlich supermarktfremden Kunden bei der Suche. Sie ist eine Halbtagskraft. Die zweite Hälfte des Tages schaltet sie um auf Hausfrau.

„Einer muß es ja machen“, sagt sie.

Mit Putzeimern, Aufnehmern und dergleichen geht sie nicht um.

„Dafür werde ich zu schlecht bezahlt“, sagt sie.

Auch mit den Kassiererinnen hat sie nichts zu tun.

„Wir bleiben unter uns, wir Halbtagskräfte“, sagt sie.

Es begann damit, daß Irene so schön vor sich hin döste, denn der Laden war leer, und gepackt hatte sie.

Da rief eine der Kassiererinnen, blond und blauäugig: „He, Sie!“

„He Sie! bin ich nicht“, sagt Irene, und sie blieb deshalb sitzen.

Das brachte die Kassiererin auf, und Empörung klang in ihrer Stimme mit, als sie einige Phon lauter quer durch den Laden brüllte: „He Sie!!“

„Ich dachte, die hat durchgedreht, das kann man nämlich schnell an der Kasse“, sagt Irene. Aber sie blieb sitzen, denn wer sich aufregt, regt sich auch wieder ab, meint sie.

Die Kassiererin packte wilde Empörung, die ihrer Stimme ungeahnte Durchschlagskraft verlieh.

„He Sie, holen Sie sofort Wasser und machen Sie Lauge. Ich will hier putzen", rief sie, und dann schrie sie einige böse Worte über die, die „ausse Karpaten kommen und sich hier mausig machen."

„Jetzt ist ihr nicht mehr zu helfen, hab' ich gedacht", sagt Irene.

Sie ging ins Lager.

„Da hört man das Geschrei nicht so laut", sagt sie.

Da kam die Filialleiterin zu ihr und bat um Aufklärung. Die verweigerte Irene ihr nicht. Worauf die Filialleiterin zur Kassiererin ging und die aufklärte.

„Da war die dann ruhig", sagt Irene.

Kurz vor Feierabend kam die Kassiererin dann zu Irene und war ein wenig verlegen.

„Entschuldigen Sie, bitte entschuldigen Sie vielmals", sagte sie, „ich habe geglaubt, Sie wären die kleine Türkin."

„Ich habe entschuldigt", sagt Irene, „was kann sie schließlich dafür, daß ich so aussehe."

In Liliput

Jonathan Swift

Obgleich ich mir die Beschreibung des Reiches Liliput für ein besonderes Werk vorbehalte, will ich der Neugier des Lesers insoweit nachgeben, als ich ihm einige allgemeine Vorstellungen über das Land vermittle.

Wie die Durchschnittsgröße der Eingeborenen etwas weniger als sechs Zoll beträgt, so herrscht das entsprechende Verhältnis auch bei den Tieren, Pflanzen und Bäumen. Die größten Pferde und Ochsen sind zum Beispiel vier oder fünf Zoll hoch, die Schafe ungefähr anderthalb Zoll, die Gänse so groß wie Sperlinge, und in dieser Weise geht es abwärts, bis ich die Gegenstände kaum noch erkennen konnte.

Die Natur hat jedoch die Augen der Liliputaner so beschaffen, daß sie dies alles genau, wenn auch nur aus geringer Entfernung, erblicken können. Um die Schärfe ihres Gesichts für Dinge in der Nähe zu zeigen, will ich hier nur anführen, daß ich einen Koch gesehen habe, der eine Lerche rupfte, die nicht einmal so groß wie eine Fliege war, und ein junges Mädchen, das einen unsichtbaren Seidenfaden in eine unsichtbare Nadel fädelte.

Die größten Bäume sind ungefähr sieben Fuß hoch; ich meine einige von jenen im kaiserlichen Park, deren Wipfel ich mit der geballten Faust noch gerade erreichen konnte. Die anderen Pflanzen zeigen die gleichen Größenverhältnisse. Dies will ich der Einbildungskraft des Lesers überlassen. [...]

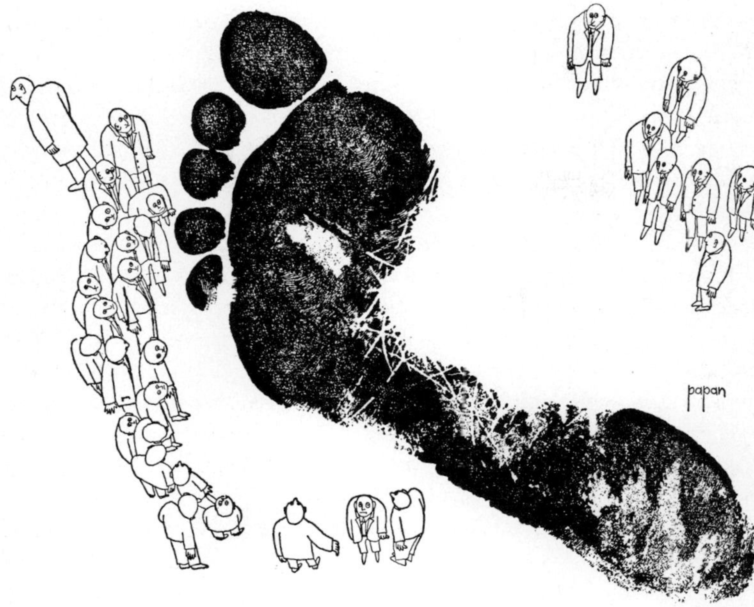

Den neugierigen Leser wird es vielleicht unterhalten, wenn ich ihm erzähle, wie ich mein Leben in diesem Lande verbrachte, wo ich mich neun Monate und dreizehn Tage aufhielt. Da ich Begabung für handwerkliche Arbeit besitze und auch durch die Not hierzu gezwungen war, machte ich mir aus den größten Bäumen des Parks einen ziemlich bequemen Stuhl und einen Tisch. Zweihundert Näherinnen wurden damit beschäftigt, mir Hemden sowie Bett- und Tischwäsche anzufertigen, und zwar von der rauhesten und stärksten Leinwand, die sich beschaffen ließ. Dennoch waren die Frauen genötigt, sie mehrfach übereinanderzusteppen, da die dickste Leinwand bedeutend feiner als Batist war. Ein Stück Leinwand ist in Liliput gewöhnlich drei Zoll breit und drei Fuß lang.

Damit die Näherinnen mir Maß nehmen konnten, mußte ich mich lang auf den Boden legen. Eine stand an meinem Halse, eine zweite an meinen Knien. Beide hielten eine lange Schnur straff gespannt, während eine dritte mit einem Stock von einem Zoll die Länge der Schnur ermittelte. Alsdann maßen sie meinen rechten Daumen und verlangten daraufhin nichts weiter. Denn durch eine mathematische Berechnung wurde erwiesen, daß die doppelte Länge des Daumens den Umfang des Handgelenks ergebe, und so weiter bis zu Hals und Taille. Ferner erhielten sie ganz genaue Maße, indem sie ihre Berechnung mit einem alten Hemde, das ich als Muster auf dem Boden ausbreitete, verglichen.

Dreihundert Schneider wurden beschäftigt, um mir Kleider zu machen. Aber die Schneider verfuhren anders, als sie mir das Maß nahmen. Ich kniete nieder, und sie setzten eine Leiter vom Boden an meinen Hals. Einer stieg hinauf und ließ von meinem Kragen eine mit Blei versehene Schnur auf den Boden hängen, die gerade der Länge meines Rockes entsprach. Doch Arme und Taille maß ich selber ab.

Als die Kleider fertiggestellt waren — das größte Haus der Liliputaner hätte sie nicht fassen können —, glichen sie dem Flickwerk, das die Damen in England herstellen, nur daß meines von einer einzigen Farbe war.

Dreihundert Köche bereiteten mir die Nahrung nahe bei meinem Hause. Dort wohnten sie mit ihren Familien in kleinen und bequemen Hütten. Jeder Koch lieferte mir zwei Gerichte. Ich hob zwanzig Bediente mit meiner Hand auf den Tisch; hundert andere standen auf dem Boden bereit — einige mit Fleischgerichten, andere mit Fässern voll Wein und anderen Getränken, die sie auf der Schulter heranschleppten. All dies wanden die Bedienten, wenn mich danach verlangte, auf sehr sinnreiche Weise mit Stricken hinauf, so wie wir in Europa die Wassereimer aus einem Brunnen. Jedes Fleischgericht gab gerade einen Bissen und ein Weinfaß einen guten Schluck.

Das liliputanische Hammelfleisch ist nicht so gut wie das unsrige, allein ihr Rindfleisch schmeckt ausgezeichnet. Einmal bekam ich eine große Rindskeule, an der ich drei Bissen hatte; aber das war selten. Meine Bedienten erschraken, als sie sahen, wie ich sie mit Knochen und allem zerkaute, etwa wie man bei uns einen Lerchenflügel ißt.

Gänse und Truthühner steckte ich auf einmal in den Mund, und ich muß gestehen, sie sind weit schmackhafter als die unsrigen. Von ihrem kleineren Geflügel konnte ich zwanzig bis dreißig Stück zugleich auf mein Messer spießen. Seine Kaiserliche Majestät, die von meiner Art zu essen gehört hatte, erbat sich eines Tages mit seiner Gemahlin und den Prinzen und Prinzessinnen die hohe Gnade, wie es ihm beliebte, sich auszudrücken, mit mir zu Mittag zu speisen. Sie erschienen, und ich setzte sie in ihren Prunksesseln und von ihren Wachen umgeben auf den Tisch, mir gerade gegenüber. Flimnap, der Finanzminister, war mit seinem weißen Stabe auch zugegen, und ich bemerkte, daß er mich oft mit einem verdrießlichen Gesicht ansah. Ich stellte mich jedoch, als ob ich es nicht bemerkte, und aß, um meinem teuren Vaterlande Ehre zu machen, aber auch um den Hof in Erstaunen zu versetzen, diesmal noch mehr als gewöhnlich.

Ich habe besondere Gründe zu der Vermutung, daß dieser Besuch Ihrer Majestäten Flimnap Gelegenheit gab, mir bei seinem Herrn schlimme Dienste zu erweisen. Dieser Minister war stets mein Feind gewesen, obgleich er mir mehr schmeichelte, als es sonst in seiner mürrischen Gemütsart lag. Er machte dem Kaiser Vorstellungen über den schlimmen Zustand seiner Finanzen; er werde gezwungen sein, zu hohen Zinsen Geld aufzunehmen; ich hätte Seine Majestät bereits mehr als anderthalb Millionen Sprugs gekostet — das ist ihre größte Goldmünze. Kurz, er riet an, Seine Majestät solle die erste passende Gelegenheit benutzen, sich meiner zu entledigen. [...]

Schwänke - Anekdoten - Witze

Wie Eulenspiegel für den Landgrafen von Hessen malte und ihm weismachte, wer kein reines Gewissen habe, der könne das Bild nicht sehen

Volksbuch

Als Eulenspiegel das Land Sachsen kreuz und quer durchwandert hatte und so wohlbekannt war, daß er sich mit seinen Bübereien nicht mehr durchzubringen vermochte, da ging er in das Land Hessen und kam gen Marburg an des Landgrafen Hof. Dieser fragte ihn, was er für ein Abenteurer sei. Er antwortete: „Gnädiger Herr, ich bin ein Künstler." Darüber freute sich der Landgraf, denn er meinte, Eulenspiegel verstände die Kunst, Gold zu machen. Also fragte er ihn, ob er ein Alchimist sei. Eulenspiegel sprach: „Gnädiger Herr, nein, ich bin ein Maler, desgleichen in vielen Landen nicht gefunden wird; denn meine Arbeiten übertreffen andere weit." Der Landgraf bat: „Laß uns etwas von deiner Kunst sehen!" Eulenspiegel entgegnete: „Gnädiger Herr, das will ich tun." Und er zog etliche Tüchlein und kunstvolle Stücke, die er in Flandern gekauft hatte, aus seinem Sack und zeigte sie dem Landgrafen. Die gefielen dem Herrn so wohl, daß er zu Eulenspiegel sagte: „Lieber Meister, was wollet Ihr haben, wenn ich Euch beauftrage, unsern Saal zu bemalen von der Herkunft der Landgrafen von Hessen an, und wie sie sich befreundet haben mit dem König von Ungarn und andern Fürsten und Herrn? Ihr müßt uns das aber auf das allerköstlichste malen." Eulenspiegel antwortete: „Gnädiger Herr, wenn mir Euer Gnaden diesen Auftrag geben will, würde es wohl vierhundert Gulden kosten." Der Landgraf sprach: „Meister, machet das nur gut! Wir wollen Euch dafür wohl belohnen."

Eulenspiegel nahm den Auftrag also an; doch mußte ihm der Landgraf hundert Gulden im voraus geben, damit er Farben kaufen und Gesellen annehmen könne. Als nun Eulenspiegel mit drei Gesellen die Arbeit anfangen wollte, bedang er sich bei dem Landgrafen noch aus, daß niemand in den Saal gehen dürfe, solange er arbeite, als nur seine Gesellen, damit er in seiner Kunst nicht behindert würde. Das sagte ihm der Landgraf zu. Darauf kam Eulenspiegel mit seinen Gesellen überein und gebot ihnen, zu schweigen und ihn allein machen zu lassen. Sie brauchten nicht zu arbeiten und sollten dennoch ihren Lohn haben; ihre meiste Arbeit sollte im Brettspielen bestehen. Das nahmen die Gesellen gern an und waren's wohl zufrieden, daß sie trotz Müßiggang sollten Lohn verdienen.

Das währte drei Wochen oder vier, da verlangte es den Landgrafen zu sehen, was der Meister mit seinen Gesellen wohl malen möchte und ob es so gut würde wie die Proben. Darum sprach er zu Eulenspiegel: „Ach, liebster Meister, uns verlangt gar sehr, Eure Arbeit zu sehen! Wir möchten mit Euch in den Saal gehen, um Euer Gemälde zu besehen." Eulenspiegel erwiderte: „Ja, gnädiger Herr; aber eins will ich Euer Gnaden zuvor sagen: Wer irgendwie kein reines Gewissen hat, der kann mein Gemälde nicht sehen." Der Landgraf sprach: „Meister, das wäre etwas Großes!" Indem gingen sie in den Saal. Da hatte Eulenspiegel ein langes leinenes Tuch an die Wand gespannt, die er bemalen sollte. Das zog er ein wenig zurück, zeigte mit einem Stab an die Wand und sprach: „Seht, gnädiger Herr, dieser

Mann ist der erste Landgraf von Hessen gewesen, und er hatte zur Fürstin und Frau des milden Justinian Tochter, eine Herzogin von Bayern. Seht nun dort, gnädiger Herr! Von dem ward geboren Adolfus. Adolfus zeugte Wilhelm den Schwarzen, Wilhelmus zeugte den Frommen, und also weiter bis auf Eure Fürstliche Gnaden. Und ich weiß fürwahr, das niemand meine Arbeit tadeln kann, so meisterlich und von so schönen Farben ist sie." Der Landgraf sah weiter nichts als die weiße Wand. Jedoch scheute er sich, dies offen einzugestehen, und sagte darum: „Lieber Meister, uns genügt Eure Arbeit wohl; doch haben wir nicht genug Verständnis dafür, sie zu beurteilen", und ging damit aus dem Saal.

Als nun der Landgraf zu der Fürstin kam, fragte sie ihn: „Ach, gnädiger Herr, was malet denn Euer Meister? Ihr habt es ja besehen. Wie gefällt Euch seine Arbeit? Ich habe kein rechtes Zutrauen, denn der Meister sieht wie ein Schalk aus." Der Fürst sprach: „Liebe Frau, mir gefällt seine Arbeit wohl. Ihr tut ihm unrecht." Die Landgräfin fragte: „Ach, gnädiger Herr, können wir das Bild nicht auch besehen?" – „Ja, mit des Meisters Willen."

Die Landgräfin ließ nun Eulenspiegel rufen und begehrte auch, sein Gemälde zu besehen. Eulenspiegel sprach zu ihr wie zu dem Fürsten, wer irgendwie kein reines Gewissen habe, der könne seine Arbeit nicht sehen. Da ging die Fürstin mit acht Jungfrauen und einer Närrin in den Saal. Eulenspiegel zog das Tuch zur Seite wie zuvor und erzählte auch der Gräfin die Herkunft der Landgrafen, ein Stück nach dem andern. Aber die Fürstin und die Jungfrauen schwiegen alle still; niemand lobte oder tadelte das Gemälde; denn jede mißtraute ihrem guten Gewissen. Nur zuletzt, da hub die Närrin an und sprach: „Liebster Meister, ich sehe nichts von einem Gemälde." Da dachte Eulenspiegel: „Das will nicht gut werden! Wollen die Toren die Wahrheit sagen, so muß ich wahrlich wandern", und zog die Sache ins Lächerliche.

Da ging die Fürstin hinweg, wieder zu ihrem Herrn. Der fragte sie, wie ihr das Gemälde gefalle. Sie antwortete: „Gnädiger Herr, es gefällt mir so wohl wie Euer Gnaden. Aber unserer Närrin gefällt es nicht; sie spricht, sie sähe kein Gemälde, desgleichen auch unsere Jungfrauen. Ich fürchte, es steckt eine Büberei dahinter." Das ging dem Fürsten zu Herzen, und er merkte, daß er betrogen war. Dennoch ließ er Eulenspiegel sagen, daß er seine Arbeit vollenden möge; das ganze Hofgesinde solle seine Arbeit besehen. Da ward Eulenspiegel der Boden zu heiß. Er gab seinen Gesellen den Abschied, forderte noch hundert Gulden von dem Rentmeister, empfing die und ging damit sogleich davon.

Des andern Tags fragte der Graf nach seinem Maler, der aber war schon weg. Da ging der Graf in den Saal mit seinem ganzen Hofgesinde, um festzustellen, ob jemand etwas von dem Gemälde sehen könnte. Aber niemand konnte sagen, daß er etwas sähe. Und da sie alle schwiegen, sprach der Landgraf: „Nun sehen wir wohl, daß wir betrogen sind. Um Eulenspiegel habe ich mich nie bekümmern wollen; nun ist er dennoch zu uns gekommen. Doch die zweihundert Gulden wollen wir wohl verschmerzen, denn er ist ein Schalk und muß ein Schalk bleiben und darum unser Fürstentum meiden."

Also war Eulenspiegel glücklich von Marburg entkommen, und er wollte sich fürderhin nicht mehr mit Malen abgeben.

[...]

Einem Manne, meine Herren, der einen Gaul, wie mein Litauer war, zu reiten vermochte, können Sie auch wohl noch ein anderes Voltigier- und Reiterstückchen zutrauen, welches außerdem vielleicht ein wenig fabelhaft klingen möchte. Wir belagerten nämlich, ich weiß nicht mehr welche Stadt, und dem Feldmarschall war ganz erstaunlich viel an genauer Kundschaft gelegen, wie die Sachen in der Festung stünden. Es schien äußerst schwer, ja fast unmöglich, durch alle Vorposten, Wachen und Festungswerke hinein zu gelangen; auch war eben kein tüchtiges Subjekt vorhanden, wodurch man so etwas glücklich auszurichten hätte hoffen können. Vor Mut und Diensteifer fast ein wenig allzu rasch, stellte ich mich neben eine der größten Kanonen, die soeben nach der Festung abgefeuert ward, und sprang im Hui auf die Kugel, in der Absicht, mich in die Festung hineintragen zu lassen. Als ich aber halbweges durch die Luft geritten war, stiegen mir allerlei nicht unerhebliche Bedenklichkeiten zu Kopfe. „Hm", dachte ich, „hinein kommst nun wohl, allein wie hernach sogleich wieder heraus? Und wie kann's dir in der Festung ergehen? Man wird dich sogleich als einen Spion erkennen und an den nächsten Galgen hängen. Ein solches Bett der Ehre wollte ich mir denn doch wohl verbitten." Nach diesen und ähnlichen Betrachtungen entschloß ich mich kurz, nahm die glückliche Gelegenheit wahr, als eine Kanonenkugel aus der Festung einige Schritte weit von mir vorüber nach unserem Lager flog, sprang von der meinigen auf diese hinüber und kam, zwar unverrichteter Sache, jedoch wohlbehalten bei den lieben Unserigen wieder an.

[...]

Trotz aller meiner Tapferkeit und Klugheit, trotz meiner und meines Pferdes Schnelligkeit, Gewandtheit und Stärke ging's mir in dem Türkenkriege doch nicht immer nach Wunsch. Ich hatte sogar das Unglück, durch die Menge übermannt und zum Kriegsgefangenen gemacht zu werden. Ja, was noch schlimmer war, aber doch immer unter den Türken gewöhnlich ist, ich wurde zum Sklaven verkauft. In diesem Stande der Demütigung war mein Tagewerk nicht sowohl hart und sauer als vielmehr seltsam und verdrießlich. Ich mußte nämlich des Sultans Bienen alle Morgen auf die Weide treiben, sie daselbst den ganzen Tag lang hüten und dann gegen Abend wieder zurück in ihre Stöcke treiben. Eines Abends vermißte ich eine Biene, wurde aber sogleich gewahr, daß zwei Bären sie angefallen hatten und ihres Honigs wegen zerreißen wollten. Da ich nun nichts anderes Waffenähnliches in Händen hatte als die silberne Axt, welche das Kennzeichen der Gärtner und Landarbeiter des Sultans ist, so warf ich diese nach den beiden Räubern, bloß in der Absicht, sie damit wegzuscheuchen. Die arme Biene setzte sich auch wirklich dadurch in Freiheit; allein durch einen unglücklichen, allzustarken Schwung meines Armes flog die Axt in die Höhe und hörte nicht auf zu steigen, bis sie im Monde niederfiel. Wie sollte ich sie nun wiederkriegen? Mit welcher Leiter auf Erden sie herunterholen? Da fiel mir ein, daß die türkischen Bohnen sehr geschwind und zu einer ganz erstaunlichen Höhe emporwüchsen. Augenblicklich pflanzte ich also eine solche Bohne, welche wirklich emporwuchs und sich an eins von des Mondes Hörnern von selbst anrankte. Nun kletterte ich getrost nach dem Monde empor, wo ich auch glücklich anlangte. Es war ein ziemlich mühseliges Stückchen Arbeit, meine silberne Axt an einem Orte wieder zu finden, wo alle anderen Dinge gleichfalls wie Silber glänzten. Endlich aber fand ich sie doch auf einem Haufen Spreu und Häckerling. Nun wollte ich wieder zurückkehren, aber ach! die Sonnenhitze hatte indessen meine Bohne aufgetrocknet, so daß daran schlechterdings nicht wieder herabzusteigen war. Was war nun zu tun? — Ich flocht mir einen Strick von dem Häckerling, so lang ich ihn nur immer machen konnte. Diesen befestigte ich an eins von des Mondes Hörnern und ließ mich daran herunter. Mit der rechten Hand hielt ich mich fest, und in der linken führte ich meine Axt. Sowie ich nun eine Strecke hinuntergeglitten war, so hieb ich immer das überflüssige Stück über mir ab, und knüpfte dasselbe unten wieder an, wodurch ich denn ziemlich weit herunter gelangte. Dieses wiederholte Abbauen und Anknüpfen machte nun freilich den Strick ebensowenig besser, als es mich völlig hinab auf des Sultans Landgut brachte. Ich mochte wohl noch ein paar Meilen weit droben in den Wolken sein, als mein Strick auf einmal zerriß und ich mit solcher Heftigkeit herab auf Gottes Erdboden fiel, daß ich ganz betäubt davon wurde. Durch die Schwere meines von einer solchen Höhe herabfallenden Körpers fiel ich ein Loch, wenigstens neun Klafter tief, in die Erde hinein. Ich erholte mich zwar endlich wieder, wußte aber nun nicht, wie ich wieder herauskommen sollte. Allein, was tut nicht die Not? Ich grub mir mit meinen Nägeln, deren Wuchs damals vierzigjährig war, eine Art von Treppe und förderte mich dadurch glücklich zu Tage.

Durch diese mühselige Erfahrung klüger gemacht, fing ich's nachher besser an, der Bären, die so gern nach meinen Bienen und den Honigstöcken stiegen, loszuwerden. Ich bestrich die Deichsel eines Ackerwagens mit Honig und legte mich nicht weit davon des Nachts in einen Hinterhalt. Was ich vermutete, das geschah. Ein ungeheurer Bär, herbeigelockt durch den Duft des Honigs, kam an, und fing vorn an der Spitze der Stange so begierig an zu lecken, daß er sich die ganze Stange durch Schlund, Magen und Bauch bis hinten wieder hinausleckte. Als er sich nun so artig auf die Stange hinaufgeleckt hatte, lief ich hinzu, steckte vorn durch das Loch der Deichsel einen langen Pflock, verwehrte dadurch dem Nascher den Rückzug und ließ ihn sitzen bis an den anderen Morgen. Über dies Stückchen wollte sich der Großsultan, der von ungefähr vorbei spazierte, fast totlachen.

[...]

Chelm war ein Dorf voller Narren, junger Narren und alter. Eines Nachts bemerkte einer, wie der Mond sich in einem Wasserfaß widerspiegelte. Alle glaubten, daß er da hineingefallen sei. Sie verschlossen das Faß ganz fest, damit der Mond nicht entwischen konnte. Als das Faß am anderen Morgen geöffnet wurde, war der Mond nicht mehr da. Die Dorfleute waren überzeugt, er sei gestohlen worden. Sie schickten nach der Polizei, und als man den Dieb nicht finden konnte, da weinten und jammerten sie.

Die berühmtesten aller Chelmer Narren waren die sieben Ältesten. Weil sie die Dorfältesten und die größten Narren waren, darum regierten sie Chelm. Sie hatten weiße Bärte und vom vielen Denken ganz hohe Stirnen.

Einmal, an einem Chanukka-Abend, schneite es ununterbrochen. Der Schnee bedeckte Chelm wie ein silbernes Tischtuch. Der Mond schien, die Sterne blinkten, und der Schnee glitzerte wie Perlen und Diamanten. Nachdenklich und mit gerunzelten Stirnen saßen die Ältesten an diesem Abend zusammen. Das Dorf brauchte dringend Geld, und sie wußten nicht, woher sie es bekommen sollten. Plötzlich rief Gronam der Obernarr und Älteste von allen: „Der Schnee ist Silber!"

„Ich sehe Perlen im Schnee!" jubelte ein anderer.

„Und ich sehe Diamanten!" rief ein dritter.

Den Dorfältesten wurde klar, daß ein Schatz vom Himmel gefallen war.

Aber bald machten sie sich neue Sorgen. Die Chelmer liefen gerne draußen herum, und sie würden ganz sicher den Schatz zertrampeln. Was war da zu tun?

Todrus der Dumme hatte einen Einfall.

„Schicken wir einen Boten, der an alle Fenster klopft und den Leuten sagt, daß sie in ihren Häusern bleiben sollen, bis das ganze Silber, die Perlen und all die Diamanten aufgesammelt sind."

Eine Weile waren die Dorfältesten zufrieden. Beifällig rieben sie sich die Hände. Aber da rief Lekisch der Blöde voller Sorge: „Der Bote selbst wird ja den Schatz zertrampeln!"

Die Dorfältesten stellten fest, daß Lekisch recht hatte. Angestrengt runzelten sie ihre hohen Stirnen, um eine Lösung des Problems zu finden.

„Ich hab's!" rief Schmerl der Ochse.

„Na, sag schon", baten die Ältesten.

„Der Bote darf nicht zu Fuß gehen. Er muß auf einem Tisch getragen werden, damit seine Füße den kostbaren Schnee nicht berühren."

Alle waren entzückt von Schmerls des Ochsen Lösung. Die Ältesten klatschten in die Hände und bewunderten ihre eigene Weisheit.

Sogleich ließen sie Gimpel den Botenjungen aus der Küche holen und stellten ihn auf den Tisch. Wer sollte nun den Tisch tragen? Glücklicherweise waren in der Küche Treitel der Koch, Berl der Kartoffelschäler, Jukl der Salat-

mischer und Jontl, der die Gemeindegeiß zu besorgen hatte. Allen vieren wurde befohlen, den Tisch hochzuheben, auf dem Gimpel stand. Jeder packte ein Bein. Obendrauf stand Gimpel. In der Hand hielt er einen Holzhammer, mit dem er an die Fenster der Dorfleute klopfen sollte. So gingen sie los. An jedes Fenster klopfte Gimpel mit dem Hammer und rief: „Niemand verläßt das Haus heute nacht! Ein Schatz ist vom Himmel gefallen, und es ist verboten, darauf herumzutrampeln!"

Die Chelmer hörten auf die Ältesten und blieben die ganze Nacht in den Häusern. Unterdessen saßen die Dorfältesten da und überlegten hin und her, wie sie das Beste aus dem Schatz machen könnten, wenn er erst einmal aufgesammelt war.

Todrus der Dumme schlug vor, ihn zu verkaufen und eine Gans anzuschaffen, die goldene Eier legte. Auf diese Weise hätte die Gemeinde ein ständiges Einkommen. Lekisch der Blöde hatte einen anderen Einfall. Könnten sie nicht Brillen kaufen, die alles größer erscheinen ließen? Dann würden die Häuser, die Straßen und die Läden alle größer ausschauen. Ganz klar, wenn Chelm größer ausschaute, dann würde es auch größer sein, kein Dorf mehr, sondern eine große Stadt. Sie hatten noch viele genauso geistreiche Ideen. Während sie ihre verschiedenen Pläne gegeneinander abwogen, wurde es Morgen, und die Sonne ging auf. Sie schauten aus dem Fenster und sahen, daß — o Jammer — der Schnee zertrampelt war.

Die schweren Stiefel der Tischträger hatten den Schatz zerstört.

Die Chelmer Dorfältesten rauften sich die Bärte und gestanden, einen Fehler gemacht zu haben. Vielleicht, so überlegten sie, hätten vier andere die vier Männer tragen sollen, die den Tisch mit Gimpel dem Laufburschen getragen hatten?

Nach langen Beratungen beschlossen die Dorfältesten, es genauso anzustellen, wenn am nächsten Chanukka-Fest wieder ein Schatz vom Himmel fallen sollte. Obwohl die Dorfleute nun leer ausgegangen waren, hofften sie auf das nächste Jahr und lobten ihre Ältesten, auf die immer zu zählen war, wenn es galt, ein schwieriges Problem zu lösen.

Grizko und der Pan

Unbekannter Verfasser

Eines Tages kam der Pan vom Jahrmarkt und überholte Grizko, den Hirten. Der ging seines Weges und blies auf seiner Schalmei.

„Grizko, kommst du vom Jahrmarkt?"

„Tja."

„Hast du die Schalmei dort gekauft?"

„Tja."

„Komm, wir gehen zusammen."

„Hm."

So gingen sie zusammen. Und als sie so gingen, fanden sie ein gebratenes Ferkel. So ein knuspriges Ferkelchen mit goldbrauner Kruste, das Bäuchlein mit Hirsebrei gefüllt. Der Pan überlegte, wie er es wohl anstellen könnte, das Ferkel allein zu essen. Endlich fiel ihm etwas ein.

„Grizko, he, Grizko, wie wollen wir denn das Ferkel essen?"

„Na, aufschneiden und essen."

„Ach geh, da esse entweder ich zuviel, oder du ißt zuviel. Machen wir es lieber so: Wir legen uns schlafen, und wer den schönsten Traum hat, darf das Ferkel allein essen."

„Na, gut."

Kaum lagen sie da, als der Pan auch schon schnarchte.

Grizko rüttelte ihn leise, aber er schlief ganz fest. Da nahm Grizko dem Pan den Brotkanten weg und aß das gebratene Ferkel dazu. Er knabberte alle Knochen ab, aß den Brei auf, wurde satt und immer satter und legte sich endlich schlafen.

Da aber wurde der Pan wach, rieb sich den Schlaf aus den Augen und rüttelte Grizko. „He, Grizko, was hast du geträumt? Du mußt mir erzählen. Wir haben es so ausgemacht."

„Äh, daß Euch! Habt mich zur Unzeit geweckt, Pan."

„Erzähle deinen Traum."

„Erzählt Ihr zuerst. Wie Ihr mich angestoßen habt, habe ich alles vergessen, muß mich erst wieder darauf besinnen."

„Nun paß auf, Grizko, ich habe einen schönen Traum gehabt. Es war mir, als wachte ich auf. Als ich mich umblickte, sah ich in unserer Nähe ein stattliches Roß grasen, ein schönes Roß — es hatte neues Zaumzeug, silberne Zügel, goldene Steigbügel und ein Daunenkissen auf dem Sattel. Ich stieg auf und ritt los, daß die Funken nur so stoben. So ritt und ritt ich über die Steppe, und so herrlich schön war es, daß ich sogar anfing zu singen. Da sah ich plötzlich einen Pfahl und an diesem Pfahl eine Leiter. Ich stieg ab, band das Roß an den Pfahl und kletterte die Leiter hoch. Ich kletterte, kletterte und kletterte hoch und immer höher, und ehe ich richtig hinsah, war ich auch schon im Himmel. Ich ging ein Weilchen und erblickte schließlich eine kleine Hütte. Ich öffnete ein wenig die Tür — ganz hell war es drinnen. Ich schaute hinein — da saß der liebe Gott höchstpersönlich am Tisch und aß zu Abend. Und um ihn standen Klöße und Kirschen und Spätzle mit saurer Sahne und Nudeln und Knoblauchwurst ..."

„Ho!"

„Tja ... Der liebe Gott guckte mich an und sagte: ‚Komm, Pan, iß mit mir zu Abend.' So hab ich mit Gott in eigener Person zu Abend gegessen. Siehst du, Grizko, welch schönen Traum ich gehabt habe ... Gib mir das Ferkel! Und hast du vielleicht etwas Salz da?"

„Halt, halt, Pan, hört Euch erst meinen Traum an!"

„Nun erzähl schon, aber mach schnell."

„Ich hab also auch geträumt, aber ganz anders. Ich wachte auf. Da graste hier eine Schindmähre, eine elende Schindmähre. Sie hatte Zügel aus Stricken, Steigbügel aus Rutengeflecht, das ganze Zaumzeug war zerrissen und der Gaul selbst voller Ausschlag ... Ich stieg auf und trottete los. Ich trottete und trottete durch die Steppe, daß mir ganz elend zumute wurde. Plötzlich sah ich, daß da ein Pfahl mit einer Leiter stand, und an dem Pfahl war ein Roß angebunden, ein herrliches Roß, mit neuem Zaumzeug, silbernen Zügeln, einem Daunenkissen ..."

„Das war mein — mein Roß!"

„Tja ... Ich kletterte also die Leiter hoch. Ich kletterte und kletterte, bis mir ganz übel wurde. Als ich oben war, schau — da war ich im Himmel. Na, ich lief da so kreuz und quer umher und traf endlich auf eine kleine Hütte. Und wie ich die Tür öffnete, da sah ich Euch und den lieben Gott beim Abendessen sitzen. Und um Euch standen Klöße mit Kirschen und Spätzle mit saurer Sahne und Nudeln und Knoblauchwurst. Und da winktest du mir ab, Pan, und sagtest: ‚Geh hinunter, Grizko, und iß das Ferkel, ich esse hier bereits mit dem lieben Gott zu Abend.' Na, da stieg ich hinunter, aß das Ferkel und legte mich danach schön schlafen."

„Hast du wahrhaftig das Ferkel gegessen? Sage, ob du das Ferkel gegessen hast!"

„Aber ja, Pan, sogar alle Knöchelchen ausgelutscht. Es war ja auch nur ein ganz junges Ferkelchen!"

„Daß dich der Teufel brate! Daß du krumm würdest! Ich habe doch bloß geträumt!"

„Das hab ich nicht gewußt. Ihr winktet mir ab, daß ich hinuntersteigen und das Ferkel essen soll."

„Daß dich ... ! Soll ich jetzt das trockene Brot essen?"

„Zürnt nicht, lieber Pan, Euren Kanten habe ich zum Ferkel gegessen. Ich dachte, nach den Pfannkuchen würdet Ihr kein Schwarzbrot mehr mögen."

Da wurde der Pan bitterböse, ergriff seine Mütze und lief davon. Grizko aber lachte und ging seiner Wege.

Geschenkartikel

Carlo Manzoni

Signor Veneranda betrat ein Geschäft für Geschenkartikel.

„Das ist ein Geschäft für Geschenkartikel, nicht wahr?" fragte Signor Veneranda die Verkäuferin.

„Ja", sagte die Verkäuferin, „mit was kann ich Ihnen dienen?"

„Ach, wegen mir ...", sagte lächelnd Signor Veneranda, „mir ist's eigentlich egal."

„Wie bitte?" fragte die Verkäuferin, die nicht begriff.

„Ich habe gesagt, mir ist's egal", sagte Signor Veneranda, „das überlasse ich Ihnen."

„Was überlassen Sie mir?" fragte die Verkäuferin erstaunt. „Ich habe Sie gefragt, was Sie wünschen."

„Hören Sie", sagte Signor Veneranda, „ich will Ihnen kein Kompliment machen, aber womit Sie mir auch dienen, es wird mich auf jeden Fall freuen. Wirklich, ich überlasse es ganz Ihnen."

„Ich verstehe nicht", stotterte die Verkäuferin, die wirklich nicht verstand, „wollen Sie denn nicht einen Geschenkartikel kaufen?"

„Aber nein", sagte Signor Veneranda, „warum soll ich ein Geschenk *kaufen*? Ein Geschenk schenkt man doch, oder? Lassen *Sie* sich Geschenke bezahlen?"

„Aber nein", sagte die Verkäuferin.

„Und warum wollen Sie dann, daß *ich* sie Ihnen bezahle?" sagte Signor Veneranda. „Wenn ich Ihnen ein Fläschchen Parfum schenke, bezahlen Sie es mir dann?"

„Aber ...", stotterte die Verkäuferin, die nicht mehr wußte, was sie sagen sollte. „Das hier ist ein Geschäft, das Geschenkartikel verkauft."

„Hören Sie, nur keine Ungenauigkeiten", sagte Signor Veneranda. „Verkaufen ist etwas, und schenken ist etwas anderes. Wenn Sie verkaufen, ist es unnötig, daß Sie schenken. Stimmt's? Ich sehe schon, Sie wollen mir nichts schenken. Sie haben auch keine Verpflichtung, mir etwas zu schenken, aber dann wäre es besser gewesen, es gleich zu sagen." Signor Veneranda grüßte die Verkäuferin, ging brummend und schlug die Tür zu.

Dankbarkeit

Johann Peter Hebel

In der Seeschlacht von Trafalgar, während die Kugeln sausten und die Mastbäume krachten, fand ein Matrose noch Zeit, zu kratzen, wo es ihn biß, nämlich auf dem Kopf. Auf einmal streifte er mit zusammengelegtem Daumen und Zeigefinger bedächtig an einem Haare herab und ließ ein armes Tierlein, das er zum Gefangenen gemacht hatte, auf den Boden fallen. Aber indem er sich niederbückte, um ihm den Garaus zu machen, flog eine feindliche Kanonenkugel ihm über den Rücken weg, paff, in das benachbarte Schiff. Da ergriff den Matrosen ein dankbares Gefühl, und überzeugt, daß er von dieser Kugel wäre zerschmettert worden, wenn er sich nicht nach dem Tierlein gebückt hätte, hob er es schonend von dem Boden auf und setzte es wieder auf den Kopf. „Weil du mir das Leben gerettet hast", sagte er, „aber laß dich nicht zum zweitenmal attrappieren, denn ich kenne dich nimmer."

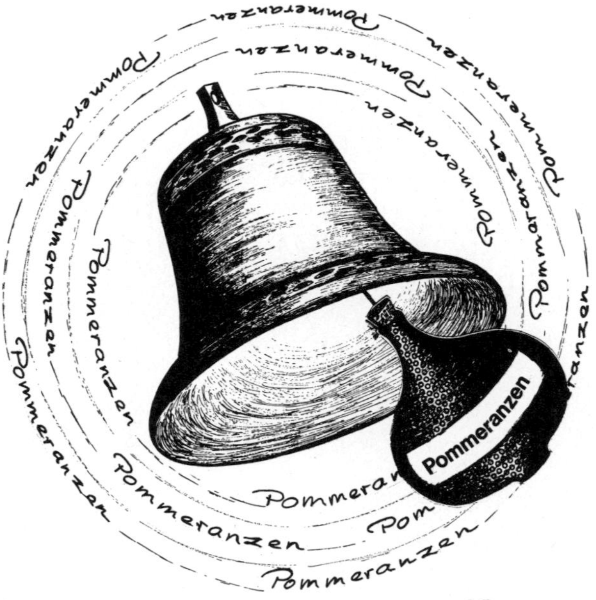

Der Branntweinsäufer und die Berliner Glocken

Heinrich von Kleist

Ein Soldat vom ehemaligen Regiment Lichnowsky, ein heilloser und unverbesserlicher Säufer, versprach nach unendlichen Schlägen, die er deshalb bekam, daß er seine Aufführung bessern und sich des Branntweins enthalten wolle. Er hielt auch in der Tat Wort, während drei Tage: ward aber am vierten wieder besoffen in einem Rennstein gefunden und von einem Unteroffizier in Arrest gebracht. Im Verhör befragte man ihn, warum er, seines Vorsatzes uneingedenk, sich von neuem dem Laster des Trunks ergeben habe. „Herr Hauptmann!“ antwortete er, „es ist nicht meine Schuld. Ich ging in Geschäften eines Kaufmanns mit einer Kiste Färbholz über den Lustgarten; da läuteten vom Dom herab die Glocken: ‚*Pom*meranzen! *Pom*meranzen! *Pom*meranzen!‘ — ‚Läut, Teufel, läut‘, sprach ich und gedachte meines Vorsatzes und trank nichts. In der Königsstraße, wo ich die Kiste abgeben sollte, steh ich einen Augenblick, um mich auszuruhen, vor dem Rathaus still; da bimmelt es vom Turm herab: ‚Kümmel! Kümmel! Kümmel! — Kümmel! Kümmel! Kümmel!‘ Ich sage zum Turm: ‚Bimmle du, daß die Wolken reißen‘ — und gedenke, mein Seel, gedenke meines Vorsatzes, ob ich gleich durstig war, und trinke nichts. Drauf führt mich der Teufel auf dem Rückweg über den Spittelmarkt; und da ich eben vor einer Kneipe, wo mehr denn dreißig Gäste beisammen waren, stehe, geht es vom Spittelturm herab: ‚Anisette! Anisette, Anisette!‘ — ‚Was kostet das Glas?‘ frag ich. Der Wirt spricht: ‚Sechs Pfennige.‘ — ‚Geb Er her‘, sag ich — und was weiter aus mir geworden ist, das weiß ich nicht.“

Die schmutzigste Hand

Unbekannter Verfasser

In seiner Schulzeit war Daniel Webster, der nachmalige große Staatsmann, nichts weniger als ein Muster von Sauberkeit. Eines Tages drohte ihm seine Lehrerin, sie werde ihn züchtigen, falls er wieder mit schmutzigen Händen zur Schule käme. Am nächsten Morgen ließ sie ihn aus der Bank heraustreten und herrschte ihn an: „Zeig mal deine Hand!“ Daniel spuckte auf seine Hand, rieb sie am Hosensitz ab und streckte sie hin. Nach kurzer Inspektion erklärte die Lehrerin: „Daniel, wenn du in dieser Schule eine Hand findest, die schmutziger ist als diese, laß ich dich laufen.“ Prompt hielt Daniel seine andere Hand hin.

Im Speisewagen

Unbekannter Verfasser

Auf einer Reise bemerkte Professor Einstein, als er im Speisewagen nach der Speisekarte griff, daß er die Brille in seinem Wagenabteil vergessen hatte. Er bat den schwarzen Kellner, ihm die Speisefolge vorzulesen. Dieser betrachtete den Nobelpreisträger Einstein voll überraschten Mitleids und schüttelte den Kopf. „Tut mir leid, mein Herr“, sagte er im Flüsterton, „ich kann auch nicht lesen.“

Rotes Licht

Frederik Hetmann

Ein Neger wurde in einer Stadt im Staate Mississippi von der Polizei verhaftet, weil er bei rotem Licht über die Straße gegangen war. Gefragt, warum er nicht gewartet habe, bis grünes Licht gekommen sei, erklärte er: „Ich sah die weißen Leute bei grünem Licht über die Straße gehen. Da dachte ich, das rote Licht sei das Zeichen für uns schwarze Leute.“
Der Richter sprach ihn frei.

Beleidigung

Unbekannter Verfasser

Ein Pariser Gericht hatte einen jungen Mann zu einer Geldstrafe verurteilt, weil er eine Dame öffentlich als Kamel bezeichnet hatte.
„Es ist also wirklich eine Beleidigung, eine Frau *Kamel* zu nennen?“ fragte zum Schluß der Verurteilte.
„Selbstverständlich.“

„Und wenn ich nun ein Kamel *gnädige Frau* nenne, ist das auch strafbar?"
„Nein!"
Hierauf gab sich der junge Mann zufrieden, zog vor der Dame den Hut und grüßte sie:
„Auf Wiedersehn, gnädige Frau!"

Einmal kurz gebellt

Unbekannter Verfasser

Ein Hund ist allein zu Hause. Da klingelt das Telefon. Er nimmt den Hörer ab und meldet sich: „Wau!"
„Wer ist da?" klingt es am anderen Ende.
„Wau!" wiederholt der Hund.
„Zum Teufel — ich will wissen, wer da ist! Können Sie nicht deutlich sprechen?"
Der Hund bleibt höflich: „WAU — Wilhelm-Anton-Ulrich!"

„Himmel, was für ein Abgrund!"

Unbekannter Verfasser

„Himmel, was für ein Abgrund!" rief der Feriengast erschrocken. „Da müßte doch eine Warnungstafel stehen."
„Gestanden", sagte der Toni ruhig, „gestanden hat schon eine. Aber weil nie einer abgestürzt ist, haben wir sie wieder weggenommen."

Der Fuchs und der Ziegenbock

Äsop

Ein Fuchs fiel in einen tiefen Brunnen und konnte sich nicht heraushelfen. Da kam ein durstiger Ziegenbock zum Brunnen, und als er den Fuchs sah, fragte er ihn: „Ist das Wasser gut?" Der Fuchs verschwieg, daß er in die Tiefe hinabgestürzt war, und antwortete: „Das Wasser ist klar und schmeckt gut; komm nur auch herab!" Das tat der Bock, und als er seinen Durst gelöscht hatte, fragte er: „Wie können wir aber wieder herauskommen?" Der Fuchs entgegnete: „Dafür will ich schon sorgen. Du stellst dich auf die Hinterbeine, stemmst die Vorderbeine gegen die Wand und streckst deinen Hals aus. Dann werde ich über deinen Rücken und deine Hörner hinaufklettern und dir auch heraushelfen." Der Ziegenbock tat, was der Fuchs geraten hatte, und sogleich sprang dieser über ihn hinweg und mit einem kräftigen Satz auf den Brunnenrand. Dort tanzte er voll Freude über seine Befreiung und verhöhnte den Bock. Dieser schalt ihn vertragsbrüchig; der Fuchs aber sagte: „Wenn du in deinem Kopf so viele Gedanken hättest wie Haare in deinem Bart, so wärst du nicht da hinuntergestiegen, ohne zu bedenken, wie du wieder herauskommst!"

Drei wahre Worte

Unbekannter Verfasser

Der Schakal traf den Bock auf dem Wege und packte ihn. „Ich lasse dich nicht lebendig von hier fortkommen", sprach er, „wenn du mir nicht drei Worte sagst, die wahr sind."

Der Bock erwiderte: „Wenn ich in mein Dorf zurückkomme, und ich erzähle den Ziegen, der Schakal hätte eine von ihnen gepackt und sie wieder laufen lassen, so werden sie das nicht glauben."

„Das ist ein wahres Wort", sagte der Schakal, „nun sage mir ein zweites."

„Wenn du in dein Dorf zurückkommst", sprach der Bock, „und erzählst den Schakalen, ein Schakal hätte eine Ziege gepackt und sie nur wieder laufen lassen, weil sie ihm drei wahre Worte sagen konnte, so werden sie das auch nicht glauben."

„Das ist ebenfalls ein wahres Wort", sagte der Schakal, „nun sage das dritte."

„Großer Schakal", sprach der Bock, „du mußt dich schon vollkommen sattgefressen haben, sonst würdest du nicht so scherzen, sondern mich schon lange verspeist haben."

„Das ist auch wahr", antwortete der Schakal und ließ den Bock laufen.

(Aus Afrika)

Der Tiger, der Wolf und der Fuchs

Unbekannter Verfasser

Einmal schlossen der Tiger, der Wolf und der Fuchs Freundschaft miteinander. Sie gingen zusammen auf die Jagd und fingen einen Esel, einen Hammel und einen Hasen.

Von der Jagd zurückgekehrt, fragte der Tiger seine Freunde: „Wie wollen wir die Beute teilen?"

Lehrhaft erwiderte der Wolf: „O Taxyr! Du bist groß und mächtig und der Stärkste von uns dreien. Deshalb sollst du den großen Esel fressen. Wir dagegen sind kleiner als du und werden uns daher mit dem kleineren Teile begnügen. Ich werde den Hammel verzehren, während der Fuchs als der Allerkleinste den Hasen bekommt."

Als der Tiger diese Antwort bekam, geriet er in Wut, stürzte sich auf den Wolf und zerfleischte ihn. Dann wandte er sich an den Fuchs und fragte ihn: „Und was denkst du, Fuchs?"

Der Fuchs neigte das Haupt und erwiderte ehrfürchtig: „O mein Taxyr! Zum Frühstück sollst du den Esel genießen, mittags dann den Hammel verzehren und abends, um deinen königlichen Magen nicht allzusehr zu belasten, den Hasen zu dir nehmen."

Zufrieden mit der Antwort des Fuchses, lächelte der Tiger gnädig und erkundigte sich: „Wer hat dich, Fuchs, gelehrt, die Beute so weise zu teilen?"

„O mein Taxyr! Diese Weisheit habe ich vom Wolfe gelernt", antwortete der Fuchs.

(Aus Asien)

Die beiden Frösche

Unbekannter Verfasser

Zwei Frösche wurden in eine Molkerei verschlagen. Der eine fiel in eine Milchkanne, versuchte einige Male an den glatten Wänden emporzuhüpfen, rutschte aber immer ab und ließ, da er ein Pessimist war, bald von dem anscheinend vergeblichen Bemühen ab. Er ergab sich in sein Schicksal, sank unter und ertrank.

Der andere fiel kurz darauf ebenfalls in eine Milchkanne. Er schwamm hin und her, hüpfte immer wieder an den Wänden hoch, ruderte die Kreuz und die Quere, kletterte, hüpfte, schwamm den ganzen Abend, die ganze Nacht — irgendwann mußte es ihm doch gelingen, dem Naß zu entfliehen! Und siehe da: am frühen Morgen saß er auf einem Ballen Butter.
Das war ein Optimist.

Fabel

Rudolf Kirsten

Der Wolf brach in eine Herde und trug ein Schaf fort. Der Hirt schleuderte ihm einen Stein nach und verwünschte ihn mit den heftigsten Worten. Darüber wunderten sich die Blumen, die zu seinen Füßen standen, und sprachen zueinander: „Warum flucht er dem Wolfe, der uns nichts zuleide tut, sondern nur die bösen Schafe vertilgt, die uns fressen?"

Die andern haben's besser

Rudolf Kirsten

„Wenn ich solch ein schönes Häuschen hätte wie die Schnecke, brauchte ich mich nicht in der Erde zu verkriechen", klagte ein Regenwurm.
„Und wie bequem wollte ich mir's darin machen!" sagte eine Grille.
„Ich habe eins", stöhnte die Schnecke, „und muß die Last Tag und Nacht mit mir herumschleppen. Was gäbe ich drum, wenn ich's los wäre!"

Der Löwe

Günter Anders

Als die Mücke zum ersten Male den Löwen brüllen hörte, da sprach sie zur Henne: „Der summt aber komisch."
„Summen ist gut", fand die Henne.
„Sondern?" fragte die Mücke.
„Er gackert", antwortete die Henne. „Aber *das* tut er allerdings komisch."

Die Geschichte vom jungen Krebs

Gianni Rodari

Ein junger Krebs dachte bei sich: ‚Warum gehen alle Krebse in meiner Familie immer rückwärts? *Ich* will vorwärts gehen lernen, so wie die Frösche, und mein Krebsschwanz soll mir abfallen, wenn ich es nicht fertigbringe.‘

Und heimlich begann er zwischen den großen Steinen seines heimatlichen Bächleins zu üben. In den ersten Tagen kostete ihn dieses Unternehmen ungeheure Kräfte. Überall stieß er sich und quetschte sich seinen Krebspanzer, unaufhörlich verfing sich ein Bein im anderen. Aber von Mal zu Mal ging es ein bißchen besser, denn: alles kann man lernen, wenn man will.

Als er seiner Sache sicher war, stellte er sich vor seine Familie und sagte: „Jetzt schaut mir einmal zu!“

Und machte einen ganz prächtigen kleinen Lauf vorwärts.

„Sohn“, brach da seine Mutter in Tränen aus, „bist du denn ganz verdreht? Komm doch zu dir — gehe so, wie es dich dein Vater und deine Mutter gelehrt haben. Gehe wie deine Brüder, die dich alle lieben.“

Seine Brüder jedoch lachten ihn nur aus. Der Vater schaute ihn eine gute Weile streng an und sagte dann: „Schluß damit! Wenn du bei uns bleiben willst, gehe wie alle Krebse. Rückwärts! Wenn du aber nach deinem eigenen Kopf leben willst — der Bach ist groß —, geh fort und komm nie mehr zu uns zurück!“

Der brave junge Krebs hatte die Seinen zwar zärtlich lieb, war aber so sicher, er handle richtig, daß ihm nicht die mindesten Zweifel kamen. Er umarmte seine Mutter, sagte Lebewohl zu seinem Vater und zu seinen Brüdern und machte sich auf in die Welt.

Als er an einem Grüppchen Kröten vorüberkam, erregte er großes Aufsehen. Sie hockten unter den Blättern einer Wasserlilie, um als gute Gevatterinnen ihren Schwatz zu halten. „Jetzt geht die Welt verkehrt herum“, sagte eine dicke Kröte, „schaut euch nur diesen jungen Krebs an! Da müßt ihr mir recht geben!“

„Ja, Respekt gibt es überhaupt nicht mehr“, sagte eine andere.

„Pfui, pfui“, sagte eine dritte.

Doch der junge Krebs ließ sich nicht anfechten und ging aufrecht seine Straße weiter, man muß es wirklich sagen. Plötzlich hörte er, wie ihn ein alter Krebs, an dem er vorüberging, rief. Der sah ganz melancholisch aus und hockte allein auf einem Stein.

„Guten Tag“, sagte der junge Krebs.

Der Alte betrachtete ihn lange, schließlich sagte er: „Was glaubst du, was du da Großartiges anstellst?! Als ich noch jung war, wollte ich auch den Krebsen das Vorwärtsgehen beibringen. Sieh mal, was mir das eingebracht hat! — Ich muß ganz allein leben, und die Leute würden sich lieber die Zunge abbeißen als ein Wort an mich richten. — Hör auf mich, solange es noch Zeit ist!

Bescheide dich, lebe wie die anderen! Eines Tages wirst du mir für meinen Rat dankbar sein!"

Der junge Krebs wußte nicht, was er antworten sollte, und blieb stumm. Aber im Innern dacht er: ‚Ich habe doch recht! Ich habe recht!'

Und nachdem er den Alten höflich gegrüßt hatte, setzte er stolz seinen Weg fort.

Ob er weit kommt? Ob er sein Glück macht? Ob er alle schiefen Dinge dieser Welt geraderichtet?

Wir wissen es nicht, weil er noch mit dem gleichen Mut und der gleichen Entschiedenheit dahinmarschiert wie am ersten Tag. Wir können ihm nur von ganzem Herzen „Gute Reise" wünschen.

Erzählung der Telefonistin

Bertolt Brecht

Die Erzählung stammt aus einem Theaterstück Brechts. Der finnische Gutsherr Puntila hat sich, als er wieder einmal betrunken war, mit vier armen Mädchen, darunter auch mit der Telefonistin, verlobt. Er lädt die Mädchen auf sein Gut ein. Sie gehen zum Spaß auf die Sache ein. Als sie aber kommen, ist Puntila nüchtern, will von nichts wissen und jagt sie vom Hof. Die enttäuschten Mädchen, die wenigstens ein gutes Essen erwartet hatten, erzählen sich auf dem Heimweg Geschichten, darunter auch diese.

Ein Gutsherr aus unserer Gegend hat sich von einem Häusler in einer Nacht im Winter 1908 übers Eis vom See führen lassen. Sie haben gewußt, daß im Eis ein Riß war, aber nicht wo, und der Häusler hat vorausgehen müssen die zwölf Kilometer. Dem Herrn ist angst geworden, und er hat ihm einen Gaul versprochen, wenn sie hinüberkommen.. Wie sie so in der Mitte gewesen sind, hat er wieder geredet und gesagt: Wenn du durchfindest und ich brech nicht ein, kriegst du ein Kalb. Dann hat man das Licht von einem Dorf gesehn, und er hat gesagt: Gib dir Müh, damit du dir die Uhr verdienst. Fünfzig Meter vom Ufer hat er noch von einem Sack Kartoffeln gesprochen, und wie sie da waren, hat er ihm eine Mark gegeben und gesagt: Lang hast du gebraucht.

Sagen

Die zwölf Arbeiten des Herakles

Hans Eich

Der mächtigste aller griechischen Helden war der Sohn von Zeus und Alkmene, der Enkeltochter des Perseus. Der oberste der Götter nannte ihn Herakles: Ruhm der Hera. Diese Schmeichelei rührte keineswegs das Herz der Hera, des Himmels strenger Gebieterin. Ihren Namensträger haßte sie heftig. Sie schickte zwei große Schlangen, um schon in der Wiege das Kind zu töten. Aber Herakles wurde wach, als er die schweren Ringe um seinen Hals spürte. Er packte mit beiden Händen die Kehlen der Schlangen und würgte sie so, daß aus den ungeheuren Leibern der Atem entwich.

Von nun an erhoffte man große Dinge von diesem Wunderkind. Sein Stiefvater Amphitryon, König zu Theben, ließ ihn erziehen von Meistern des Kampfes, aber auch die Künste der Musen blieben dem Knaben nicht fremd. Er lernte die Sehne des Bogens zu spannen und die zarten Saiten der Leier zu rühren. Mit achtzehn Jahren war er der stärkste und schönste Jüngling in Griechenland.

Einst hatte Zeus der Hera geschworen, daß der erste aus dem Geschlechte des Perseus oberster König werde und über die anderen herrsche; denn er erwartete fest, daß Herakles Erstgeborener würde. Aber Hera brachte es fertig, daß eine Stunde vor Herakles sein Vetter Eurystheus zur Welt kam. So wurde ein Schwächling König von Mykenae und Tiryns und Herakles sein Untertan.

Der König, neidisch auf die männliche Kraft und den wachsenden Ruhm seines jungen Verwandten, beschloß insgeheim dessen Untergang.

„Gefährliche Aufgaben soll er bekommen“, sagte der König zu sich. „Irgendwann wird er dabei schon sein Leben verlieren, und ich bin den Lästigen los.“

So befahl er dem Herakles, den Löwen von Nemea zu töten, ein grauenvolles Untier, das vom Mond auf die Erde herabgefallen war und dem man nicht mit den üblichen Waffen beikommen konnte.

Herakles weigerte sich, dies zu tun. „Es schickt sich nicht", so sagte er, „daß ein Halbgott wie ich dein Diener sein soll."

Doch da erschien Zeus und sprach: „Du mußt gehorchen, mein Sohn. Eurystheus ist König."

So unterwarf sich der Held, erwürgte den Löwen mit bloßen Händen und trug ihn zum jungen König, der sich vor Schreck in ein ehernes Faß unter der Erde verkroch.

Aus dem herrlichen Löwenfell hatte sich Herakles einen Panzer gefertigt und aus dem gehöhlten Schädel einen Helm.

Das nächste Abenteuer bestand Herakles auf Befehl des Eurystheus mit einer riesigen, neunköpfigen, gefährlichen Wasserschlange, die im Sumpfe von Lerna bei Argos die Herden zerriß und weithin alles verwüstete. Seine Pfeile tauchte der Held in das giftige Blut der Erschlagenen. Von nun an versetzten seine Geschosse unheilbare Wunden.

Er fing die Hirschkuh vom Berge Keryneia. Rastlos folgte der Held dem schnellen Geschöpf mit goldnem Geweih und ehernen Hufen. Erst das lahmende Tier konnte er greifen und auf den Schultern durch Arkadien und Achaia schleppen.

Auch der wilde Eber wurde seine Beute, der alles zerstörend sich im Gebirge Erymanthos herumtrieb.

Der König verzweifelte fast, als Herakles dieses Ungeheuer ihm lebend vor die Füße stellte. „Keine Heldentat schwächt diesen Menschen", dachte er, „und jede bringt ihm größeren Ruhm." Er sollte eine Aufgabe bekommen, die unter der Würde eines Helden lag und die zugleich unweigerlich mißlingen mußte.

Und so befahl Eurystheus: „Du säuberst ohne Verzug dem König zu Elis, Augias, den Viehhof. Bis zum Untergang der Sonne sei diese Arbeit getan!"

Dreitausend Rinder standen seit Jahren in riesigen, niemals gereinigten Ställen. Herakles vollbrachte in einem Tage das auferlegte Werk. Er änderte schnell den Lauf der nahen Flüsse Alpheios und Kladeos und führte sie so durch den Hof und die Löcher in der Wand, daß die Flut mühelos allen stinkenden Unrat wegspülte.

Dann sollte der Held von dem See Stymphalos die gefräßigen Vögel vertreiben, die dort hausten, mit eisernen Schnäbeln und Krallen und Federn, die sie als Pfeile auf die Menschen niederschossen. Herakles scheuchte sie mit eherner Klapper und erlegte so viele, daß die übrigen eilig das Land verließen.

Herakles reiste nach Kreta und brachte für Eurystheus den rasenden Stier des Poseidon mit. Auch zähmte er die wilden Stuten des Diomedes, des kriegerischen Königs der Bistonen, der seine Rosse zu füttern pflegte mit dem

Fleisch der ins Land kommenden Fremden. Am Flusse Thermodon focht er mit kampfeslüsternen Amazonen und schenkte Eurystheus den Gürtel ihrer Königin Hippolyta. Und Geryones, den Riesen mit dreifachem Leibe, überwand er und führte dessen Scharen fetter braunroter Rinder fort.

Zehn schwere Arbeiten hatte Herakles hinter sich. Jeder Kampf machte ihn stärker und berühmter denn je. Immer Schwierigeres verlangte Eurystheus von ihm. Nun wollte der König sogar, daß der Held ihm goldene Äpfel aus dem Garten der Hesperiden hole.

Herakles zog aus, ohne zu wissen, wo dieser Ort zu suchen war. Als er aber den an den Kaukasos geschmiedeten Titanen Prometheus befreite, erfuhr er von diesem den richtigen Weg:

„Zum Baum mit den goldenen Äpfeln, vom hundertköpfigen Drachen Ladon bewacht, von meines Bruders Atlas und der Hesperis Töchtern gehütet, vermagst du nie allein zu gelangen. Du mußt meinen Bruder überreden, daß er dir hilft. Der Garten ist dort in der Nähe, wo Atlas steht, mit dem Himmelsgewölbe auf mächtigen Schultern."

Mühevoll war der Weg des Helden zu Atlas, dem geduldigen Träger des Himmels.

„Deine Last will ich ein wenig dir abnehmen", sprach Herakles, „damit du dich ausruhen kannst, wenn du mir drei goldene Äpfel aus dem Garten der Hesperiden holst."

Atlas machte sich auf, schläferte den grimmigen Drachen ein und überlistete die Hüterinnen des Baumes. Mit den Äpfeln, die er gepflückt, kam er glücklich zu Herakles.

„Aber", so sprach er, „meine Schultern haben gespürt, wie es schmeckt, wenn der eherne Himmel nicht mehr auf ihnen lastet. Ich mag ihn fürder nicht tragen."

„Nimm für einen Augenblick", bat ihn der listige Herakles, „noch einmal den Himmel auf deine mächtigen Schultern. Laß mich nur einen Bund von Stricken um den Kopf winden, damit die entsetzliche Last mir nicht den Schädel zersprengt."

Sie tauschten die Plätze — Herakles nahm die drei goldenen Äpfel vom Rasen und machte sich aus dem Staub.

Als Herakles die goldenen Früchte dem Könige gab, forderte dieser:

„Bring mir den Kerberos, den Hund mit drei Köpfen und dem donnernden Bellen, der das Tor zum Reiche der Schatten bewacht."

Herakles brachte den Höllenhund zu dem staunenden König. Der schickte seinen Vetter verzweifelt fort mit dem Befehl, das grimmige Scheusal zurück in die Unterwelt zu schaffen.

Immer noch fürchtete der Feigling den Starken; doch spürte er nun, daß er machtlos war und niemals Herakles durch seine Rache überwinden konnte. Deshalb ließ er von jetzt an den Helden in Frieden.

Das Trojanische Pferd

Walter Jens

Paris, Sohn des Königs von Troja, hat Helena, die Frau des Königs Menelaos von Sparta, ihrer Schönheit wegen geraubt. Da die Trojaner ihre Herausgabe verweigern, sind die Griechen zu einem Rachezug gegen das mächtige Troja aufgebrochen, das sie nun schon beinahe zehn Jahre erfolglos belagern. Bei den Kämpfen mit den Troern und deren Verbündeten, in die immer wieder auch die Götter eingreifen, wird manch einer der edelsten Helden getötet. Seuchen und Streitigkeiten im eigenen Lager haben das Heer der Griechen geschwächt. Ihre Flotte ist verbrannt.

So schrecklich erging es den griechischen Helden, ehe Odysseus endlich den Plan fand, mit dessen Hilfe im zehnten Jahr das heilige Troja versank.

Eilig zogen die Griechen sich nach Tenedos, einer benachbarten Insel, zurück. Nur ein riesiges hölzernes Pferd — das hatte der kundige Tischler Epeios gezimmert — und ein tapferer Mann namens Sinon blieben vor Troja zurück. Dieser Sinon, so war es geplant, sollte den Troern erzählen, das Pferd sei ein Weihgeschenk für die erzürnte Athene; er selbst aber, Sinon, wäre ein griechischer Flüchtling, ein grimmiger Feind des Odysseus.

Und so geschah es. Die Griechen verbrannten das Lager und zogen davon. Die Troer jubelten laut, öffneten dann die Tore der Stadt und zogen das Pferd hinauf zu dem großen Platz vor dem Königspalast auf der Burg. Hirten brachten inzwischen den flüchtigen Sinon, der seine Geschichte erzählte und jedermann rührte, als er mit heuchlerischer Gebärde um Schutz und Aufnahme bat. Nur die Priesterin Kassandra und Laokoon, ein frommer Mann, durchschauten den Trug; doch keiner war bereit, den Klugen zu glauben; und als Laokoon später, beim Opfer am Meer, mit seinen Söhnen von einer Schlange erdrosselt wurde und elendig starb, sahen die Troer darin ein Zeichen der Götter und feierten weiter den Sieg. Niemand aber bemerkte, daß sich im Bauch des Pferdes zwölf Männer versteckt hielten, die darauf warteten, daß Sinon ihnen das vereinbarte Zeichen gab.

Später, als die Troer in festlichem Reigen die Befreiung ihrer Stadt bejubelten, als sie tanzten und tranken und endlich erschöpft in einen traumlosen Schlaf fielen, öffnete Sinon die Tore, entzündete eine lodernde Fackel — das Signal für die auf Tenedos versammelten Griechen — und pochte gegen den Holzbauch des Pferdes. Dann schob er den Riegel zurück, und während das Heer wieder in die Ebene strömte, verließen die zwölf das dunkle Gefängnis, und das Gemetzel begann. In einer einzigen Nacht verbrannte das mächtige Troja zu Asche und Rauch, die Griechen durchlärmten plündernd die Straßen; Altäre und Tempel wurden zerstört, Kinder und Frauen starben den gräßlichen Tod.

Doch als die Götter das sahen, wurden sie zornig; denn sie haßten Frevel und Mord an wehrlosen Menschen. Während Menelaos und Helena sich miteinander versöhnten, brannten die Häuser noch immer; aber bald schon, so war es beschlossen, würden die allzu gewaltigen Sieger das troische Leid am eigenen Leibe erfahren. Agamemnon war keine glückliche Heimkehr vergönnt; im Bade erschlug ihn die eigene Frau. Zehn Jahre lang irrte Odysseus umher, ehe sein Fuß die Erde Ithakas wieder berührte.

In der Höhle des Kyklopen

Walter Jens

Dieses Mal trieb der widrige Wind den armen Odysseus nach Nordwesten, auf Italien zu. Hier erreichte er bald, am sizilischen Ufer, das Land der wilden Kyklopen, einäugiger Riesen, die weder pflanzen noch pflügen, nicht einmal die Götter verehren, sondern sich selbst für die Besten und Tapfersten halten. Ihre Länder sind reich, Weizen, Gerste und Wein wächst wie von selbst; doch kennen sie weder staatliche Ordnung noch gute Gebote. Jedermann ist sein eigener Herr, wohnt auf den Gipfeln der Berge weitab von den Nachbarn und gebietet mit eherner Faust über Frauen und Kinder. Handwerker haben sie nicht, weder Zimmerleute noch Ärzte. Der Hafen steht leer, kein Schiff liegt dort an der Mole. Wieviel köstliche Schätze könnte wohl ein verständiger Mann dem Boden entreißen; denn die Wiesen sind grün, Pappeln säumen den Weg, und Quellen entströmen der duftenden Erde! Als das Schiff des klugen Odysseus das Land der Kyklopen berührte, war es finstere Nacht. Der Mond war von Wolken verdeckt, und Nebel bedeckte die Triften und Täler. Sobald aber am Morgen die Sonne das Meer mit purpurnem Schein überströmte, sahen die Gefährten erstaunt auf das Ufer: Ziegen allüberall, doch nirgends ein Hirte! Eilig bewaffneten sie sich mit Bogen und silbernen Pfeilen, gingen auf Jagd und genossen danach das köstliche Fleisch.

Später rief Odysseus die Freunde zusammen, suchte sich die besten heraus und verteilte die andern zur Wache am Hafen. Dann schritt der Sohn des Laertes mit den zwölf Männern ins Innere des Landes hinein. Ferner Rauch wies ihnen den Weg, doch hielten sie sich bedachtsam abseits der Straße: Gar nicht gewiß war es ja, ob hier freundliche Männer die Götter verehrten oder trotzige Wilde auf Menschenjagd gingen! Endlich entdeckte Odysseus am Rand eines Lorbeerhains, im Schatten verborgen, eine gewaltige Grotte. Schafe und Ziegen ruhten im Dämmer, und eine Mauer aus Steinen und gerodeten Stämmen sorgte dafür, daß kein Böcklein entkam. Drinnen im Dunkel der Grotte aber werkte ein riesiger Mann, hoch wie ein Berg und breit wie ein mächtiger Kegel.

Raunend befahl Odysseus den Dienern, den ledernen Weinschlauch zu bringen; denn er fürchtete sich und hoffte, das Ungeheuer mit köstlichem

Wein zu versöhnen. Hastig sah er sich um in der Grotte, vergaß dabei den Kyklopen und hörte nicht auf den Rat der Gefährten, sich schnell zu entfernen und mit den Ziegen und Schafen zum Hafen zu fliehen!

Plötzlich näherten sich von hinten her mächtige Schritte, und der Riese erschien im Rahmen der Tür. Über den Schultern trug er ein Bündel dürren Holzes, das warf er krachend ins Dunkel der Höhle; vor Angst verkrochen die Griechen sich da im äußersten Winkel!

Dann trieb der Kyklop die Schafe hinein, doch die Widder und Böcke ließ er im Hof. Forschend sah er sich um mit dem einen unheimlich leuchtenden Auge, schnupperte sorgsam, blieb einen Augenblick stehen und legte den ungeheueren Fels vor das Tor... was soll ich euch sagen? So groß war dieser Block, daß ihn zwanzig Wagen nicht wegschieben konnten!

Jetzt erst schien der Kyklop zufrieden zu sein und begab sich ans Melken, füllte die eine Hälfte der Milch in Wannen und Kummen und ließ die andere gleich zu Käse gerinnen. Als er fertig war, entfachte er hurtig ein Feuer, sah Odysseus mit seinen Gefährten, lachte zufrieden und fragte die Männer nach ihrem Woher und Wohin. Odysseus, erschrocken über das heisere Brüllen des Riesen, gab ihm Bescheid und sagte: „Wir kommen von Troja, sind Griechen aus dem Heer Agamemnons, freundliche Leute, die sich dir kniefällig nahen und dich um Gastfreundschaft bitten, wie es die Götter befehlen.“ Doch der Einäugige lachte schallend und frech: „Wer sind das, die Götter? Ich achte sie nicht, die Kyklopen sind sicherlich stärker und besser.“ Dann besann er sich und fragte, so leise er konnte, mit listiger Stimme: „Doch sagt mir, wo liegt euer Schiff?“ Vergeblich suchte Odysseus den schlauen Riesen zu täuschen, indem er ihm vorlog, sein Schiff sei am Felsen zerschellt — den Kyklopen scherte das nicht. Mit seinen gewaltigen Händen nahm er zwei Griechen, zerdrückte sie zwischen den Pranken und schlug ihre Schädel zu Boden. Dann fraß er beide mit Haut und Haaren, spülte Milch hinterher, rülpste und streckte sich aus.

Nach einer Weile, als der Riese zu schnarchen begann und sein Atem die Grotte durchstürmte, trat Odysseus nah auf ihn zu, betrachtete seine zottige Brust und überlegte sich, ob das Schwert ihn zwischen Leber und Zwerchfell zu treffen vermöchte. Doch besann er sich schnell, denn der Stein fiel ihm ein, den er ja niemals mit den Gefährten vom Fleck rücken könnte! Deshalb geduldete er sich und erwartete zaghaft den Morgen. Wieder packte der Riese zwei Männer, schlang sie herunter, verließ seine Grotte und schob den Stein vor die Tür. Doch Odysseus hieb von der Keule — die hatte der Riese vergessen — einen mächtigen Span, den die Gefährten sorgfältig schabten und endlich im Feuer brannten und glühten.

So wurde es Abend, und wieder trieb der Kyklop die Herde hinein, dieses Mal auch die Widder und Böcke, wieder fraß er zwei Männer und melkte die Schafe und Ziegen. Doch als er am Einschlafen war — er gähnte schon müde —, füllte der kluge Odysseus ihm einen Becher mit Wein. Der Riese ergriff ihn, trank ihn in einem Zug leer und schmatzte behaglich. Dann verlangte er gleich einen zweiten und sagte: „Du scheinst mir ein freundlicher Herr; auf, nenne mir drum deinen Namen, damit ich dich gastlich bewirte; auch bei uns wächst ja ein kräftiger Wein, wie Nektar und Ambrosia wird er dir munden."

Odysseus folgte ihm schnell, goß noch einmal ein, zum drittenmal endlich, und als der Riese zu lallen begann und der Wein ihm die Sinne verwirrte, sagte Odysseus zu ihm: „Mein Name ist Niemand. So nennen mich Vater und Mutter."

Der Kyklop lachte laut, und seine Stimme durchtobte die Grotte: „Niemand heißt du? Dann werde ich Niemand, zum Dank für freundliche Gaben, als letzten verzehren!"

Dann sank er zurück, der Hals bog sich zur Seite, und im Schlaf erbrach er Brocken von Menschenfleisch und von Wein. Odysseus wandte sich ab — er hatte niemals ein Bild gesehen, das ihm ekelerregender dünkte als dieses — und stieß den geglätteten Pfahl in die Asche. Langsam glomm die Spitze mit rötlichem Mantel, dann brannte sie auf und glühte in weißlichem Feuer. Tapfer ergriffen die kühnen Gefährten das Holz und rammten es dem Kyklopen ins Auge ...

Fürchterlich brüllte da der Riese vor Schmerz und rief die andern Kyklopen herbei, die eilig, mit dröhnenden Schritten sich nahten und riefen: „Was ist geschehen, Polyphem? Warum weckst du uns auf in der Nacht und läßt uns nicht schlafen? Hat dich ein Mörder besucht oder befiel dich ein Fieber?" Da schrie Polyphem, und seine Stimme war heiser: „Niemand will mich ermorden. Niemand ist bei mir!"

Als die Kyklopen das hörten, zuckten sie alle die Achseln: Was sollten sie auch tun, wenn niemand ihren Bruder bedrohte? Mochte Polyphem seinen Vater Poseidon rufen — der würde schon helfen! Tappend entfernten sich die Schritte der Riesen in den Wäldern und Bergen, und Odysseus frohlockte. Seine List war gelungen; nun galt es, den Riesen abermals zu übertölpeln und gesund ins Freie zu kommen, denn Polyphem hatte, von Schmerz übermannt, den Stein zur Seite gewälzt und sich selbst vor den Eingang gesetzt. Der Sohn des Laertes band mit hanfenen Seilen immer drei Widder zusammen, unter den mittleren schnürte er einen Gefährten, die äußeren dienten als sichernder Schutz. Schließlich krallte er sich mit Händen und Füßen ins Fell des ältesten Widders. Müde und ein wenig erstaunt über die seltsame Last, ging das Tier, ganz gegen seine Gewohnheit, am Morgen als letztes hinaus. Der Riese tappte hinzu, befühlte sein Fell und streichelte ihm durch die Wolle: „Lieber Widder", sagte er klagend, „sonst bist du immer der erste am Morgen und Abend und läufst den andern voraus. Doch heute spürst du den Schmerz deines Herrn und ahnst die grimme, von Niemand geschlagene Wunde. Ach, wenn du doch nur zu reden vermöchtest! Dann müßtest du mir

verraten, wo sich dieser Niemand verbirgt, damit ich das Hirn seinem Schädel entpresse und leichter meine Qualen ertrage.“
Noch einmal koste der Riese dem Widder das Fell, dann ließ er ihn hinaus aus der Pforte, und Odysseus wartete, bis sich das heisere Schreien in der Ferne verlor. Da sprang er hinab, zerschnitt die Seile der anderen Widder und befreite seine Gefährten. Unten am Hafen umarmten alle einander, begrüßten die unversehrten Schiffe, freuten sich der gelungenen Flucht und gedachten der Toten.

Eilig trieben sie dann die Lämmer ins Schiff, ergriffen die Ruder und setzten die Segel.

Als sie das Hafenbecken verließen und sich dem offenen Meer zu nähern begannen, hob der listenreiche Odysseus gewaltig die Stimme und schrie zu den Bergen empor: „Hör, Polyphem, nicht Niemand hat dich gestraft, sondern ein griechischer Mann, der seine Freunde beweinte. Wehe, fürchterlich ist nun dein Morden gerächt, und der allmächtige Zeus hat den Frevel des Gastrechts gestraft!“

Als Polyphem, der Kyklop, die Stimme aus der Tiefe her hörte, nahm er vom Gipfel des Berges einen riesigen Felsblock und schleuderte ihn vor das Schiff. Nur ein kleines fehlte, und er hätte ins Schwarze getroffen. Aber auch so genügte der Wurf, um eine gewaltige Welle zum Himmel zu wirbeln und das Schiff wieder zum Hafen zu treiben. Mit einer Lanze, wie sie die Krieger im Seegefecht brauchen, stieß Odysseus das Boot vom Ufer zurück, und noch einmal legten sich die Gefährten ins Ruder. Doch als sie das Schiff bis aufs Meer hinausgepeitscht hatten — doppelt so weit wie zuvor —, stand Odysseus ein zweites Mal auf, und kein Flehen der Freunde konnte ihn halten. „Wir Armen!“ riefen sie traurig, „nun wird uns Polyphem gewißlich alle zerschmettern.“ Aber der Sohn des Laertes blieb taub. „Höre, Kyklop“, begann er und hatte die Hände zum Munde erhoben, „und bewahre die Worte im Herzen. Wenn dich ein Mensch fragt, wer dir das Auge geraubt hat, dann sage: Das war Odysseus, der Sohn des Laertes, der aus Ithaka stammt.“

Da schrie der Kyklop noch viel lauter. „Wehe mir!“ brüllte er auf, „so ist das Orakel doch in Erfüllung gegangen, das mir verhieß, ich würde dereinst meines Auges durch den Arm des Odysseus beraubt. Ach, ich unseliger Mann, wie töricht war es von mir, auf einen gewaltigen Helden, tapfer und mächtig, zu warten. Nun hat mich ein Schwächling geblendet, ein verächtlicher Knirps. Doch wirst du es büßen, Odysseus. Poseidon selbst, der erderschütternde Gott und Beherrscher der Meere, wird seinen Sohn nicht verlassen und dich mit Haß bis zum Ende der Tage verfolgen.“

Aber Odysseus schmähte zurück, vergaß sich und höhnte Poseidon. Da hob der Riese die Hände zum Himmel der Sterne und Sonnen und betete laut: „Niemals, Poseidon, mein Vater, kehre Odysseus nach Hause zurück ... es sei denn schiffbrüchig, ohne alle Gefährten, einsam und nackt, und ein fremder Mann beherrsche sein Land.“

Comics

Lucie und Charlie Braun

Charles M. Schulz

Lucie und Linus *Charles M. Schulz*

Adam & Evchen *Edit Lankor*

Familie Biegler

Dik Browne / Mort Walker

Montagen

Die Stunde der Wahrheit

Ror Wolf

... bitte, na bitte, was hab' ich gesagt, Kerle, das sind die Sachen, das sind die Dinger, jetzt aber Tempo, na bitte, wer sagt's denn, na also, was ist denn? was pfeift denn die Pflaume, Mensch, geh doch nach Hause, das ist doch, na gut, kann man machen, aber so nicht, mein Guter, der gibt doch nicht ab, diese Flasche, der schläft doch, na los, geh doch hin, der geht doch nicht hin, der bleibt stehn, diese Niete, was macht er denn jetzt? jawohl, das ist besser, ja weiter los Tempo, und keiner läuft mit, was soll man da sagen, Mensch, Atze, du Sandmann, das ist nicht zu fassen, das darf doch nicht wahr sein, bleib dran Mann, jawoll ja, los Lothar, Hammer, Hammer, na also, aus, Einwurf, nein Ecke, ja Ecke, das ist schon mal gut, Ecke, den hat er, was, doch keine Ecke? na sag mal, der macht einen Türken, das ist doch nicht möglich, der Kerl trifft den Ball nicht, jawoll! einfach schießen, oh Mann so ein Käse, da muß er doch pfeifen, na jetzt aber Tempo, bleib dran Mann, das ist doch, das kann doch nicht wahr sein, jetzt setzt der sich hin, der sieht doch den Ball nicht, ja hat man denn sowas, das wundert mich gar nicht, und keiner geht hin, das muß man sich ansehn, na los jetzt, nach außen, gib raus jetzt, jawoll ja, nach außen Mensch außen, schießen, ach Scheiße, ist das eine Nummer, was macht der denn da? der hat eine Ruhe, ja gar nicht schlecht, wo sind denn die andern? wieder kein Mensch da, guckt euch das an, Hand! das war Hand, Mensch, was pfeift denn die Flasche, jetzt geht aber langsam der Knopf auf, mitlaufen Junge, denken, denken, Tempo los, auf geht's, und vorne ist wiedermal Feierabend, guckt euch das an, niemand ist vorne, keiner ist da, aber jetzt mach doch, liebe Zeit, mach doch, blind rein in den Paß, entweder oder, ja, drück doch ab, hau doch drauf Mann, jawoll ja, na bitte, da ist Musik drin, da qualmen die Socken ...

Die Mama macht eine Menge Dinge auf einmal (Alle drei Kinder erzählen)

Peter Härtling

Bei der Mama klingelt der Wecker. Beim Papa nicht, der steht viel später auf. Die Mama macht ziemlich alles nebeneinander.
Was die Mama alles nebeneinander macht: Sie hopst aus dem Bett. Sie macht den Wecker still. Sie duscht. Sie kämmt sich. Sie weckt den Fabian, weil der ganz bald in die Schule muß. Aber nicht immer. Sie zieht sich an. Sie kocht Milch. Sie schmiert Brote. Sie holt Marmelade aus dem Keller. Sie bringt dem Fabian frische Hosen. Sie sagt dem Clemens, er soll noch im Bett bleiben. Der Clemens bleibt nicht im Bett. Die Friederike auch nicht. Die Mama zieht

Fotomontage (Schülerarbeit)

den Clemens an. Die Friederike auch. Der Fabian hat in die Hosenträger einen Knoten gemacht. Der Fabian flucht wie ein Bolzen. Die Mama flucht. Der Fabian kommt zu spät in die Schule, wenn er solchen Quatsch macht. Die Frau Schildhauer kann mit dem Jens nicht warten. Jetzt ist die Friederike die Treppe runtergefallen. Jetzt kommt der Papa aus dem Schlafzimmer gebrüllt. Er kann nicht mal ausschlafen, schreit er. Und der Papa flucht. Manchmal ist der Morgen schlimmer als der Tag. Der Fabian ist weg. Die Mama rennt rum, dann kann man nicht sehen, was sie tut. Die Friederike und der Clemens gehen spielen. Die Mama putzt. Sie geht einkaufen. Ich geh mit, sagt die Friederike. Ich geh mit, sagt der Clemens.
Die Mama fährt los.
Wir gehn zu Levi Wurst und Mehl und Zucker und vielleicht Bonbons kaufen. Kaugummi ist besser. Ist doch nicht besser. Wir gehn zur Frau Geyer, Schnaps kaufen, was der Papa trinkt. Die Mama darf Schnaps nicht trinken, weil das Baby im Bauch sonst einen Schwips hat oder betrunken ist.
Jetzt ist Mittagessen. Die Mama hat noch toll schnell gekocht. Spinat oder Linsen oder Rührei oder ich weiß noch was: Schnitzel und Hasenbraten.
Der Clemens ißt nicht richtig. Immer dreht er auf dem Stuhl rum und hat Gemüse bis ans Ohr. Der Fabian denkt nach. Der denkt nach über seine Schule. Deswegen kann er die Suppe nur langsam essen. Wir schlafen aber nicht. Wir gehn lieber spielen.
Der Clemens hat sich bei der Nathalie den Finger eingeklemmt. In ein Spielzeug. Weiß er nicht, welches. Jetzt hat er eine Blase. Die will er im Freien haben, kein Pflaster drauf. Aber die Mama tut eins um den Daumen. Das lutscht er weich. Die Mama sagt, der Daumen kriegt Falten. Die Mama macht Mittagsschlaf, und wir sind auf der Straße. Die Friederike muß aufs Klo, soll aber die Mama nicht wecken. Sie klingelt. Der Clemens muß auch. Wenn der Fabian Durchfall hat, muß der öfter mal. Die Mama schüttelt den Kopf, sie sagt: Ich muß mal den Kopf schütteln. Nein, sie sagt: Da kann ich nur den Kopf schütteln. Warum kann die Mama den Kopf schütteln?
Wir gehn wieder raus. Der Clemens ist schwarz von Wagenschmiere. Sein Go-Cart tröpfelt Öl. Die Mama hat dann aber gesagt: Jetzt reicht's! Wir sind inzwischen beim Basti gewesen, auf einen Besuch, und der Herr Krupp hat Spiele gemacht. Das war Klasse! Schnellstens ist der Abend. Am Abend kann's einen frieren. Der Fabian muß noch Schulaufgaben machen. Er muß noch lesen. Er hat der Mama nicht gesagt, daß er noch lesen muß. Die Mama liest mit ihm die Geschichte. In der kommt was vor vom Hokus-Pokus. Das Baden ist immer aufregend. Heute haben wir gar nicht richtig Abend gegessen, weil wir vorher schon Brot gegessen haben.
Die Mama kommt zu jedem ans Bett. Sie ruft noch den Papa. Der soll kommen. Sie muß der Friederike noch die Nägel schneiden. Die Friederike kann das nicht leiden und macht die Füße rund. Wenn die Mama ihr die Füße grade macht, heult sie. Aber die Nägel sind weg.

Der Clemens will ein Auto ins Bett. Die Friederike einen Bären. Der Fabian will eine Taschenlampe ins Bett. Mit der funzelt er, weil er sich ein Haus aus der Decke baut. Die Lampe ist immer bald aus.

Was ein Kind gesagt bekommt

Der liebe Gott sieht alles.
Man spart für den Fall des Falles.
Die werden nichts, die nichts taugen.
Schmökern ist schlecht für die Augen.
Kohlentragen stärkt die Glieder.
Die schöne Kinderzeit, die kommt nicht wieder.
Man lacht nicht über ein Gebrechen.
Du sollst Erwachsenen nicht widersprechen.
Man greift nicht zuerst in die Schüssel bei Tisch.
Sonntagsspaziergang macht frisch.
Zum Alter ist man ehrerbötig.
Süßigkeiten sind für den Körper nicht nötig.
Kartoffeln sind gesund.
Ein Kind hält den Mund.

Bertolt Brecht

DRAMATISCHE TEXTE

Der Ingwertopf

Bertolt Brecht

KUNG: Ich bin Kung, der Sohn Kungs, des Soldaten. Mein Vater ist arm gestorben, und meine Mutter erzieht mich in Abscheu gegen alles Gewalttätige. Ich bin sehr kräftig für mein Alter und könnte alle meine Schulkameraden im Nu auf den Rücken legen, aber meine Mutter sagt, es kommt nicht auf die Muskelkraft, sondern auf die Kraft des Verstandes an. Sie hat mir gesagt, daß es keine Geister gibt, keinen schwarzen Mann und keinen Drachen. Ist hier jemand, der an Geister glaubt? An Drachen? Ich weiß alle fünf Gründe, warum es keine solchen Dinge geben kann. Aber jetzt kommen meine Spielkameraden. Wir spielen vornehmlich Schule.

Drei Spielkameraden treten auf. Der größte trägt einen Ball.

DER GRÖSSTE: Kung, komm mit, Ball spielen!

DER MITTLERE: Yen hat den Ball denen von der Münzgasse genommen. Sie sind ihm nachgerannt, aber er kann viel schneller rennen. Wenn du mitkommst zum Spielen, macht es nichts, wenn sie uns erwischen, denn du bist der Stärkste.

KUNG: Ich dachte, wir wollten Schule spielen.

DER MITTLERE: Aber jetzt haben wir doch den Ball.

KUNG: Aber ich habe auch die Bank und den Tisch für die Schule aufgebaut, wie ihr seht.

DER MITTLERE: Wir wollen darüber abstimmen. Kommt!

Sie treten beiseite.

DER MITTLERE: Ballspielen ist viel lustiger, aber er ist stark. Er würde auch mit uns zusammen fertig werden.

DER KLEINSTE: Aber er rauft nie.

DER GRÖSSTE: Er ist nur so sehr auf sein Schulespielen aus, daß er das vielleicht einmal vergißt, daß er nie rauft.

KUNG: In unserer heutigen Schulstunde würde es sich um das schickliche Ausessen eines Ingwertopfes handeln, den ich von meiner Mutter bekommen habe.

DER KLEINSTE: Oh.

DER MITTLERE: Das ist etwas anderes. Das letztemal war es das Grüßen, das hat gar keinen Sinn.

KUNG: Das Grüßen müßte aber zuerst wiederholt werden, weil es beim Betreten der Schule stattfindet.

DER GRÖSSTE: Ich bin immer noch für Ballspielen.

DER MITTLERE: Nein, es wird Schule gespielt. Ausessen eines Ingwertopfes.

Sie gehen wieder hinaus und treten wieder ein, sich verbeugend vor Kung. Auch Kung verbeugt sich. Die drei setzen sich auf die Bank, Kung setzt sich hinter den Tisch.

KUNG: Meine jungen Freunde, wir fahren heute fort in unserem Kursus über schickliches Benehmen. Ich habe das letztemal bemerkt, daß die Hirsefladen, die ich am Schluß der Stunde austeilte, so gierig verschlungen wurden, daß das Grüßen, welches wir geübt hatten, wieder vergessen wurde. Es ist das also unser neues Thema. *Er steht auf.* Ich bin jetzt der große sagenhafte König Yen. Ihr seid meine Generäle. Ihr kehrt von einer Schlacht zurück, die ihr gewonnen habt, und zwar dadurch, daß ihr die Kriegskunst studiert habt. Ich empfange euch sehr gnädig und biete euch als Zeichen meiner Anerkennung den königlichen Ingwertopf an. Tritt vor, General Fu! *Er deutet auf den Größten, welcher vortritt und den Ingwertopf überreicht bekommt.* Bediene dich, General!

Der Größte faßt gierig hinein und schoppt sich soviel wie möglich in den Mund.

Kung *ihm den Topf wegnehmend:* Schlecht, sehr schlecht. Aber ich sage noch nicht, warum. *Er wendet sich an den Mittleren.* Nun zu dir, General Tao. Auch dir überreiche ich den königlichen Ingwertopf. Gleichzeitig beobachte ich dich scharf, vergiß das nicht.

Der Mittlere nimmt den Topf in Empfang und bedient sich ebenso gierig.

Kung: Schlimm, schlimm. Ich sehe leider, daß ihr im anständigen Benehmen noch sehr weit zurück seid. *Zum Kleinsten:* Hast du bemerkt, wie gierig sie nach dem Topf gegriffen haben? Und wie häßlich das aussah? Als ob Hunde nach einem Knochen schnappten. *Der Kleinste nickt und greift eifrig nach dem Topf, den Kung vor sich hin hält.* Ich will euch sagen, wie ihr den königlichen Topf entgegennehmen müßt, wenn ihr Anstand zeigen wollt. Feinstes Anstandsgefühl ist nötig, damit in würdiger Zurückhaltung gegessen werden kann. *Zum Kleinsten:* Halt du den Topf! *Da er gierig danach greift:* Nein, mit beiden Händen, da jetzt du der große sagenhafte König Yen bist, während ich den General Go darstelle. *Der Kleinste hält den Topf.* Zuerst verbeuge ich mich. So. Dann weise ich mit beiden Händen das Geschenk zurück. So. Damit habe ich angedeutet, daß ich das Geschenk für zu groß halte. Da jedoch der König Yen mir den Topf zum zweitenmal anbietet, nehme ich ihn entgegen, nachdem ich mich noch einmal verbeugt habe, um zu zeigen, daß ich den Topf nur nehme, um ihm zu gehorchen. Aber wie nehme ich nun den Topf entgegen? Gierig? Wie ein Schwein eine Eichel überfällt? Nein. Ruhig und würdig — *er tut es* —, beinahe gleichgültig, wenn auch mit großer Wertschätzung. Ich greife lässig hinein, wie greife ich hinein?

Der Kleinste: Lässig.

Kung: Und mit zwei Fingern nehme ich das kleinste Stückchen heraus, das ich finden kann, und führe es lächelnd in den Mund. *Er tut es.* Habt ihr alles genau gesehen, oder soll ich alles wiederholen?

Der Mittlere: Nein. Laß uns noch einmal probieren.

Kung: Ja, ihr habt noch viel zu lernen. General Fu, bediene dich!

Der Größte fischt sich wieder gierig einen großen Brocken Ingwer.

Kung: Falsch! Wo ist die abweisende Geste, wo die Verbeugung des Gehorchens, wo das Lächeln der Wertschätzung?

Der Grösste: Der Ingwer ist zu gut, Kung. Es geht nicht. Laß es mich noch einmal versuchen.

Der Mittlere: Nein, jetzt komme ich, du lernst es nicht. *Er vollführt hastig die verlangten Gesten, greift verhältnismäßig gleichgültig nach dem Topf.*

Kung: Besser.

Der Mittlere *sich ein enormes Stück fischend und in den Mund stopfend:* Es ist sehr schwer.

DER KLEINSTE: Aber er hat schrecklich viel genommen.

KUNG: Ja, das war noch falsch.

DER MITTLERE: Ein zweites Mal könnte ich es noch besser machen, Kung. Besonders das Herausfischen eines kleineren Stücks. *Er greift noch einmal hinein und fischt ein kleineres Stück.*

KUNG *nimmt den Topf:* Jetzt kommt Li dran. General Go, bediene dich aus dem königlichen Topf!

Der Kleinste macht schnell die Geste der Abweisung, sodann die Verbeugung. Die beiden andern lachen.

KUNG: Lacht nicht! Ihr bringt ihn in Verwirrung. Die Verbeugung war sehr gut. Weiter!

DER KLEINSTE *nimmt den Topf entgegen, sieht hinein, sieht dann auf die beiden Lachenden und fragt:* Ich hab vergessen, was jetzt kommt, Kung.

KUNG: Jetzt kommt das schickliche Hineingreifen, Li.

Der Kleinste greift sehr lässig hinein und bringt nichts hervor.

KUNG: Sehr gut! Aber du hast ja gar nichts gefischt! Das ist ausgezeichnet, noch besser, als ich es zeigte! General Go, ich bin zufrieden, sehr zufrieden, ich ernenne dich zum Marschall und Vorbild aller meiner Generäle. Ich habe nicht die geringste Gier bei dir entdeckt, nur Würde und Anstand.

Die beiden Größeren lachen, nehmen den Ball und laufen hinaus.

KUNG *ihnen kopfschüttelnd nachschauend:* Sie haben sehr schlecht abgeschnitten. Du sollst zur Belohnung für dein schickliches Benehmen den Rest des Ingwers bekommen, Li. *Er blickt in den Topf.* Aber er ist ja leer.

Der Kleinste nickt traurig.

KUNG: Das ist mir unangenehm, Li. Ich sehe, daß für dich nichts mehr da war, als die andern den Anstand probiert hatten. Leider kann ich jetzt auch dich nicht mehr aus vollem Herzen loben, Li, auch dich nicht. Denn woher kann ich wissen, ob deine Selbstbeherrschung ausgereicht hätte, wenn sie sich noch gelohnt hätte? Ich fürchte, es sind zwei Dinge nötig, damit würdige Zurückhaltung beim Ausessen eines Ingwertopfes bewahrt werden kann: erstens feines Anstandsgefühl, zweitens ein voller Topf. Der Ingwer hier hat nicht ausgereicht. Es müßte mehr im Topf sein.

Beide gehen nach vorn und singen zu einer Musik:

Zu wenig Ingwer
Zu wenig Anstand!
Würde ist etwas Schönes
Ingwer ist etwas Süßes.

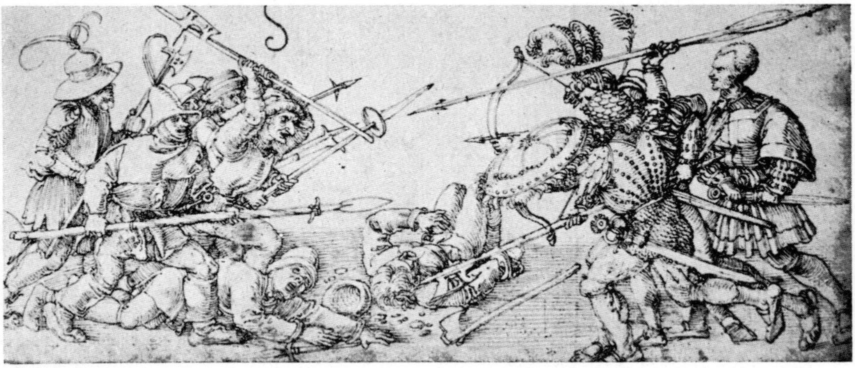

Adam Riese und der Große Krieg *Hörspiel von Günter Bruno Fuchs*

Stimmen: Adam Riese, Rechenmeister
Conrad Schneebelli, sein Gehilfe
Rampa Zampa, General

(Frühjahr des Jahres 1535. Lautenmusik. In Adam Rieses Haus zu Annaberg: Meister Riese und sein Gehilfe Conrad Schneebelli. Sie erwarten Besuch. Sie sind gutgelaunt. Sie sprechen entsprechend)

ADAM RIESE: Mein lieber Conrad Schneebelli —!

CONRAD: Meister Adam Riese —!

ADAM RIESE: Mein lieber Conrad Schneebelli —: Deine Musik ist sehr schön. Du hast viel gelernt.

(Pause. Schneebellis Lautenspiel für einen Augenblick nah und kräftig. Dann, bei der folgenden Frage, zurückgenommen)

CONRAD: Meister Adam Riese, — was tun wir jetzt mit dem Kerl?

ADAM RIESE: Bitte laß ihn herein!

(Lautenspiel bricht ab)

CONRAD: Hereinlassen. — Hereinlassen?

ADAM RIESE: Durch die Tür meinetwegen.

CONRAD: *(zögernd)* Meister Adam Riese, — ist das gut überlegt?

ADAM RIESE: Gut. — Was ist mit dem Kerl?

CONRAD: Er sieht grimmig aus. Etliche Säbel.

ADAM RIESE: Wird er uns beißen? Niederschlagen?

CONRAD: *(sofort)* Beißt oder schlägt er uns, helfe ich ihm nach draußen. Ich bin Euer Gehilfe!

ADAM RIESE: Also laß ihn herein!

(Schneebellis Schritte zur Tür)

CONRAD: *(von der Tür aus)* Meister Adam Riese läßt bitten —!

(Paukenschlag. Näherschreiten des Besuchers von der Tür aus in Begleitung von Paukenschlägen und Geklirr: die Säbel, die Rüstung. Der Besucher erreicht Adam Rieses Platz, der Lärm unterbleibt)

RAMPA ZAMPA: *(laut)* Da bin ich!

ADAM RIESE: *(still)* Ja, mit einer umgehängten Pauke. Und wer?

RAMPA ZAMPA: *(wie oben)* Gene-raaa-aaahl Rampa Zampa! Spreche ich Adam Riese?

ADAM RIESE: Es stimmt. Bitte setzt Euch!

(Geklirr. Leichter Paukenwirbel)

RAMPA ZAMPA: *(stets wie oben)* Wir sind nicht allein! Was soll das mit der umgehängten Laute?

(kurzer Lautenakkord)

CONRAD: General Rampa Zampa, — ich bin Conrad Schneebelli, Gehilfe des Meisters Adam Riese.

RAMPA ZAMPA: *(ein Paukenschlag)* Verstehe, du hörst zu!

ADAM RIESE: Ich rechne mit seiner Musik. Das ist es.

RAMPA ZAMPA: Ja, heiß ist es.

ADAM RIESE: Zieht Euch aus — bis auf das Notwendige! Conrad Schneebelli wird Euch behilflich sein.

RAMPA ZAMPA: *(schnell)* Nein! Geh weg! Nein!

(Lautenakkorde und „Paukengeklirr“ im Widerstreit)

Geh weg! General Rampa Zampa muß in den Krieg!

ADAM RIESE: In den Krieg? Wie geht's denn?

RAMPA ZAMPA: Ich habe Sorgen. Ich habe etwas Geld, etwas Gold. Ich habe wenig. Die wenigen Goldtaler müssen aber reichen. Aber wie reichen sie, wenn ich den Krieg gewinnen will? Das ist meine Sorge. Das ist der Grund, warum ich hier bin. Ich bin Feldkanonengeneral, ich lernte bei einem Hellebardeur des Frundsperg!

ADAM RIESE: Was lerntet Ihr?

RAMPA ZAMPA: *(Paukenschlag)* Alles. Den Säbelgang, den Schwerthieb, den Luntentopf . . .

ADAM RIESE: Was ist das?

RAMPA ZAMPA: *(stolz)* Das ist zu schwer, um es zu erklären.

CONRAD: Aha. *(lacht)*

RAMPA ZAMPA: *(zornig)* Was lachst du —?! Meister Adam Riese, was lacht dieser Gehilfe?!

ADAM RIESE: Er ist jung, General.

RAMPA ZAMPA: Als *ich* so jung war, feilte ich die eisernen Bolzen meiner Armbrust — bis sie spitz waren wie eine Nadel! *(Paukenschlag kurz)* Ich schoß auf Krähen.

ADAM RIESE: Sie werden sehr alt. Hundertjährige Krähen. Manche Krähe überlebt uns.

RAMPA ZAMPA: *(erstaunt)* Stimmt das?

ADAM RIESE: Es stimmt. Ich habe es errechnet.

(Pause. Lautenakkorde)

RAMPA ZAMPA: *(wütend)* Er soll aufhören!

ADAM RIESE: Gut! — *(Das Lautenspiel zu Ende)* Was wollt Ihr trinken und essen, General Rampa Zampa?

RAMPA ZAMPA: Honigwein, wenn Ihr habt. Rauchfleisch.

CONRAD: Meister Adam Riese —!

ADAM RIESE: Ja, hol bitte das Frühstück! *(er lacht)*

(Conrad Schneebelli zur Tür, öffnet sie, schließt sie. Von fern, während des nächsten Dialogs, rasches tänzerisches Lautenspiel)

RAMPA ZAMPA: *(nah)* Er spielt schon wieder. Hol das der Teufel!

ADAM RIESE: Was soll der Teufel damit?

RAMPA ZAMPA: Die Laute verbrennen.

ADAM RIESE: Die Leute?

RAMPA ZAMPA: Die Laute! — *(er bewegt sich „entrüstet", so daß seine Rüstung klirrt. Er schnauft)*

ADAM RIESE: Legt doch wenigstens das Eisen ab. Ihr könnt ja kaum atmen. Und die Pauke behindert Euch beim Frühstück!

RAMPA ZAMPA: *(durch die Zähne)* Warum ist es so heiß?

ADAM RIESE: Ein Frühjahr.

RAMPA ZAMPA: Ein Frühjahr hat nicht heiß zu sein. Was ist los mit der Welt, Meister Adam Riese?

ADAM RIESE: Das ist zu schwer, um es zu erklären. Die Welt wie Euer Luntentopf, — beide schwer zu erklären.

RAMPA ZAMPA: *(schnell)* Ich brauche den Krieg.

ADAM RIESE: Gewiß. Und wie?

RAMPA ZAMPA: Groß. Groß.

ADAM RIESE: Verstehe. Aber Ihr habt Sorgen. Knappes Geld.

RAMPA ZAMPA: Ihr müßt mir helfen. Ich zahle, was Ihr verlangt!

(Tür wird geöffnet, nachdem Lautenspiel zu Ende. Conrad betritt den Raum, stellt das „Frühstück" ab)

ADAM RIESE: Conrad, nimm dem Herrn General bitte die Pauke ab!

CONRAD: Herr General —!

RAMPA ZAMPA: *(knurrt)* Vorsichtig! — So! Ja, so!

CONRAD: Möchtet Ihr die Pauke vor Augen haben, wenn Ihr frühstückt?

RAMPA ZAMPA: Stell sie auf den Tisch!

CONRAD: Vorsichtig?

RAMPA ZAMPA: Was heißt das?

CONRAD: Ob ich die Pauke vorsichtig hinstellen soll?

RAMPA ZAMPA: Die Pauke war in der Schlacht. Was heißt da: Vorsichtig?! *(Geklirr seiner Rüstung)*

CONRAD: Nur weil Ihr soeben sagtet: Vorsichtig!, als ich Euch die Pauke abnahm. Hattet Ihr plötzlich Angst vor der Paukenschnur, die um Euren Hals lag?

RAMPA ZAMPA: *(wieder sehr laut)* Gieß ein! Eingießen!

CONRAD: Voll? — Bis an den Rand? *(er gießt ein)*

RAMPA ZAMPA: *(schreit)* Genug!

CONRAD: Genug Honigwein. Gute Mahlzeit.

RAMPA ZAMPA: *(trinkt, schlürft)*

ADAM RIESE: Wollt Ihr nicht die Ketten ablegen, General?

RAMPA ZAMPA: *(Krug auf den Tisch)* Ketten? *(er ist wie benommen)* Soldaten und Ketten?

CONRAD: Der Meister versteht nichts von Eurer Kleidung.

RAMPA ZAMPA: Das ist ein Schuppenpanzer.

ADAM RIESE: Wollt Ihr nicht den Schuppenpanzer etwas öffnen?

RAMPA ZAMPA: Ich hab keine Zeit. Der Krieg wartet nicht.

ADAM RIESE: Laßt ihn doch laufen, wenn er nicht wartet. Hol ihn doch der Teufel, wenn er auf seinen Freund nicht warten kann. Ein schöner Krieg, der auf seinen besten General nicht warten kann!

CONRAD: Darf ich den Schuppenpanzer oben leicht öffnen?

RAMPA ZAMPA: *(unsicher)* Zwei Haken aushaken!

CONRAD: Ein Haken —!

RAMPA ZAMPA: *(brüllt)* Au —!

ADAM RIESE: Was ist, General Rampa Zampa?!

CONRAD: Der Bart des Generals —!

RAMPA ZAMPA: Er hat — verflucht! *(er schreit)* — er hat gegrinst und die Barthaare eingeklemmt in den Haken! Geh weg, du Fratze!

ADAM RIESE: Mein lieber Conrad Schneebelli —!

CONRAD: Meister Adam Riese —!

ADAM RIESE: Gib uns Honigwein. Trink mit uns auf das Frühjahr Fünfzehnhundertfünfunddreißig. Euer Wohl, General!

CONRAD: Euer Wohl, General! *(Lautenakkord)*
(Sie trinken, Krüge auf den Tisch zurück)

RAMPA ZAMPA: Zweitausend Mann. Errechnet mir, was der Mann den Tag braucht. Bei Gerstenbrot, Fleisch, Tabak. Das Bier, ein Liter. Honigwein nach der Schlacht, der Mann drei Liter.

CONRAD: Nach der Schlacht fehlen einige.

ADAM RIESE: Die werden nicht mitgerechnet.

RAMPA ZAMPA: Jeder dritte die Hellebarde, jeder zwei Degen. Jeder den Schuppenpanzer stichfest. Beinkleider mit Knieplatten und Wadenschiene. Barette für die Hauptleute, Sturmzipfel für die übrigen.

CONRAD: Sturmzipfel — wie schön!

RAMPA ZAMPA: Die Schlachtmütze, du Narr!

ADAM RIESE: Was fehlt noch?

RAMPA ZAMPA: Pauken. *(er paukt zwei-dreimal)*

ADAM RIESE: Ihr habt eine. Genügt nicht?

RAMPA ZAMPA: Dreißig Mann. Eine Pauke für dreißig. Notfalls für vierzig. Sonst, bei der Schlacht, kann keiner was hören. Die Pauken sind teuer geworden.

ADAM RIESE: Stärkt Euch, General!

CONRAD: Eßt alles auf! Rauchfleisch ist noch im Keller! Ein wenig Tischmusik? *(kurzer Akkord)*

RAMPA ZAMPA: *(er nimmt von dem Fleisch, hastig schmatzend)* Dein Meister rechnet! Dein Meister — *(er hat sich verschluckt, er hustet, krächzt)*

ADAM RIESE: Conrad, der General hat sich verschluckt! Schlag ihm vorsichtig auf den Rücken!

CONRAD: *(schlägt auf den Schuppenpanzer. Klirren)*

RAMPA ZAMPA: *(während des Hustens)* Au —! Laß sein! Au —! Das sind Fausthiebe, das sind —! *(er räuspert sich sehr laut)*

ADAM RIESE: Es sind viertausend Taler nötig insgesamt. Sie reichen für zweitausend Mann sieben Tage. Euer Krieg darf eine Woche dauern.

RAMPA ZAMPA: *(hüstelnd)* Ich besitze keine tausend.

CONRAD: Vielleicht macht Ihr eine Beute?

RAMPA ZAMPA: *(er überlegt)* Meister Adam Riese, errechnet nun, wieviel Taler sind nötig, wenn die Schuppenpanzer wegfallen.

ADAM RIESE: Eure Leute *ohne* Schuppenpanzer?

CONRAD: Das ist unvorsichtig, General.

RAMPA ZAMPA: *(schreit)* Ohne!

ADAM RIESE: *(sofort)* Dann darf der Krieg *drei* Wochen dauern.

RAMPA ZAMPA: *(wütend)* Ich wollte einen großen Krieg! Errechnet mir das!

ADAM RIESE: Dann fort mit den Hellebarden! Dann darf der Krieg zwei Monate dauern. Langsam wird er größer.

CONRAD: Vielleicht macht Ihr eine Beute!

RAMPA ZAMPA: *(schreit)* Ohne Hellebarden!

ADAM RIESE: Wieviel Taler besitzt Ihr genau?

RAMPA ZAMPA: *(schlägt an einen schweren Beutel)* Neunhundertachtzig in Gold.

ADAM RIESE: Nehmt nur tausend Mann. Dann habt Ihr einen Krieg über vier Monate.

RAMPA ZAMPA: Notfalls müssen wir plündern.

ADAM RIESE: Notfalls. Aber das habt Ihr nicht nötig. Müssen denn Eure Hauptleute unbedingt Barette tragen?

RAMPA ZAMPA: *(schreit auf)* Ohne Barette!

ADAM RIESE: Dann habt Ihr einen Krieg über ein halbes Jahr. Und die Beinkleider mit Knieplatten und Wadenschiene? Ist das nötig, wenn man tapfer voranstürmt?

RAMPA ZAMPA: *(wie oben)* Ohne Knieplatten und Wadenschiene!

ADAM RIESE: Das ist ein Monat mehr, General! Wenn Ihr einen Krieg haben wollt, der zwei Winter überdauert, so nehmt nur fünfhundert Mann. Dann habt Ihr einen Krieg über anderthalb Jahre.

CONRAD: Langsam wird er größer.

ADAM RIESE: Und Sturmzipfel?

RAMPA ZAMPA: Die Schlachtmütze — ja!

ADAM RIESE: Verzichtet darauf. Der Feind soll die Stirn Eurer Soldaten fürchten. Außerdem —

RAMPA ZAMPA: *(außer sich)* Ohne Sturmzipfel —! Meister Riese, das wird ein richtiger *(er holt Luft vor Begeisterung)* großer Krieg!

ADAM RIESE: Vorher müßt Ihr essen. Conrad, bitte gieß den Krug voll, — der General hat noch etwas vor sich!

CONRAD: *(er gießt ein)* Verzichtet doch auf den Honigwein für Eure Soldaten nach der Schlacht.

ADAM RIESE: Richtig, es stimmt. Das spart Euch eine Woche.

RAMPA ZAMPA: *(kauend)* Gut, gut, — kein Honigwein! Wie lange geht da der Krieg?

ADAM RIESE: Den fünfundsiebzigsten Teil eines Lebens, das eine Krähe lebt, wenn sie nicht abgeschossen wird.

CONRAD: Es sind gute anderthalb Jahre, General Rampa Zampa! Zum Wohl!

RAMPA ZAMPA: *(schlürfend)* Errechnet, Meister Riese, errechnet, was verlängert den Krieg? Was? — *(schreit)* Was?

ADAM RIESE: Nehmt dreihundert Mann. Gebt jedem nur einen einzigen Degen. Oder jedem dritten. Die anderen suchen Knüppel und Stangen. Eisenzeug. Da habt Ihr einen Krieg, der wird unvergeßlich für Euch. Und groß, General.

RAMPA ZAMPA: Aber Pauken! Pauken sind teuer! *(er paukt)* Wir verzichten auf eintausendsiebenhundert Mann. Wir verzichten auf die Schuppenpanzer stichfest. Auf die Hellebarden! *(er schlägt wilder auf die Pauke)* Notfalls müssen wir plündern! Die Hauptleute *ohne* Barette! Die Beinkleider *ohne* Knieplatten und Wadenschiene! Und fort mit der Schlachtmütze! Keine Sturmzipfel, dafür die Stirn! Kein Honigwein nach der Schlacht!

ADAM RIESE: *(ruft in das sich steigernde Gepauke)* Kein Bier vor der Schlacht! Drei Wochen gewonnen!

RAMPA ZAMPA: *(wie oben)* Dreihundert Mann. Jeder dritte einen Degen! Knüppel und Stangen für die andern. Eisenzeug, was rumliegt! *(er schreit paukend)* Aber Pauken, Pauken sind zu teuer —!

ADAM RIESE: *(ruft)* Ohne Pauken. Nur Eure. Eure genügt!

RAMPA ZAMPA: *(wie oben) Ohne* Pauken! Oh — ne!

ADAM RIESE: Nehmt nur hundert Mann, General —!

CONRAD: Das macht ihn größer, den Krieg. Meister Adam Riese errechnet Euch einen Krieg über viele Jahre.

RAMPA ZAMPA: Hundert Mann. *(er hört auf zu pauken)* Hundert Mann. Eins, zwei, drei, zehn, dreißig, achtzig, hundert. Schon hundert. Und wenn's nach der Schlacht nur dreißig sind?

CONRAD: Vielleicht macht Ihr Gefangene! Vielleicht eine Beute?

RAMPA ZAMPA: Hundert?

ADAM RIESE: Nehmt fünfzig Mann, General. Der Krieg dauert ein Zehntel Krähenleben.

CONRAD: An die zehn Jahre, General Rampa Zampa. Noch Rauchfleisch?

RAMPA ZAMPA: Kein Hunger mehr. Fünfzig Mann — zehn Jahre. Fünfzig Mann — zehn Jahre.

CONRAD: Vielleicht erbeutet Ihr eine Kanone. Ihr versteht Euch auf den Luntentopf?

RAMPA ZAMPA: *(der sich nicht zurechtfindet)* Ja, Fratze. Fünfzig Mann. *(er rätselt, fühlt sich bedroht, wird laut, schlägt auf die Pauke, schreit)* Fünfzig Mann—! Das ist—das ist kein Kriegsvolk, das ist ein Haufen—! *(Pause. Das Gepauke unterbleibt. Schweigen)*

CONRAD: Es stimmt, General. Meister Adam Riese denkt an einen — Haufen.

RAMPA ZAMPA: *(verstört)* Stimmt das, Meister Riese?

ADAM RIESE: Es stimmt, General Rampa Zampa. Ich denke an einen Haufen . . .

CONRAD: Gold.

RAMPA ZAMPA: *(wie oben)* Gold?

ADAM RIESE: An genau neunhundertachtzig in Gold.

RAMPA ZAMPA: *(schreit)* Alles, was ich besitze!

ADAM RIESE: Ihr habt versprochen: Ich zahle, was Ihr verlangt. Für meine Rechenarbeiten, denen zugrunde liegt ein zehnjähriger Krieg, berechne ich neunhundertachtzig Taler in Gold.

CONRAD: Laßt den Beutel ruhig unter dem Tisch. Ihr nehmt ihn ja nicht mit.

RAMPA ZAMPA: *(entsetzt)* Das ist — Raub! Ratten, ihr seid Ratten!

ADAM RIESE: Das ist ungerecht, General.

CONRAD: Noch etwas Honigwein?

RAMPA ZAMPA: Ratten!

CONRAD: Psst — nicht so laut!

RAMPA ZAMPA: Räuber! — Ihr habt mir meinen Krieg gestohlen!

ADAM RIESE: Stimmt nicht. Kostenlos errechne ich noch: Geht *allein,* nehmt *Euch allein* mit in den Krieg. Geht in *diesem* Schuppenpanzer, mit *dieser* Pauke. Paukt Euch voran durch das ganze Leben, General Rampa Zampa! Geht *allein,* vielleicht erbeutet Ihr irgendwas Wertvolles.

CONRAD: Eine Kanone vielleicht.

RAMPA ZAMPA: *(in ohnmächtiger Wut)* Schämt . . . Ihr . . . Euch nicht?! *(Draußen ein unbestimmtes Gekrächz)*
Was ist das? *(ängstlich)* Was ist das?

ADAM RIESE: Mein lieber Conrad Schneebelli —!

CONRAD: Meister Adam Riese —!

ADAM RIESE: Bitte geh raus durch die Tür...

RAMPA ZAMPA: *(verängstigt)* Durch die Tür...?

ADAM RIESE: Bitte schau nach, was da so *(deutlich das Gekrächz)* — ja, *das* da, *das* meine ich!

(Schritte zur Tür, Türöffnen, Stimme Conrads von dort)

CONRAD: Krähen. Es sind Krähen!

(Rampa Zampa verläßt unter Gepauk das Haus Adam Rieses. Sobald sein „klirrender“ Schritt verklingt, nähert sich Lautenmusik, bleibt nah, hört unvermittelt auf)

Pan Tau tritt auf

Ota Hofman
Jindrich Polák

1. Bild

Einleitungs-Montage — 18 m

Schwarz/Weiß

Kurz aufblenden

1.
Start einer mehrstufigen Raumrakete vom Cape Kennedy. — *Authentische Geräusche*

2.
Die Rakete entfernt sich.

3.
Der Flug der Rakete, durchs Teleobjektiv gesehen.

4.
Ein zweites Raumschiff nähert sich.

5.
In entgegengesetzter Richtung fliegt ein künstlicher Erdsatellit vorbei.

6.
Der Weltenraum ist erfüllt von Raketen, Satelliten.
(Montage mit Überblenden) — *Kakophonie der Raketen und Satellitensignale*

7.
Start der ersten Rakete.

8.
Start der zweiten Rakete.

9.
Start der dritten Rakete.
(Rapid-Montage)

Ton-Gradation

10.
Authentische Aufnahme der Erde, deren Kontinente im Nebel verschwinden.

2. Bild

Im Weltenraum 30 m

Studio — Trick — Modelle — Rückwandprojektion
Kombiniert Schwarz/Weiß und Farbe

11.
Nebelgebilde wirbeln durch den Raum. An einem dunklen Hintergrund blitzen Sterne auf.

Sphärenmusik

12.
Im Vordergrund fliegt ein Raumschiff vorbei, mehr Zukunft als Gegenwart.

Stilisiertes Zischen der Rakete

13.
Aus dem Weltenraum ertönt von irgendwo aus einem Spiralnebel ...

... das Schnaufen eines uralten Motors. Es klingt, als keuche ein greisenhafter Ford, Modell „Lizzie" herbei.

Nun erscheint die Rakete.
Bizarr. Altertümlich. Prächtig bunt.

14.
An ihrer Oberfläche: vergoldete Geländer im Jugendstil, Säulen und Kinkerlitzchen. Am Heck eine Schiffsschraube.

Musik: Motiv des Herrn TAU

15.
Die Rakete erinnert eher an eine Erfindung Jules Vernes als an die Realität unseres Jahrhunderts.

16.
Sie trägt übrigens am Bug ein Nummernschild wie ein Auto: „TAU 01".

17.
Die farbige Rakete des Herrn TAU nähert sich aus dem Grauschwarz des Weltalls. Plötzlich bremst sie verzweifelt.

Bremsen kreischen, Reifen schreien gequält auf.

18.
Haarbreit vor ihr kreuzt ein hypermodernes, silbrig glänzendes Raumgefährt ihren Kurs.

Knarren im Getriebe. Ein altmodisches Klaxon heult.

19.
Die Jugendstil-Rakete faucht empört und nimmt ihre Weiterreise durchs Weltall wieder auf.

20.
Sie nähert sich der Erde.

21.
Nun tritt sie in die Atmosphäre.
Sie verschwindet im Nebel.
Gerissener Schwenk.

3. Bild

Stadt — 24 m

Außen — ČSSR — Farbe

22.
Schnitt - Schwenk
Zoom-Anfahrt auf Rathausuhr.

Musik und das Stottern des Raketenmotors

23.
Die Rakete schwebt langsam aufwärts.
(Modell, gegen den Himmel)

24.
Im Vordergrund die Rakete, im Hintergrund der Rathausturm.

25.
Fast senkrecht von oben:
Zoom-Anfahrt auf einen gigantischen Parkplatz.

Reale Stadtgeräusche

26.
Die Rakete nimmt Kurs auf den Parkplatz.

27.
Von der Rakete aus gesehen: Die Kamera sucht verzweifelt nach einem freien Parkplatz. Schnelles Panoramieren und Schwenks.

28.
Die Rakete manövriert.

29.
Schwenk über Anfahrtpfeile —
Zoom-Anfahrt auf Parkometer.

30.
Im Vordergrund landet die Rakete. Dahinter die Riesenfläche eines parkenden Autos. Aus dem Verhältnis dieser beiden Proportionen erkennen wir, daß die Rakete die Größe eines Spielzeugs hat.

4. Bild

Am Parkometer 25 m

Studio — Bewegungsgeführte Puppe —
Farbe

31. Die Kleinrakete landet. Im Hintergrund ein großes Parkometer. Die Rakete setzt auf die Betonfläche auf. Im Vordergrund das Rad eines PKW, riesengroß.	*Motorenlärm, Bremsen kreischen*
32. Die Einsteigluke öffnet sich. Aus der Rakete steigt Herr TAU (Puppe) —	*Musik: Motiv des Herrn TAU*
33. Herr TAU macht sich zurecht. Dann schreitet er feierlich zu den Stiegen der Rakete.	
34. Nachdem er sich aufmerksam nach allen Seiten umgesehen hat, springt er wie ein übermütiger Junge aufs Stiegengeländer und rutscht zur Betonfläche des Parkplatzes hinab. Er blickt sich wiederum um, ob ihn niemand sah.	
35. TAU lüftet seine Melone, setzt sie auf seinen Finger ... läßt sie wie durch Zauber zuerst rechts herum ... dann links herum tanzen ...	*Musik: Es ertönt ein Klingeln, wie die Melodie einer alten Spieluhr: die Zaubersekunde.*

36.
Nun wirbelt auch Herr TAU mit der Melodie im Kreis herum.
(Schnitt — Bewegung)

5. Bild

Am Parkplatz — 13 m

Außen — Tag — ČSSR

37.
Schnitt in Bewegung
Der im Kreis wirbelnde TAU kommt endlich zum Stehen.
Herr TAU in Lebensgröße ... setzt mit würdiger Miene die Melone auf. Nun bückt er sich.

Die zarte Melodie der Zaubersekunde verklingt, als wäre die Uhrfeder abgelaufen.

38.
Zu seinen Füßen liegt die Spielzeugrakete. Er hebt sie auf.

39.
Steckt sie ein und geht würdigen Schrittes ab.

40.
TAU verschwindet zwischen den parkenden Autos.

6. Bild

Straße einer Stadt — 35 m

Außen — Tag — ČSSR

41.
Einen Rodelschlitten an einer Strippe hinter sich herziehend, kommt mit trauriger Miene der kleine Emil daher.

Knirschen des Rodels. Der Song: „Ein Rodel und kein Schnee, o weh!" (im Off gesungen) setzt ein.

42.
Die traurige Miene Emils.

43.
Der Rodel an Emils Hand. Das Pflaster ist fast trocken. Nur stellenweise kleine Inseln zusammengefegten Schnees.

44.
An der Ecke der Straße stehen zwei Kinder — und ein Rodel.

45.
Sie schließen sich Emil an, ihren Rodel übers Pflaster ziehend.

46.
Aus einer Seitenstraße kommen weitere Kinder. Auch sie ziehen völlig unbenützbare Rodel hinter sich her.

47.
Auf einem Schindeldach leuchtet ein letztes Restchen von Schnee.

48.
An einem Eiszapfen glitzern Wassertropfen. *Fortsetzung des Songs*

7. Bild

Kinderspielplatz 70 m

Außen — Tag — ČSSR

49.
Eine hauchdünne Schneeschicht ... *Fortsetzung des Songs*
Ein wenig Schnee haftet an den Zweigen ...
Ein winziges Mädchen versucht mit ihrem Rodel von einem ebenso winzigen Hügel zusammengefegten Schnees zu starten.

50.
Sie setzt sich auf den Rodel, aber der bricht unter ihrem Gewicht in den nassen Schnee ein.

51.
Die Kinderschar mit Emil erscheint. Die Kinder blicken traurig um sich. Überall nur Schneepfützen. Mißmutig lassen sie ihre Rodel stehen.

52.
Emil versucht aus dem Rest des klebrigen Schnees einen Schneeball zu formen. Dann wirft er ihn wütend über die Spielplatzmauer. *Ende des Songs*

53.
Der Schneeball fliegt über die Wand und verschwindet. Man vernimmt: *den Aufprall des Schneeballs, stilisiert*

54.
Die Kinder erschrecken. Starren ...
Sie stieben auseinander ...

55.
... hinter die Zäune ...

56.
... hinter die Rutschbahn aus Beton ...

57.
... ins leere Schwimmbassin.

58.
Auf dem scheinbar leeren Spielplatz ist nur das kleine Mädchen allein zurückgeblieben. Sie weiß kein Versteck.

59.
Es ist ihr weinerlich zumute. Dann blickt sie zum Eingang.

60.
Dort ist ein seltsamer, altmodisch gekleideter Herr erschienen, der sorgfältig den Schnee von seiner Melone fegt. Ihn hat wohl der Schneeball getroffen.

Musik: Motiv des Herrn TAU

61.
Er scheint gar nicht böse zu sein. Nun grüßt er sogar die Kleine, die furchtsam auf ihrem Rodel kauert. TAU geht zwischen den verlassenen Rodeln hindurch. Vom Rand seiner Melone fegt er den Rest des Schnees auf den Schneehügel, den die Kleine angehäuft hat.

62.
TAU schöpft nebenan Schnee in seine Melone ...
Schüttet ihn auch auf den Hügel.

63.
Emil steckt den Kopf aus dem Versteck.

64.
Nun folgen auch Franz und Georg.

Musik setzt fort

65.
Herr TAU beachtet sie nicht. Eben schüttelt er die Schneereste von den Zweigen in seine Melone. Schnell damit auf den Haufen.

66.
Vera und Eva gucken aus ihrem Versteck. Wer mag das sein?

67.
Herr TAU erinnert nun mehr an ein Kind als an einen erwachsenen Mann. In der Melone trägt er immer mehr Schnee auf den Haufen. Der nimmt zusehends zu.

68.
Neugierig verlassen alle Kinder zögernd ihre Schlupfwinkel. Die Kleine hilft nun auch mit. Sie kommt, Schnee in den kleinen Fäusten tragend, gelaufen.

69.
Nun helfen bereits alle Kinder mit. Auf dem Spielplatz gibt es keine einzige Schneeflocke mehr, die ihnen entgangen wäre. Nun entdeckt aber Herr TAU Schnee in seinen bodenlosen Taschen.

70.
Die Kinder stürzen auf die Straße, um von dort etwas Schnee zu holen.

71.
Herr TAU beginnt nun aus dem Schnee etwas zu formen, aber ein Schneemann scheint das nicht werden zu wollen.

72.
Die Kinder kehren mit einem schwachen Ergebnis zurück. Im Tor des Spielplatzes bleiben sie überrascht stehen. Herr TAU hat aus dem Schneehaufen eine Tunneleinfahrt erbaut. Die Kleine guckt ängstlich hinein. Dann blickt sie zu Herrn TAU auf.

73.
TAU kneift ein Auge zu.

74.
Nun ist plötzlich alles klar. Fast wären sie beide als erste mit dem Rodel im Tunnel, aber die Knaben kommen ihnen zuvor.

75.
Herr TAU kriecht hinter Emil in den Tunnel, gefolgt von den übrigen Kindern mit ihren Rodeln. Plötzlich vernehmen wir: *das Weinen der Kleinen*
Herr TAU kehrt zurück, um sie zu holen. Er läßt ihr den Vortritt in den Tunnel und bemüht sich galant um ihren Rodel.

76.
In der Mitte des leeren Spielplatzes gähnt die Einfahrt in den Schneetunnel. Er hat schon alle verschluckt.

8. Bild

Eine Bob-Bahn im Gebirge 115 m
Außen — Tag — Sonnenschein — ČSSR

77.
Kurz Dunkel. Man hört nur ... *Kinderlachen*
Dann schwingt die Kamera von der Tunnelwand hinaus in eine sonnenerfüllte, winterliche Berglandschaft.

78.
Der Tunnel mündet unmittelbar an einer Bob-Bahn, zwischen meterhohen Schneewächten und Bäumen, die unter der Schneelast zu brechen drohen. Zuerst erscheint Emil, auf allen vieren kriechend. *Musik: Variationen des früheren Schnee-Songs*

Er traut seinen Augen nicht. *Hundegebell*

79.
Ein herrenloser Straßenköter rennt hier ungeduldig herum, bellend und den Schnee aufwirbelnd.

80.
Begeistert stürzt er dem Emil entgegen. Er leckt ihm die Nase.

81.
Aus dem Tunnel kommen die übrigen Kinder. Im ersten Moment sind sie vom Schnee und von der Sonne geblendet.

82.
Emil und Ali, der Köter, rutschen bereits, sich überschlagend, auf dem Hintern die aalglatte Bob-Bahn hinab.

83.
Die Kinder springen auf ihre Rodel.

84.
Sie gleiten die Schneebahn hinab.

Musik setzt fort
Gradation

85.
Kreuz und quer von Schneewand zu Schneewand.

86.
In eine scharfe Kurve.

87.
Blitzschnell vorbei an einer Schneewächte, aus der Emil und Ali ans Tageslicht kommen.

88.
Die beiden kehren um, um ihren Rodel zu holen.

89.
Herr TAU hat eben den letzten Rodel mit der Kleinen gestartet.

90.
Das Mädchen verschwindet in der Kurve hinter den übrigen Kindern.

91.
Emil spielt mit Ali, der einen Handschuh im Maul hält. Mach schön bitte!

92.
Mit dem Handschuh im Maul macht Ali ein Männchen.

93.
Emil hebt den Hund auf den Rodel und fährt bergab.

94.
Herr TAU ist allein zurückgeblieben. Er zögert, blickt um sich. Wie ein kleiner Junge versucht er vorsichtig zu schlittern. Dann nimmt er seine Melone vom Kopf, legt sie als Rodelschlitten auf die Bob-Bahn.

95.
Er setzt sich auf den Hut und fährt los. *Musik setzt fort*

96.
Die Bob-Bahn stürzt an ihnen vorbei.

97.
Scharfe, überhöhte Kurven.

98.
Herr TAU rast die Bob-Bahn hinab.

99.
Wie der Blitz schießt er an den Kindern vorbei, die bereits ihre Rodel bergauf ziehen.

100.
An der Zielgerade angekommen, findet er die Kleine, auf ihrem Rodel sitzend.

101.
Sie heult verzweifelt, weil ihr die anderen Kinder davongelaufen sind und sie allein gelassen haben. Sie kommt nicht nach ...

102.
Herr TAU kneift ein Auge zu.

103.
Er säubert seine Melone und nimmt dann auf dem Rodel der Kleinen Platz. Sieh da!

104.
Der Rodel verläßt die Zielgerade und nimmt Kurs auf die Bob-Bahn!

105.
Herr TAU und die Kleine fahren bequem bergauf.

106.
Die Kleine lacht begeistert.

107.
Der Zauberrodel fährt immer schneller bergauf. *Musik setzt fort*

108.
Sie kommen an den erstaunten Jungen vorbei, die den Rodel an der Strippe hinter sich herziehen.

109.
Vorbei an Emil und Ali, der mit dem Handschuh im Maul vorauseilt.

110.
Dann hält sich die Kleine schnell die Hand vor die Augen.

111.
Denn sie nähern sich der Schneewächte am Ende der Bob-Bahn.

112.
Gemeinsam mit TAU landet sie in der Wächte.

113.
Die beiden krabbeln aus dem Schnee. Die Kleine lacht noch immer. Herr TAU lacht mit. Dann folgt ein besorgter Blick zur Kamera. TAU greift vorsichtig in die Tasche.

114.
Er holt die bizarre Spielrakete im Jugendstil mit ihrer Schiffsschraube hervor, untersucht sie. Sie ist in Ordnung. Dann ein neuer Schreck. Er stöbert wieder in den Taschen.

115.
Endlich hat er seine Taschen-Spieluhr gefunden. Sie hat einige Zifferblätter, viele Zeiger und Bildchen.

116.
Er hält sie ans Ohr. Man hört das zauberhafte... *Läuten, mit dem das Ende eines Märchens angezeigt zu werden pflegt.*

117.
Die übrigen Kinder kommen eben an. Herr TAU, die Uhr am Ohr, macht eine besorgte Geste. Zum Tunnel! Heim!
[...]

Kragenknopf und Uhrenzeiger

Karl Valentin

Ich habe mich ja schon furchtbar geärgert! Heute nicht, nein, jahrelang schon. Nicht, daß Sie glauben, wegen Familienangelegenheiten, nein — nur über meinen Kragenknopf! Sehen Sie, man muß ihn ja haben, den Kragenknopf, man ist ja direkt darauf angewiesen, auf den Kragenknopf! Wenn man bedenkt, was an einem Kragenknopf alles dranhängt: der Kragen, die Hemdbrust, die Krawatte usw.
Bitte, stellen Sie sich mal einen feinen Mann ohne Kragenknopf vor, wie der daherkommt! Was nützt da ein feiner Zylinder, wenn man keinen Kragenknopf hat? Rutscht ja alles herunter!
Den einzigen Menschen, den ich mir ohne Kragenknopf vorstellen kann, das ist ein Matrose, aber es kann doch nicht jeder ein Matrose sein, da müßte ja jeder Mensch ein Schiff haben, und außerdem hat nicht jeder Matrose ein Schiff! Dasselbe ist's mit dem Kaffee.
Stellen Sie sich mal einen Kaffee ohne Tasse vor! Man kann ihn doch nicht aus der Kaffeemühle trinken! Oder — einen Tisch ohne Füße — da braucht man ja überhaupt keinen Tisch, da kann man sich ja gleich auf den Boden setzen. Dasselbe ist's mit einer Uhr ohne Zeiger.
Schauen Sie, ich lauf' zum Beispiel schon jahrelang herum mit meiner Uhr ohne Zeiger; die hat doch gar keinen Wert! Eine *Uhr* ist sie natürlich auch so, — Sie werden doch nicht behaupten, daß es ein *Papagei* ist? Ich könnte sie ja zum Uhrmacher geben, aber in dem Moment, wo ich sie dem Uhrmacher gebe, hab ich gar keine, also ist's doch gescheiter, wenn ich wenigstens *die* hab, wenn sie auch nicht geht; das weiß ich ja sowieso — sie *kann* ja auch nicht gehen, ohne Zeiger. Das heißt, gehen kann sie schon — innen —, aber sie zeigt es nicht an, drum hat auch die ganze Uhr keinen Wert. Ich trage

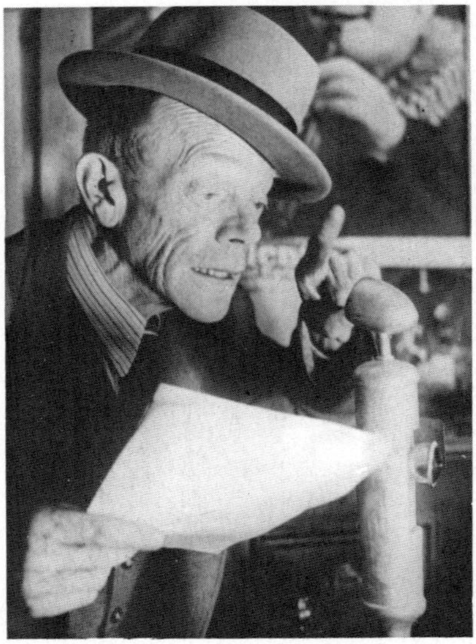

Karl Valentin

ja die Uhr nur wegen der Kette, was will man denn sonst mit einer Uhrkette anfangen, das sagt ja schon das Wort: Uhrkette! Das ist doch selbstverständlich, daß da eine Uhr daran sein muß, ich kann doch keinen Hund hinhängen! Dann wär's ja eine Hundekette. Und wer wird einen Hund in die Westentasche hineinschieben? Niemand.

Ich halte ja eine Uhr für überflüssig. Seh'n Sie, ich wohne ganz nah beim Rathaus. Und jeden Morgen, wenn ich ins Geschäft gehe, da schau ich auf die Rathausuhr hinauf, wieviel Uhr es ist, und da merke ich's mir gleich für den ganzen Tag und nütze meine Uhr nicht so ab!

Die heutigen Uhren gehen ja noch eher, aber früher war's fad mit den Sonnenuhren: Keine Sonne — keine Uhr! Da ist mir ja die meinige ohne Zeiger lieber, da ist man doch wenigstens nicht auf die Sonne angewiesen, bloß auf die Zeiger, und Zeiger kann man schließlich machen lassen, wenn man sie braucht.

Das wäre ja traurig, wenn man nicht ohne Uhr leben könnte! Der Uhrmacher, ja, der kann nicht ohne Uhr leben, bei dem ist's Geschäftssache. Glauben Sie, daß ein Uhrmacher, wenn er wissen will, wie spät es ist, auf alle die tausend Uhren hinschaut, die er in seinem Laden hängen hat? Er denkt nicht dran, er schaut nur auf eine, die andern verkauft er an die Leute, die eine Uhr brauchen; einer, der keine Uhr braucht, der kauft sich ja sowieso keine.

Aber, wie gesagt, es hat keinen Zweck, daß ich die Uhr reparieren lasse: schließlich stiehlt sie mir noch einer, dann hat der eine gehende Uhr, und ich bin jahrelang mit der kaputten rumgelaufen! Drum lass' ich sie lieber so, wenn sie dann wirklich einer stiehlt, dann kann sich der damit ärgern! . . .

LYRISCHE TEXTE

Der Milchtopf

Wohl aufgeschürzt, mit starken, weiten Schritten,
Den Milchtopf auf dem Kopf, ging Marthe nach der Stadt,
Um ihre Sahne feilzubieten.
Weil doch nun beim Verkauf ein jeder Sorgen hat,
So überdachte sie, was, wenn's das Glück ihr gönnte,
Sie wohl damit gewinnen könnte.
Sechs Groschen, dachte sie, gibt mir doch jedermann —
Denn in der Stadt ist alles teuer —,
Die streich' ich also ein und lege mir sie an
Und kaufe mir, so weit sie reichen, Eier.
Die bring' ich wieder in die Stadt.
Das Glück hat oft sein Spiel! Für das, was ich gewänne,
Kauft' ich mir lauter Hühner ein.
Dann legt mir eine jede Henne;
Ich zieh' auch dreimal Brut. Wie wird sich Marthe freun,
Wenn so viel Hühner um sie flattern!
Die soll gewiß kein Fuchs ergattern!
Denn, sind sie groß genug, so kauf' ich mir ein Schwein.
Aus Kälbern, sagt man, werden Kühe.
Das Ferklein wird ja groß; ich spar' auch keine Mühe,
Die Kleie hab' ich schon dazu.
Wenn ich das Schwein verkauft, kauf' ich mir eine Kuh:
Die wirft ein Kalb, ein Ding voll Mut, voll Feuer!
He! Wie es springt! Hopf, Anna Marthe! Hopf!
Hier springt sie — gute Nacht, Kalb, Kuh, Schwein, Hühner, Eier!
Da lag der Topf.

Johann Benjamin Michaelis

Der Zauberlehrling

Hat der alte Hexenmeister
Sich doch einmal wegbegeben!
Und nun sollen seine Geister
Auch nach meinem Willen leben!
Seine Wort' und Werke
Merkt' ich und den Brauch,
Und mit Geistesstärke
Tu' ich Wunder auch.
Walle! walle
Manche Strecke,
Daß zum Zwecke
Wasser fließe
Und mit reichem, vollem Schwalle
Zu dem Bade sich ergieße!

Und nun komm, du alter Besen!
Nimm die schlechten Lumpenhüllen!
Bist schon lange Knecht gewesen;
Nun erfülle meinen Willen!
Auf zwei Beinen stehe,
Oben sei ein Kopf,
Eile nun und gehe
Mit dem Wassertopf!
Walle! walle
Manche Strecke,
Daß zum Zwecke
Wasser fließe
Und mit reichem, vollem Schwalle
Zu dem Bade sich ergieße!

Seht, er läuft zum Ufer nieder;
Wahrlich! ist schon an dem Flusse,
Und mit Blitzesschnelle wieder
Ist er hier mit raschem Gusse.
Schon zum zweiten Male!
Wie das Becken schwillt!
Wie sich jede Schale
Voll mit Wasser füllt!

Stehe! stehe!
Denn wir haben
Deiner Gaben
Vollgemessen! —
Ach, ich merk' es! Wehe! wehe!
Hab' ich doch das Wort vergessen!

Ach, das Wort, worauf am Ende
Er das wird, was er gewesen.
Ach, er läuft und bringt behende!
Wärst du doch der alte Besen!
Immer neue Güsse
Bringt er schnell herein,
Ach! und hundert Flüsse
Stürzen auf mich ein.
Nein, nicht länger
Kann ich's lassen;
Will ihn fassen.
Das ist Tücke!
Ach! nun wird mir immer bänger!
Welche Miene! welche Blicke!

O, du Ausgeburt der Hölle!
Soll das ganze Haus ersaufen?
Seh' ich über jede Schwelle
Doch schon Wasserströme laufen.
Ein verruchter Besen,
Der nicht hören will!
Stock, der du gewesen,
Steh doch wieder still!
Willst's am Ende
Gar nicht lassen?
Will dich fassen,
Will dich halten,
Und das alte Holz behende
Mit dem scharfen Beile spalten.

Seht, da kommt er schleppend wieder!
Wie ich mich nun auf dich werfe,
Gleich, o Kobold, liegst du nieder;
Krachend trifft die glatte Schärfe!
Wahrlich, brav getroffen!
Seht, er ist entzwei!
Und nun kann ich hoffen,
Und ich atme frei!
Wehe! wehe!
Beide Teile
Stehn in Eile
Schon als Knechte
Völlig fertig in die Höhe!
Helft mir, ach! ihr hohen Mächte!

Und sie laufen! Naß und nässer
Wird's im Saal und auf den Stufen.
Welch entsetzliches Gewässer!
Herr und Meister! hör' mich rufen! —
Ach, da kommt der Meister!
Herr, die Not ist groß!
Die ich rief, die Geister,
Werd' ich nun nicht los.
„In die Ecke,
Besen! Besen!
Seid's gewesen!
Denn als Geister
Ruft euch nur zu seinem Zwecke
Erst hervor der alte Meister."

Johann Wolfgang von Goethe

Aus der guten alten Zeit

Es melden Bücher und Sagen
so manches Wunderding
von einem gelben Wagen,
der durch die Länder ging.
Die Kutsche fuhr, man denke,
des Tags drei Meilen weit
und hielt vor jeder Schenke.
O gute, alte Zeit!

Es ward von den Passagieren
zuvor das Haus bestellt.
Sie schieden von den Ihren,
als ging's ans End der Welt.
Sie trugen die Louisdore
vernäht in Stiefel und Kleid,
im Sack zwei Feuerrohre.
O gute, alte Zeit!

Oft, wenn die Reisegenossen
sich sehnten nach Bett und Wirt,
da brummte der Schwager verdrossen:
„Potz Blitz! Ich hab mich verirrt."
Von fern her Wolfsgeheule,
kein Obdach weit und breit;
es schnaubten zitternd die Gäule.
O gute, alte Zeit!

Auch war es sehr ergötzlich,
wenn mit gewaltigem Krach
in einem Hohlweg plötzlich
der Wagen zusammenbrach.
War nur ein Rad gebrochen,
so herrschte Fröhlichkeit.
Mitunter brachen auch Knochen.
O gute, alte Zeit!

Der Abenteuer Perle
war doch das Waldwirtshaus.
Es spannten verdächtige Kerle
die müden Schimmel aus.
Ein Bett mit Federdecken
stand für den Gast bereit;
das zeigte blutige Flecken.
O gute, alte Zeit!

Und waren der Gäste hundert
verschwunden im Waldwirtshaus,
dann schickte der Rat verwundert
berittene Häscher aus.
Die Leichen wurden gefunden,
bestattet und geweiht,
der Wirt gerädert, geschunden.
O gute, alte Zeit!

Rudolf Baumbach

Im Auto über Land

An besonders schönen Tagen
ist der Himmel sozusagen
wie aus blauem Porzellan.
Und die Federwolken gleichen
weißen, zart getuschten Zeichen,
wie wir sie auf Schalen sahn.

Alle Welt fühlt sich gehoben,
blinzelt glücklich schräg nach oben
und bewundert die Natur.
Vater ruft, direkt verwegen:
„'n Wetter, glatt zum Eierlegen!“
(Na, er renommiert wohl nur.)

Und er steuert ohne Fehler
über Hügel und durch Täler.
Tante Paula wird es schlecht.
Doch die übrige Verwandtschaft
blickt begeistert in die Landschaft.
Und der Landschaft ist es recht.

Um den Kopf weht eine Brise
von besonnter Luft und Wiese,
dividiert durch viel Benzin.
Onkel Theobald berichtet,
was er alles sieht und sichtet.
Doch man sieht's auch ohne ihn.

Den Gesang nach Kräften pflegend
und sich rhythmisch fortbewegend,
strömt die Menschheit durchs Revier.
Immer rascher jagt der Wagen.
Und wir hören Vatern sagen:
„Dauernd Wald und nirgends Bier.“

Aber schließlich hilft sein Suchen.
Er kriegt Bier. Wir kriegen Kuchen.
Und das Auto ruht sich aus.
Tante schimpft auf die Gehälter.
Und allmählich wird es kälter.
Und dann fahren wir nach Haus.

Erich Kästner

Kleine Banditen-Ballade

Tief in Urwald Brasiliano
auf Plantage von Banano
wohnen Signor Don Juano
mit sein Schatz.
Signor spielen Pianino,
Donna liegen, trinken Vino
auf Matratz.
O, prosito, sito, sito,
il finito, nito, nito,
erster Satz.

Plötzlich krauchen aus Jasmino
mit sein altes Carabino
böser Räuber Petrolino,
leis wie Katz.
Schreien: Her mit die Peseto!
Schießen Löcher in Tapeto,
batz, batz, batz.
O, prosito, sito, sito,
il finito, nito, nito,
zweiter Satz.

Signor schmeißen mit Pantino,
treffen Kerze Stearino,
alles duster wie in Kino
und Rabatz.
Aber Donna mit Caracho
knallen Räuber tacho, tacho
was vor'n Latz.
O, prosito, sito, sito,
il finito, nito, nito,
dritter Satz.

Mausetot sein Petrolino,
nix mehr trinken wieder Vino,
auch nix rauchen mehr Flor fino,
nix mehr Schatz!
Donna schleppen aus Baracko
bösen Räuber Huckepacko
weg von Platz.
O, prosito, sito, sito,
il finito, nito, nito,
vierter Satz.

Tief in Urwald Brasiliano
spielen Signor Don Juano,
Donna singen zu Piano
schön wie Katz.
Alten bösen Banditillio
längst gefressen Krokodillio
mit sein Schatz.
O, prosito, sito, sito,
il finito, nito, nito,
letzter Satz.

Fritz Graßhoff

Der Elefant im Porzellanladen

Vor einem Schaufenster der schönsten Porzellane stand
neugierig ein noch junger Elefant.
Kopfschüttelnd wies
er mit dem Rüssel, den er an die Fensterscheibe stieß,
auf ein bezauberndes Service
geblümter Mokka-Tassen,
bemüht, mit festem Griff das Zarte zu umfassen.
Verwundert, daß da eine unsichtbare Wand
ganz unbegreiflich seinem Rüssel widerstand,
stieß er den Riesenzahn aus Elfenbein
ins rätselhafte Glas hinein.
Dann folgten Kopf und Fuß und Bein.
Es klirrte und es krachte ungemein ...

Die Ladenmädchen flohen mit entsetztem Schrei'n.
Verbindlich lächelnd, aber kreideweiß und schlotternd,
verbeugte sich der Chef und fragte stotternd:
»Sie wünschen?« — »Dies!«,
und wieder wies
der Rüssel auf das winzige Service
geblümter Mokka-Tassen,
bemüht, das holde Wunder irgendwie zu fassen.
Doch dabei stieß
ganz im Versehn der gute Elefant
mit seinem Riesen-Hinterteil an eine Wand —
und wieder dieses rätselhafte Klirren.
Doch ließ er sich durch nichts beirren:
verwundert schüttelt er nur seine Riesen-Ohren —
indes die Porzellane krachend niederschwirren ...

So steht er da, in eine fremde Welt verloren,
denkt angestrengt und lange nach.
Sein Kopf ist mächtig, doch im Denken schwach.
Er kann nicht den Zusammenhang erfassen
und diese Welt aus Porzellan begreifen.
Und wieder schweifen
voll Sehnsucht seine Augen nach den unbegreiflich kleinen
geblümten Mokka-Tassen ...

Und auch der Chef steht da, erstarrt und stumm,
dicht über ihm der ungeheure Rachen.
Die Ladenmädchen weinen.
Da dreht der Elefant sich langsam um —
und während noch die schönsten Meißner Porzellane unter ihm zerkrachen,
verläßt kopfschüttelnd er, doch festen Schrittes und gemächlich
das Trümmerfeld
zerschlagnen Porzellanes:
»Wie seltsam klein«, denkt er, »ist diese Welt —
verglichen mit der Größe meines Zahnes —
und wie zerbrechlich!«

Siegfried von Vegesack

Der Schneider von Ulm
(Ulm 1592)

Bischof, ich kann fliegen
Sagte der Schneider zum Bischof.
Paß auf, wie ich's mach!
Und er stieg mit so 'nen Dingen
Die aussahn wie Schwingen
Auf das große, große Kirchendach.
    Der Bischof ging weiter.
    Das sind lauter so Lügen
    Der Mensch ist kein Vogel
    Es wird nie ein Mensch fliegen
    Sagte der Bischof vom Schneider.

Der Schneider ist verschieden
Sagten die Leute dem Bischof.
Es war eine Hatz.

Seine Flügel sind zerspellet
Und er liegt zerschellet
Auf dem harten, harten Kirchenplatz.
    Die Glocken sollen läuten
    Es waren nichts als Lügen
    Der Mensch ist kein Vogel
    Es wird nie ein Mensch fliegen
    Sagte der Bischof den Leuten.

Bertolt Brecht

Die Vögel warten im Winter vor dem Fenster

1

Ich bin der Sperling.
Kinder, ich bin am Ende.
Und ich rief euch immer im vergangnen Jahr
Wenn der Rabe wieder im Salatbeet war.
Bitte um eine kleine Spende.
    Sperling, komm nach vorn.
    Sperling, hier ist dein Korn.
    Und besten Dank für die Arbeit!

2

Ich bin der Buntspecht.
Kinder, ich bin am Ende.
Und ich hämmere die ganze Sommerzeit
All das Ungeziefer schaffe ich beiseit.
Bitte um eine kleine Spende.
    Buntspecht, komm nach vurn.
    Buntspecht, hier ist dein Wurm.
    Und besten Dank für die Arbeit!

3

Ich bin die Amsel.
Kinder, ich bin am Ende.
Und ich war es, die den ganzen Sommer lang
Früh im Dämmergrau in Nachbars Garten sang.
Bitte um eine kleine Spende.
    Amsel, komm nach vorn.
    Amsel, hier ist dein Korn.
    Und besten Dank für die Arbeit!

Bertolt Brecht

Lob der Faulheit

Faulheit, jetzo will ich dir
Auch ein kleines Loblied bringen. —
O — — wie — — sau — — er — — wird es mir, — —
Dich — — nach Würden — — zu besingen!
Doch, ich will mein Bestes tun,
Nach der Arbeit ist gut ruhn.
Höchstes Gut! wer dich nur hat,
Dessen ungestörtes Leben — —
Ach! — — ich — — gähn' — — ich — — werde matt — —
Nun — — so — — magst du — — mir's vergeben,
Daß ich dich nicht singen kann;
Du verhinderst mich ja dran.

Gotthold Ephraim Lessing

Logik

Die Nacht war kalt und sternenklar,
Da trieb im Meer bei Norderney
Ein Suahelischnurrbarthaar. —
Die nächste Schiffsuhr wies auf drei.

Mir scheint da mancherlei nicht klar,
Man fragt doch, wenn man Logik hat,
Was sucht ein Suahelihaar
Denn nachts um drei am Kattegatt?

Joachim Ringelnatz

Mittag

Am Waldessaume träumt die Föhre,
Am Himmel weiße Wölkchen nur;
Es ist so still, daß ich sie *höre*,
Die tiefe Stille der Natur.

Rings Sonnenschein auf Wies' und Wegen,
Die Wipfel stumm, kein Lüftchen wach,
Und doch, es klingt, als ström' ein Regen
Leis tönend auf das Blätterdach.

Theodor Fontane

poesie

die männer im elektrizitätswerk
zünden sich die morgenzigarette an.
sie haben, während ich nachtsüber schrieb,
schwitzend meine arbeitslampe gefüttert.
sie schippten kohlen für ein mondgedicht.

Kurt Bartsch

Abends daheim

Wenn es draußen Abend wird,
ist's daheim gemütlich;
alle rings am großen Tisch
tun sich dann recht gütlich.

Vater holt die Zeitung vor,
liest beim Lampenschimmer,
schmaucht sein Pfeifchen froh dabei,
Mutter strickt wie immer.

Emsig näht das Schwesterlein
für sein Puppenpärchen,
und ich lese stillvergnügt
meine Lieblingsmärchen.

Leise nur die Wanduhr tickt,
Piepmatz schläft schon friedlich —
wenn es draußen Abend wird,
ist's daheim gemütlich.

Alwin Freudenberg

Ins Weiße blickend

Schnee hat auf Katzenpfoten
den Garten zurückerobert,
die Dächer und Bäume besetzt.
Erfroren starren
die Knospen dich an,
schwarze Pupillen
im Weiß der Zweige.

Wolfgang Bächler

April

Tage wie Vögel und locker wie junges Haar.
Auf den Stufen hüpft Regen und malt seine flüchtigen Zeichen.
Er spielt mit der Sonne. Bald wird sie dein Fenster erreichen
und steigt dir ins Zimmer, das lange voll Schatten war.

Christine Busta

Rondel

Verflossen ist das Gold der Tage,
Des Abends braun und blaue Farben:
Des Hirten sanfte Flöten starben,
Des Abends blau und braune Farben;
Verflossen ist das Gold der Tage.

Georg Trakl

Verlassene Alm

Regenwasser
in den Trittspuren der Kühe.
Ratlose Fliegen
nah am November.

Der rote Nagel wird den Wind nicht überstehen.
Der Laden wird in den Angeln kreischen,
einmal an den Rahmen schlagen,
einmal an die Mauer.

Wer hört ihn?

Günter Eich

Advent

Nebellichter tasten
kalt über gelbe Fassaden
Stoffpuppen locken:
Kaufe früher
schenke froh

Hoch oben ein Stern:
Ratsherren-Bräu

René Peter

Macht hoch die Tür

Macht hoch die Tür, die Tor macht weit,
es kommt der Herr der Herrlichkeit,
ein König aller Königreich,
ein Heiland aller Welt zugleich,
der Heil und Leben mit sich bringt,
derhalben jauchzt, mit Freuden singt:
Gelobet sei mein Gott,
mein Schöpfer reich von Rat.

Er ist gerecht, ein Helfer wert;
Sanftmütigkeit ist sein Gefährt,
sein Königskron ist Heiligkeit,
sein Zepter ist Barmherzigkeit;
all unsre Not zum End er bringt,
derhalben jauchzt, mit Freuden singt:
Gelobet sei mein Gott,
mein Heiland groß von Tat.

O wohl dem Land, o wohl der Stadt,
so diesen König bei sich hat.
Wohl allen Herzen insgemein,
da dieser König ziehet ein.
Er ist die rechte Freudensonn,
bringt mit sich lauter Freud und Wonn.
Gelobet sei mein Gott,
mein Tröster früh und spat.

Macht hoch die Tür, die Tor macht weit
eur Herz zum Tempel zubereit'.
Die Zweiglein der Gottseligkeit
steckt auf mit Andacht, Lust und Freud;
so kommt der König auch zu euch,
ja Heil und Leben mit zugleich.
Gelobet sei mein Gott,
voll Rat, voll Tat, voll Gnad.

Komm, o mein Heiland, Jesu Christ,
meins Herzens Tür dir offen ist.
Ach zeuch mit deiner Gnaden ein;
dein Freundlichkeit auch uns erschein.
Dein Heilger Geist uns führ und leit
den Weg zur ewgen Seligkeit.
Dem Namen dein, o Herr,
sei ewig Preis und Ehr.

Georg Weißel

Kaschubisches Weihnachtslied

Wärst du, Kindchen, im Kaschubenlande,
Wärst du, Kindchen, doch bei uns geboren!
Sieh, du hättest nicht auf Heu gelegen,
Wärst auf Daunen weich gebettet worden.

Nimmer wärst du in den Stall gekommen,
Dicht am Ofen stünde warm dein Bettchen,
Der Herr Pfarrer käme selbst gelaufen,
Dich und deine Mutter zu verehren.

Kindchen, wie wir dich gekleidet hätten!
Müßtest eine Schaffellmütze tragen,
Blauen Mantel von kaschubischem Tuche,
Pelzgefüttert und mit Bänderschleifen.

Hätten dir den eignen Gurt gegeben,
Rote Schuhchen für die kleinen Füße,
Fest und blank mit Nägelchen beschlagen!
Kindchen, wie wir dich gekleidet hätten!

Kindchen, wie wir dich gefüttert hätten!
Früh am Morgen weißes Brot mit Honig,
Frische Butter, wunderweiches Schmorfleisch,
Mittags Gerstengrütze, gelbe Tunke,

Gänsefleisch und Kuttelfleck mit Ingwer,
Fette Wurst und goldnen Eierkuchen,
Krug um Krug das starke Bier aus Putzig!
Kindchen, wie wir dich gefüttert hätten!

Und wie wir das Herz dir schenken wollten!
Sieh, wir wären alle fromm geworden,
Alle Knie würden sich dir beugen,
Alle Füße Himmelswege gehen.

Niemals würde eine Scheune brennen,
Sonntags nie ein trunkner Schädel bluten, —
Wärst du, Kindchen, im Kaschubenlande,
Wärst du, Kindchen, doch bei uns geboren!

Werner Bergengruen

Schneeglöckchen im Februar

Musik und Text:
W. Roloff/H. Hee/
G. Kaleta

Schneeglöckchen im Februar,
Goldregen im Mai,
Rosen im Herbst, und im Winter sogar
sind uns die Eisblumen treu.

Warum schau'n oft die Menschen so traurig aus,
als wär' alles nur Müh' und Plag'?
Denn die Welt ist doch schön, oh, schaut hinaus,
sie blüht an jedem Tag:

Schneeglöckchen im Februar,
Goldregen im Mai,
Rosen im Herbst, und im Winter sogar
sind uns die Eisblumen treu.

Es gibt Menschen, die schau'n sich nur Bilder an,
wollen nie etwas and'res seh'n,
doch die Bilder, die jedes Jahr uns schenkt,
die sind genau so schön:

Schneeglöckchen im Februar,
Goldregen im Mai,
Rosen im Herbst, und im Winter sogar
sind uns die Eisblumen treu.

Wenn ich einmal nicht weiß, was schenk' ich dir,
wünschst du dies oder lieber das,
geh' ich einfach hinaus vor die Tür,
da find' ich immer:

Schneeglöckchen im Februar,
Goldregen im Mai,
Rosen im Herbst, und im Winter sogar
sind uns die Eisblumen treu.

HEINTJE auf ARIOLA SNB 14 851 AT

Apfel

Reinhard Döhl

ebbe / flut

```
ebbeebbeebbeebbeebbeflut
ebbeebbeebbeebbeebbeebbe
ebbeebbeebbeebbeebbeflut
ebbeebbeebbeebbefluuuuut
ebbeebbeebbefluuuuuuuuut
ebbeebbefluuuuuuuuuuuuut
ebbefluuuuuuuuuuuuuuuuut
fluuuuuuuuuuuuuuuuuuuuut
ebbefluuuuuuuuuuuuuuuuut
```

Ernst Jandl

Spiegelung

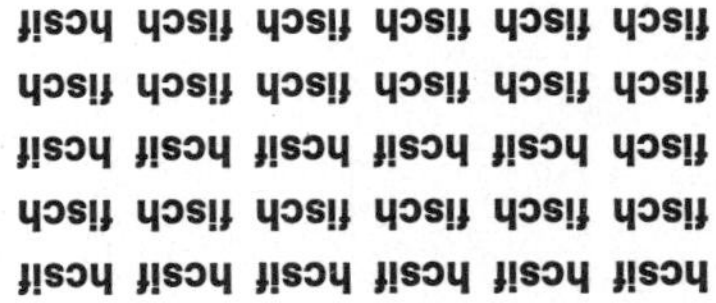

fisch fisch fisch fisch fisch fisch
hcsif hcsif hcsif hcsif hcsif hcsif
fisch fisch fisch fisch fisch hcsif
hcsif hcsif hcsif hcsif hcsif hcsif
fisch hcsif hcsif hcsif hcsif hcsif

Eugen Gomringer

SPRACHSPIELE

Es ist eine Grippe im Anzug

Spiele *kennen wir alle.*
Je nach Talent und Neigung lieben wir sehr unterschiedliche Spiele:
Ballspiele (wie Fußball oder Tennis), Kartenspiele (wie Rommé oder Skat), Brettspiele (wie Halma oder Schach), Ratespiele, Würfelspiele, Glücksspiele ...

Sprachspiele *kennt ihr ebenfalls:*
Abzählreime und Neckverse, Rätselspiele (wie Teekesselraten oder Kreuzworträtsel lösen).
In diesem Kapitel sollt ihr weitere Spiele mit der Sprache kennenlernen:
Sprachspiele, die ihr mit selbstgefundenen Beispielen nachspielen könnt, wenn ihr die Spielregeln erkannt habt.

Leberreime

Der Leberreim war im 17. Jahrhundert als sinnreicher und später auch als scherzhafter Tischspruch (dem Trinkspruch verwandt) sehr beliebt. Jeder Tischgenosse mußte bei diesem Gesellschaftsspiel, wenn ihm die Schüssel mit der Fischleber angeboten wurde, schnell einen Zweizeiler dichten, der mit „Die Leber ist von einem Hecht und nicht von ..." zu beginnen hatte. Noch im 19. Jahrhundert konnte man in Norddeutschland bei Bauernhochzeiten Leberreime hören.

1
Die Leber ist von einem Hecht und nicht von einer Schleie.
Der Fisch will trinken, gebt ihm 'was, daß er vor Durst nicht schreie.

Theodor Fontane

2
Die Leber ist von einem Hecht und nicht von einem Ochsen;
willst reich du werden und berühmt, studiere nicht, lern' boxen!

Unbekannter Verfasser

3
Die Leber ist von einem Hecht und nicht von einem Spechte;
rechts liegt der linke Daumen, dagegen links der rechte.

Karl Schimper

4
Die Leber ist von einem Hecht und nicht vom Elefanten;
Hast Pilze du, die giftig sind, dann gib sie den Verwandten!

Theo Riegler

5
Die Leber ist von einem Hecht und nicht von einer Ziege;
Der Mensch ist von Natur aus schlecht, er brüllt schon in der Wiege.

Theo Riegler

6
Die Leber ist von einem Hecht und nicht von einer Gemse;
steht dir das Wasser bis zum Hals, dann stürz' dich in die Themse.

Theo Riegler

Schüttelreime

Zebra und Löwe

Ein Zebra tät verdauen Gras.
Da spürte es mit Grauen, daß
ein Löwe, wie im Nu sich zeigte,
dem Fleischgenusse zu sich neigte.

Unbekannter Verfasser

Ins Poesiealbum

Laß Rosen, Tulpen und Nelken, Wicht,
Kakteen nimm, die verwelken nicht!

Weiß der Kuckuck!

Sie schimpft: „Was soll das miese Vogelei?
Verdammt, das ist 'ne fiese Mogelei!"
Jedoch gibt sie, als gute Vogelmutter,
dem Kuckuckskind, trotz Ei-Gemogel, Futter!

Hochsommer

Welch Hitze, o,
in Itzehoe! —
Doch Hitze freut
den Fritze heut,
denn, Fritze, hei,
's gibt hitzefrei!

Sprichwörter

Das Mantel-nach-dem-Winde-kehren
soll man schon früh dem Kinde wehren!

*

Die Satten verlassen das Schinken-Riff

Die Ratten verlassen das sinkende Schiff,
die Schatten verlassen das sinkende Riff.

Sita Steen

Spiele mit Wörtern

Neue Bildungen, der Natur vorgeschlagen

Der Ochsenspatz
Die Kamelente
Der Regenlöwe
Die Turtelunke
Die Schoßeule
Der Walfischvogel
Die Quallenwanze
Der Gürtelstier
Der Pfauenochs
Der Werfuchs
Die Tagtigall
Der Sägeschwan
Der Süßwassermops
Der Weinpinscher
Das Sturmspiel
Der Eulenwurm
Der Giraffenigel
Das Rhinozepony
Die Gänseschmalzblume
Der Menschenbrotbaum

Christian Morgenstern

Kleine Tierkunde

Blumento — Pferde
Eid — Otter
Kla — Motte
Karteng — Eber
Lus — Tiger

Niko — Laus
Schmut — Zecke
Schlam — Assel
Senft — Unke
Vers — Tauben

Spiel mit Namen

Anna Geln	Addi Eren
Ellen Bogen	Ernst Haft
Golda Dern	Franz Ose
Imke Rei	Hans Aplast
Isa Rufer	Hinrich Tung
Lotte Rie	Jack Ett
Marga Rine	Jens Eits
Pia Nist	Leo Pard
Rose Nöl	Peter Silie
Vera Bredung	Sepp Elhose

Versteckte Imperative

A	B	C
Laufjunge	Wasserrinne	Geheimpolizist
Stichflamme	Goetheplatz	Eisenbahngeleise
Gießkanne	Garnrolle	Stilvolle Geldtaschen
Baumeister	Rasenbleiche	Gemüsebeete
Sprühdose	Oberdeck	Komfort
Hautkranke Affen	Schillerdenkmal	Kompost
Mausgraue Pelze	Tiroler Weine	Reispapier

Schreibspiele

Wörter mit Ziffern

Kurzschrift für gute Rechner

Wer die 1parung von Buchstaben durch das 1etzen von Ziffern nicht 1ieht und 3st an2felt, dem ist nicht zu h11en.

2 W8meister spielten 1t auf dem Re4 66.

11riede m8 mit ihrem 2sitzer eine Run3se durch die f1ten Bäder Holst1.

2 ge8ete Kla4spieler m8en gem1am Urlaub im 7gebirge.

Der kl1te Junge bekam 8ern 1 drauf.

Der all1tehende Sch8arbeiter 3er d8e ans Heiraten.

Countdown

12 — ender

11 — enbein

10 — kampf

9 — töter

8 — los

7 — schläfer

6 — zylinder

5 — linge

4 — tel

3 — st

2 — fel

1 — ender

0 — punkt

Achterbahnträume

8
W8soldaten
bew8en
W8eln in Sch8eln
und l8en:
„Auf der W8,
um Mittern8,
werden Feuer entf8
und die W8eln geschl8et.
Wir haben lange genug geschm8et“.

„8ung“,
d8en die W8eln,
„wir öffnen mit Sp8eln
die Sch8eln,
denn der Verd8,
daß man uns hinm8,
ist angebr8“,
und entflogen s8,
abends um
8

Hans Manz

Wortmalerei

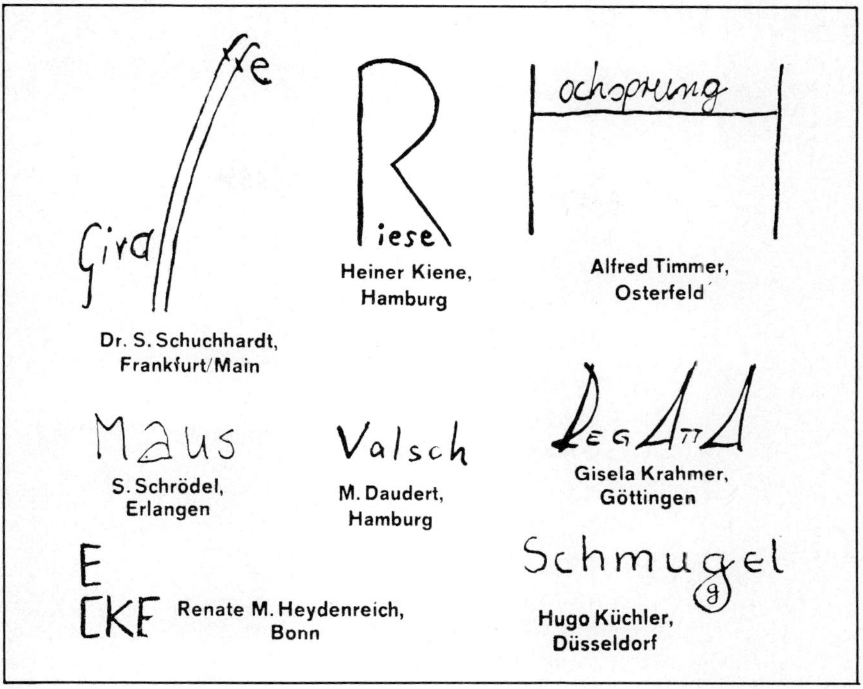

Spiel mit Vokalen

ottos mops

ottos mops trotzt
otto: fort mops fort
ottos mops hopst fort
otto: soso

otto holt koks
otto holt obst
otto horcht
otto: mops mops
otto hofft

ottos mops klopft
otto: komm mops komm
ottos mops kommt
ottos mops kotzt
otto: ogottogott

Ernst Jandl

Rätsel

Sonnengegner

Läuft ums Haus herum,
Läuft am Haus hinunter,
Ist bei Sonnenschein stumm,
Bei Schlechtwetter munter.

Gliederfreund

Das Erste ist am Arm,
Das Zweite am Fuß,
Das Ganze an der Hand.

Feind der Rundung?

Keine runde Schüssel hat's,
Doch jedes runde Becken,
Keine runde Pfütze,
Doch jeder runde Flecken.
Kein runder Stab,
Doch jeder runde Stecken,
Kein runder Laib,
Doch jeder runde Wecken.

Aus dem Hühnerhof

Eine Henne vor Schreck
Legt' ein Ei in den Dreck;
Damit machte sie nur
Eine schöne Figur.

Aus dem Zoo

Von Nord, von Süd
Ein wildes Tier:
Ein Mann mit Vollbart
Steht vor dir.

Bekränzter Ochse

Zum Auerochs noch Blätter tu,
So hast du eine Zeitlang Ruh.

Ernst Buschor

VERFASSER- UND QUELLENVERZEICHNIS

Texte unbekannter Verfasser und Texte ohne Verfasserangabe

VERZEICHNIS DER ABBILDUNGEN

Arbeitsanhang

Schriftliche Aufgabe:

Nachschlagen
in einem Lexikon oder im Lesebuch:

Gruppenarbeit oder Partnerarbeit:

Melden, Antworten, Erzählen, Berichten,
Diskutieren:

Hausaufgabe:

Diese kleinen Zeichen stehen hinter den Aufgaben und geben an, in welcher Arbeitsform sie zu lösen sind.

Die Seitenzahlen hinter den Überschriften geben an, wo der Text in diesem Buch steht.

(1) Zu: Aufruf zur Teilnahme am Vorlese-Wettbewerb (S. 10)

1. Was fällt dir an der Gliederung und am Druckbild dieses Aufrufes auf?

2. „Lesen macht Spaß" ist das Motto dieser Vorlese-Wettbewerbe. Was ist ein *Motto* und warum wählt man für die alljährlichen Vorlese-Wettbewerbe immer wieder dieses Motto?

③ Diesen Aufruf haben fünf Persönlichkeiten des „öffentlichen Lebens" unterzeichnet.
   a) Einer von ihnen ist der *Schirmherr* der Veranstaltung. Wer? Was heißt *Schirmherr?*
   b) Warum stehen auch die Namen der vier anderen unter dem Aufruf? Wen oder was vertreten sie?

4. Eine Jury (meist eine Gruppe von Lehrern, Bibliothekaren, Buchhändlern und Eltern) entscheidet, wer in der Schule, im Kreis, im Bezirk, im Land oder in der Bundesrepublik am besten vorgelesen hat.
   a) Nach welchen Gesichtspunkten oder Maßstäben sollten die einzelnen Jury-Mitglieder deiner Ansicht nach urteilen?
   b) Sollten auch Schüler in der Jury mitwirken?

5. Ein Aufruf wendet sich immer an eine Gruppe von Personen, um ihr Verhalten in einem bestimmten Sinne zu beeinflussen.
   a) Was will dieser Aufruf erreichen, an wen wendet er sich?
   b) Warum wird der Vorlese-Wettbewerb vom deutschen Buchhandel veranstaltet?

⑥ Als Schüler der 6. Klasse kannst du auch am Vorlese-Wettbewerb teilnehmen. Was würdest du am liebsten vorlesen?
   a) Suche einen Abschnitt oder eine Geschichte aus einem Buch aus.
   b) Überlege dir Gründe für deine Wahl.

(2) Zu C. Giesecke: Meine Eindrücke vom 11. Vorlese-Wettbewerb (S. 11)

1. Über welche „Stationen" mußte sich Christian Giesecke nach Frankfurt lesen?

2. Welche Einzelheiten erfahren wir über die einzelnen Wettbewerbe?

3. Christian G. las bei jedem Wettbewerb eine andere Geschichte.
   a) Warum las er wohl nicht immer dieselbe Geschichte?
   b) Welche Geschichten las er jeweils vor?

4. Worin sieht er die Unterschiede seiner Texte zu denen der anderen Vorleser?

⑤ Lies den Text von Bichsel (*Ein Tisch ist ein Tisch,* TS 5) und überlege, ob du mit dem Urteil von Christian G. übereinstimmst.

⑥ Als typische Beispiele für die Texte der anderen Vorleser nennt Christian G. die Autoren Astrid Lindgren und Mark Twain. Kannst du seine Ansicht anhand der Statistik auf S. 13 bestätigen?

7. Könnte die Auswahl des jeweiligen Textes die Jury-Entscheidung beeinflußt haben?

⑧ In der Pause des Frankfurter Wettbewerbs las eine finnische Schülerin vor. Sie schreibt über ihren Wettbewerb:

Der erste Vorlese-Wettbewerb auf Deutsch fand am Donnerstag, dem 5. März 1970 statt. Die Teilnehmer der Endausscheidung in Helsinki waren die 31 Regionalsieger, und unter ihnen ich, Anita Lennerth. An den Bezirkswettbewerben konnten die Schüler teilnehmen, die Deutschunterricht in der Schule haben, also im Alter von etwa 14 bis 20 Jahren.

Die Teilnehmer, die teilweise sehr entfernt von Helsinki wohnten, wurden sehr liebenswürdig empfangen und in verschiedenen Familien untergebracht. Ich wohnte in einer Familie, die sich reizend um mich gekümmert hat.

Am Tage nach meiner Ankunft begleitete mich die Tochter der Familie, bei der ich wohnte, in die Aula der Deutschen Schule. Hier fand die Endausscheidung statt. Der Saal war sehr dekorativ mit Blumen geschmückt. In der Mitte des Podiums stand der Tisch für die Vortragenden, rechts und links von ihm saß die Jury.

Erst nach der Pause kam ich an die Reihe. Als ich aufstand und nach vorne zum Tisch ging, überfiel mich eine furchtbare Nervosität – „Lampenfieber" –, aber sobald ich zu lesen anfing, war mein einziger Gedanke, dem Publikum Anne Franks angsterfülltes Erlebnis mitzuteilen, und als ich danach den Applaus des Publikums empfing, hatte ich irgendwie das Gefühl, daß mir dies gelungen war.

Ja, es war mir tatsächlich gelungen; ich gewann sogar den ersten Preis, das heißt, eine Flugreise nach Frankfurt am Main hin und zurück! Dort durfte ich drei Tage als Gast des Börsenvereins des Deutschen Buchhandels beim 11. Vorlese-Wettbewerb anwesend sein und konnte dann noch bei der Jugendbuchautorin Frau Barbara Bartos-Höppner in Nottensdorf bei Hamburg wohnen. Außerdem hatte ich durch die Vermittlung von Herrn Willer, Studienrat an der Deutschen Schule in Helsinki, einem alten „Mindener", die Möglichkeit, in Minden bei einer deutschen Familie zu leben. Ein schöner Preis!

Anita Lennerth

(Aus: Lesen macht Spaß! 12. Vorlese-Wettbewerb des deutschen Buchhandels. Frankfurt/M. 1970)

a) Stelle die Unterschiede zum deutschen Vorlese-Wettbewerb in kurzer Form zusammen.
b) Wie müßte ein ähnlicher Wettbewerb bei uns aussehen?

(3) Zu S. Schönfeldt: Empfohlene Kinderromane (S. 16)

1. Die Texte bestehen jeweils aus drei Teilen. Was kannst du den einzelnen Abschnitten entnehmen?

2. Es handelt sich um *Buchbesprechungen* oder *Rezensionen.* Wozu sind sie da?

3. a) Für wen sind diese Rezensionen wohl geschrieben?
   b) Woran erkennst du das?

4. a) Welches der drei Bücher möchtet ihr am liebsten lesen?
   b) Nennt die Gründe für eure Wahl.

⑤ a) Von wem stammen die drei Rezensionen?
   b) Was steht im *Verfasser- und Quellenverzeichnis* des Lesebuchs unter dem Namen der Verfasserin dieser Rezensionen? Was steht in der Titelangabe zur *Lausbuben-AG* auf S. 16? Fällt euch etwas auf?
   c) Man könnte sich vorstellen, daß das, was ihr entdeckt habt, sich auf die Beurteilung des Buchs ausgewirkt hat. Vergleicht die Urteile über die drei Bücher miteinander und stellt fest, ob das erste Buch besonders gelobt wird.

6. Die Besprechungen enthalten bereits das Wichtigste vom Inhalt. Lohnt es sich überhaupt, die Bücher noch zu lesen?

⑦ Versuche, zu einem anderen Buch, das du kennst,
   a) eine kurze Beurteilung zu schreiben
   ⓐ eine kurze Inhaltsangabe und eine Beurteilung zu schreiben.

(4) Zu E. Emrich: Ohne Eintrittskarte mit dabei (S. 20)

1. a) Stelle die Berufe der Personen zusammen, die bei dieser Fernsehübertragung tätig sind.
   b) Welche Aufgaben haben sie zu erfüllen? Jeder von euch wählt einen Beruf aus und berichtet darüber. (Falls du zu wenig darüber weißt: wie kannst du dich informieren?)

2. Welche Geräte sind für die Übertragung notwendig? Stelle eine Liste zusammen.

3. Trage in die nachfolgende Skizze mit Bleistift die Standorte der Kameras ein, wie der Text sie vorschreibt.

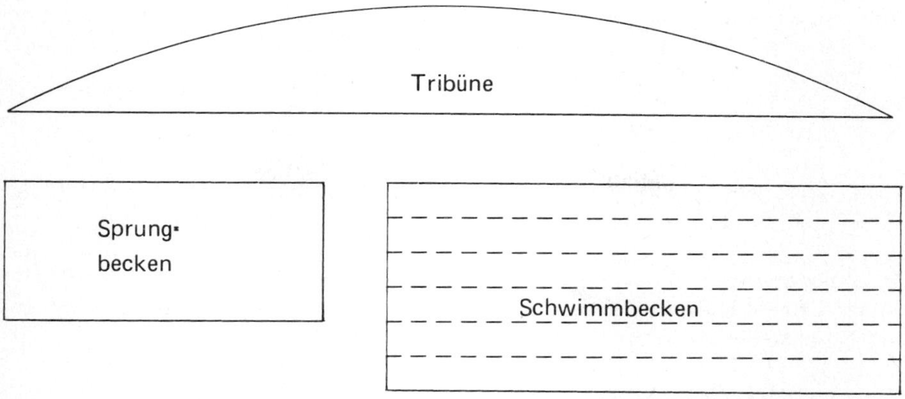

4. Wir „spielen" Kameraführung.
   a) 6 Schwimmerinnen starten im Wettbewerb über 100 m-Rücken. Es ist eine Minute vor dem Start.
   Kamera 2 zeigt im Augenblick die leeren Schwimmbahnen; Kamera 3 ist an den Start herangefahren und zeigt den Starter „nah". Kamera 4 zeigt die Tribüne *(Totale).* Welche Bilder sollen gesendet werden? Welche Anweisungen müssen die Kameras bekommen?
   b) Nach den ersten 40 Metern liegen die Schwimmerinnen auf den Bahnen 1, 2 und 4 gleichauf an der Spitze. Auf der Bahn 3 schwimmt der Publikumsliebling und setzt zu einem Zwischenspurt an.
   Was soll der Fernsehzuschauer sehen?

(5) Zu: „Speed Racer" abgesetzt: Protest! (S. 29)

1. Ein tolldreister Rennfahrer jagt mit seinem Zukunfts-Superwagen von Sieg zu Sieg. Alle Gegner schaltet er aus: kalt, grausam und raffiniert. Als eine japanische Fernsehserie dieses Inhalts unter dem Titel *Speed Racer* vom Süddeutschen Rundfunk im Nachmittagsprogramm gesendet wurde, protestierten zahlreiche Erwachsene, so daß die Serie im Dezember 1971 nach der 3. Folge abgesetzt wurde. Was daraufhin geschah, berichtet die Zeitungsmeldung vom 10. März 1972: *Kinderprotest hatte Erfolg: „Speed Racer" kommt wieder.* Wer hat alles an dieser Entscheidung mitgewirkt?

2. Einer bekannten Programmzeitschrift schrieb Günter Gottwald aus Bremen: „Wie auf den Spielplätzen! Da merken wir Größeren auch, daß für uns kein Platz ist: Radfahren und Fußballspielen verboten!" Zu welchen Leserbriefen paßt diese Äußerung?

3. Der verantwortliche Programmdirektor in Stuttgart nach dem Zuschauerprotest: „Die Kinder können zwischen Realität und der gezeichneten Phantasiewelt durchaus unterscheiden". Ein Leserbrief bestätigt diese Behauptung.

4. a) Stellt in einer Stichwortliste die Protestgründe der jungen Briefschreiber zusammen.
   b) Diskutiert über die Argumente der Briefschreiber.
   ⓒ Stellt dem die möglichen Argumente der Erwachsenen gegenüber.

5. „Aber sie haben mir die neue Freundschaft vermasselt", heißt es in einem Brief. Wollten die Erwachsenen den Kindern und Jugendlichen nur etwas nicht gönnen, als sie die Serie absetzten?

6. Nicht jeder Brief an einen Fernsehsender oder eine Programm-Zeitschrift führt zu einer Änderung des Programms. Warum hatte der Kinderprotest in diesem Fall Erfolg?

(6) Zu: Bärte und lange Haare ...
Zum Friseur oder zum Fotografen (S. 30)

1. a) Was ist den Meldungen A (*Bärte* ...) und B (*Zum Friseur* ...) gemeinsam?
   b) Was unterscheidet sie?

2. Kann man aus dem Vergleich schließen, welche der beiden Meldungen die „richtigere" ist, d. h. welche den Tatsachen entspricht?

③ Hinter A und B könnten verschiedene Absichten stecken. (Was hält die Zeitung A von Bärten und langen Haaren, wie steht Zeitung B dazu?)

④ Suche zwei Meldungen zu einem anderen Vorfall aus verschiedenen Zeitungen und vergleiche.

(7) Zu: Silvester-Feuerwerk verursachte 30 Unfälle (S. 32)

1. Bei diesem Zeitungsartikel handelt es sich um einen *Sammelbericht.*
   a) Warum nennt man ihn so?
   b) Wie ist er wohl entstanden?
   ⓒ Wieviel Einzelmeldungen enthält der Bericht?

2. Der Text hat insgesamt vier Überschriften.
   a) Warum so viele?
   b) Kann man sie untereinander austauschen?
   c) Suche zu Hause in Zeitungen nach Artikeln, die auch mehrere Überschriften besitzen.

3. Untersucht das Verhältnis von Einleitung und Hauptteil.
   a) Sie sind verschieden gedruckt.
   ⓐ Beschreibt, was in den beiden Teilen berichtet wird.

4. Wenn du das Wort *Silvester* hörst, denkst du sicher nicht zuerst an Unfälle.

⑤ In diesem Artikel aus der in Hamburg erscheinenden Zeitung *Die Welt* werden seltsamerweise nur Unfälle aus Norddeutschland erwähnt.

6. Suche in einer Tageszeitung nach einem Sammelbericht über die Fußballspiele der Bundesliga.

(8) Zu: Frau S. fertigt Drosselspulen (S. 43)

1. a) „Wenn ich das noch zwei Jahre mitmache, klappe ich zusammen", sagt Frau S.
   Stellt in einer Liste (Stichwörter) zusammen, was Frau S. anstrengt und worunter sie leidet.
   b) Einiges ist im Werk, in dem Frau S. arbeitet, angenehm, und manches erleichtert ihr die Arbeit auch etwas. Stellt das in einer Liste (Stichwörter) zusammen.

2. Was erfährt man über das Werk und die äußeren Umstände (die Bedingungen), unter denen dort gearbeitet wird?

3. Erkläre den Begriff *Akkord (Akkordarbeit)* – der Text hilft dir dabei.

4. Dieser Text ist aus einem Interview entstanden. Alles, was der Reporter berichtet, hat er von Frau S. erfahren. Stellt die wichtigsten Fragen zusammen, die der Reporter an Frau S. gerichtet haben muß.

5. a) Richte diese Fragen an deinen Vater, an deine Mutter oder an einen Bekannten und schreibe die Antworten auf, so daß du in der Klasse über dein Interview berichten kannst.
   ⓑ Versuche mit Hilfe deines Interviews einen kleinen Bericht (eine Reportage) zu schreiben.

(9) Zu D. Rubinowicz: Aus dem Tagebuch (S. 58)

1. Warum möchte sich Davids Vater in ein Loch verkriechen, wenn er einen Deutschen sieht?

2. Wir erfahren: Die deutsche Besatzungsmacht in Polen hat zahlreiche Juden erschossen. Wir erfahren auch, daß sie andere, vielleicht grausamere Methoden zur

Vernichtung der Juden angewendet hat. Das Tagebuch nennt solche Methoden.

3. David würde (vielleicht im Gegensatz zu dir) gern in die Schule gehen. Warum?

4. Es fällt auf, daß David Rubinowicz häufig Wendungen gebraucht wie: die einen sagen, die anderen sagen – hört man – haben sie – wollen sie –
   a) Wer ist damit gemeint?
   ⓑ Warum drückt sich der Junge so aus?

5. Gibt es auch heute noch unmenschliche Verfolgungen in der Welt?

(10) Zu J. Gagarin: Im Weltraum (S. 68)

1. Der Sowjetrusse Jurij Gagarin war der erste Weltraumfahrer der Erde. Wie empfindet und bewertet er das?

2. Warum erwähnt Gagarin Christoph Kolumbus?

3. „Ich sah die Wolken und ihre Schatten auf der fernen, geliebten Erde. Für einen Moment erwachte in mir der Bauernsohn. Der vollkommen schwarze Himmel sah wie ein frisch gepflügtes Feld aus, und die Sterne waren die Saatkörner. Sie strahlten hell und klar.", heißt es bei Gagarin.

   Ich konnte die Wolken und ihre Schatten auf der Erde erkennen. Die Sterne strahlten hell und klar. Sie hoben sich vom schwarzen Hintergrund des Himmels deutlich ab.

   Vergleiche.

4. Auf S. 46–48 ist ein anderer Raumfahrt-Bericht abgedruckt. Die Art und Weise, wie dort berichtet wird, unterscheidet sich sehr von Gagarins Bericht.
   a) Lest den Bericht auf S. 46–48 und überlegt dann, worin die Unterschiede bestehen. Haltet die Unterschiede, die euch aufgefallen sind, in Stichwörtern fest.

Dolezal	Gagarin
Er	Ich
Sachbericht	. . . .
nur Tatsachen	. . . .
. . . .	Vergleiche, Bilder
. . . .	. . . .

   ⓑ Die beiden Texte unterscheiden sich, weil sie ganz verschiedene Absichten verfolgen.
   Was beabsichtigt der Bericht über die Mondlandung, was beabsichtigt Gagarin mit seinem Bericht?

(11) Zu: Aus einem Katalog (S. 72)

1. Bei den Texten und Bildern auf S. 72 handelt es sich zwar nicht um eine Werbeanzeige, aber doch um eine Werbung.

2. a) An wen richten sich diese Texte?
   b) Warum die Anrede „Hallo Girls“ oder „Hallo Boys“ – handelt es sich um englische Kinder?

3. a) Gibt es außer der Kleidung noch etwas, was den Winter „schön“ oder „flott“ macht?
   b) Erfüllen sich eigentlich „alle Wünsche“ von selber?

4. a) Warum werden die Kleider, die man auf der Abbildung doch sehen kann, noch einmal mit Worten beschrieben?
   b) Untersucht die Beschreibungen der Kleidungsstücke und tragt in die linke oder rechte Spalte die Wörter ein, die eurer Meinung nach dahin gehören:

Information	Werbung
100 % Polyester-Jersey	dekorativ
. . . .	. . . .

   c) Wieviel Wörter mit drei oder mehr Silben kommen in der Beschreibung der Kleidungsstücke vor?
   d) Wofür und wann verwendet man die Wörter „Problem“, „problemlos“ und „aktuell“?
   ⓔ Was für Unterschiede mag es heute zwischen einem „Pariser Modell-Schnitt“ und einem „Burgdorfer“ oder „Straubinger Modell-Schnitt“ geben?

(12) Zu: Im Gespräch: Uta Schorn (S. 73)

1. In den Worten des Interviewers steckt eine Reihe von Tatsachen, die eigentlich gar nicht zur Frage gehören.
   a) Schreibe diese Sätze heraus.
   b) Für wen sind die gedacht?

2. Worüber wird Uta Schorn befragt:
   Schulbesuch – persönliche Einstellung zum Sport – ihr Können – Eltern – Leistungen – Training – bisherige Erfolge . . . oder?

3. Warum wird Uta Schorn interviewt?

4. Uta Schorn lebt seit 1969 im Internat des Leistungszentrums des Deutschen Turner-Bundes in Frankfurt/M. In einer Zeitschrift wird darüber berichtet:

   Seither sieht ihr Tageslauf so aus: Um 6 Uhr Wecken, um 7 Uhr Frühstück. Vormittags Schule, nach dem Mittagessen werden unter der Aufsicht eines Lehrers die Hausaufgaben erledigt. Dann kommt das Training: täglich mindestens vier Stunden. Anschließend Abendbrot. Halb zehn müssen alle im Zimmer sein, um zehn heißt es: „Licht aus“. (Aus *„Für Sie“* Nr. 16/72)

   Welche Fragen möchtest du Uta Schorn dazu stellen?

④ Du hast die Möglichkeit, einen bekannten Sportler (eine bekannte Sportlerin) zu interviewen. Überlege, wen du interviewen möchtest und welche Fragen du ihm stellen würdest.

(13) Zu H. Ballot: Nevada oder Das erledigt er selbst (S. 92)

1. a) Wir lesen die Geschichte in der Klasse bis Zeile 47.
   b) Im ersten Abschnitt glaubt der Leser, er läse einen Western. Belege das am Text.
   c) Im 2. Absatz erfahren wir, wer John Burte wirklich ist. Wie hängen der 1. und der 2. Absatz zusammen?

2. a) Satz A: „Nicht etwa, daß er sich fürchtete, aber hier wohnte Benno Geyer, der freche Benno, der böse Benno, der trickreiche Benno . . . Grund genug, sich zu wünschen, niemals die Aufmerksamkeit des Straßenschrecks auf sich zu ziehen." (Zeile 18–19)
   Satz B: „ ‚Prima', sagte Benno, spritzte in die Luft und dann eine volle Ladung Horst ins Gesicht." (Zeile 29–30)

   Wenn wir Satz B lesen, stehen wir sozusagen neben Benno und Horst und sehen die Szene mit den Augen des Erzählers. Wir könnten den Standort des Erzählers auch mit dem Standort einer Kamera vergleichen. Dann können wir uns die Sätze A und B so vorstellen:

B

b) Es gibt noch andere Stellen, die sich so unterscheiden wie Satz A und Satz B.

A	B
„Ja, das ist eine dumme Sache, wenn man kein anderer ist als man selbst.“ (Zeile 9–11)	„Wie aus dem Erdboden gewachsen stand Benno vor ihm.“ (Zeile 26)

Suche noch je zwei andere Stellen für A und für B. Du findest sie leichter, wenn du prüfst, ob du statt „er“ oder „man“ auch „ich“ einsetzen kannst.

c) Wir sprechen bei den Unterschieden zwischen A und B vom *Wechsel der Erzählebene.*

3. Lies die Geschichte zu Hause zu Ende.
Fasse den weiteren Verlauf des Streits um die Pistole in wenigen Sätzen zusammen.
Gib jeweils den Wechsel der Erzählebene an. (Zeilenzählung!)

4. a) Wir vergleichen die Zusammenfassungen.
b) Wie hat es Horst erreicht, Benno zu besiegen? (Es gibt einen äußeren und einen inneren Grund.)
c) Wir untersuchen den Wechsel der Erzählebenen.

5. a) Wenn wir jetzt den Anfang noch einmal lesen, wird uns klarer, was John Burte, Miller Ranch usw. eigentlich hier sollen.
b) Versteht ihr nun auch die merkwürdige Überschrift?

(14) Zu W. Klose: Die Burg der Kinder (S. 98)

1. Auszug aus der Gezeitentabelle mit der Angabe der Hoch- und Niedrigwasserzeiten:

JULI

	HW		NW	
1.	03.34	15.41	09.46	22.13
2.	04.13	16.22	10.23	22.53
3.	04.55	17.07	11.04	23.37
4.	05.40	17.56	11.49	–
5.	06.30	18.51	00.22	12.39
6.	07.29	19.58	01.16	13.42
7.	08.37	21.13	02.22	14.56
8.	09.49	22.29	03.34	16.13
9.	11.00	23.39	04.47	17.29
10.	–	12.03	05.58	18.40

   a) Was kann man aus der Tabelle über die Dauer der Ebbe- und Flutzeiten ablesen?
   b) Was kann passieren, wenn sich jemand vor der Flut auf eine Sandbank rettet?

2. a) An welcher Stelle beginnt die Geschichte spannend zu werden?
   b) Die Lage wird immer gefährlicher. Welche Stationen der wachsenden Gefahr und Spannung bemerkt ihr? (Kennzeichnet sie – Zeilenangabe)

3. Welchen Zweck hat das gemeinsame Sirenengeheul?

4. Wie beurteilt ihr das Verhalten Elisabeths, Rolfs und Erwins? Sucht als Beleg für eure Meinung entsprechende Textstellen heraus.

⑤ a) Vergleiche die Zeilen 16 bis 24 mit den Zeilen 34 bis 37.
   b) Von den folgenden 7 Sätzen „spricht" einige der Erzähler, andere geben die Gedanken Elisabeths wieder, noch andere vermischen beides:
   (1) Elisabeth stand etwas höher auf einer Sandrippe; so konnte sie die Kinder gut beobachten. (2) Rolf suchte Muscheln weitab von den andern. . .
   (3) Das war im Sommer besser als Büroarbeit, und immer besser als Fabrik.
   (4) Der Umgang mit den Kindern war anstrengend, aber es gab Augenblicke wie diesen, und abends die stillen Wege am Deich. . . (5) Sie hielt die Hand vor die Augen und sah nach der Uhr: Halb fünf? – (6) Unmöglich, es war doch schon halb fünf gewesen, als die Kinder den Bau der Burgen begonnen hatten! (7) Sie richtete sich auf, hob die Hand ans Ohr – die Uhr stand!

   Trage die Satznummern in die richtige Spalte ein:

Erzähler	Elisabeth	Gemischt

c) Das „Ende" der Geschichte wird nicht erzählt. Warum nicht?

⑥ Am 19. 9. 1969 stand in der Zeitung folgende Meldung:

REITLEHRERIN RITT MIT KINDERN BEI NEBEL IN DEN TOD

DW. London, 18. September.
Am Strand der englischen Ostküste hat sich in der Nähe von Grimsby ein furchtbares Unglück ereignet. Eine Reitlehrerin und drei ihrer Schülerinnen ertranken in der Nordsee. Das vierte Mädchen, das mit ausgeritten war, wird vermißt; auch mit seinem Tod muß gerechnet werden. Die Leichen der 44 Jahre alten Frau und von drei – elf bis acht Jahre alten – Mädchen wurden am Donnerstagmorgen gefunden. Im Wasser stand ein reiterloses Pony. Außerdem barg man zwei tote Pferde.
Die Gruppe war seit dem Mittwochabend vermißt worden. Über die Ursache des Unfalls hatte man am Donnerstag nur Vermutungen. Man nimmt an, daß die Reitlehrerin in dichtem Nebel, der plötzlich aufgekommen war, die Orientierung verlor und in der Annahme, es sei nur ein Wasserlauf zu durchqueren, in die Nordsee hinausritt. Die Gruppe ist dann wahrscheinlich von der Flut überrascht worden. Der Küste jener Gegend sind von Prielen durchzogene Sandbänke vorgelagert. Außerdem ist ein Teil des Strandbereichs sumpfig und unübersichtlich.

a) Worin bestehen die Unterschiede zwischen Geschichte und Meldung?
b) Forme *Die Burg der Kinder* zu einer Zeitungsmeldung um.

(15) Zu G. A. Bürger: Abenteuer des Freiherrn von Münchhausen (S. 111)

1. Die erste Geschichte enthält zwei „Einfälle", die zweite zehn. Welche sind das. ?

2. Alle diese Einfälle haben etwas gemeinsam: etwas an ihnen ist möglich – etwas anderes unmöglich.

3. Denkt euch einen anderen Weg aus, wie Münchhausen auf den Mond gelangen und wieder zurückkommen kann.

④ Erfinde selbst ein Münchhausen-Abenteuer.

5. Bei einer *Eulenspiegel-Geschichte* spricht man von einem *Schwank.* Dort ist er eine Geschichte, in der jemand einem anderen einen Streich spielt. Auch Münchhausens Erzählungen mit ihren lustigen oder unmöglichen Einfällen sind *Schwänke.* (Darin spielt er auch uns Lesern so etwas wie einen Streich: er führt uns an der Nase herum).

(16) Zu F. Hetmann: Rotes Licht (S. 121)

1. Was ist richtig?
   Der Neger ging bei rotem Licht über die Straße, weil . . . .
   – er wirklich das glaubte, was er später sagt
   – er rot und grün nicht unterscheiden konnte
   – er in Gedanken war
   – er gegen die schlechte Behandlung der Neger protestieren wollte.

2. Handelt der Richter richtig, wenn er den Neger nicht bestraft?

3. In diesem Kapitel stehen durchweg lustige Geschichten.
   a) Gehört dieser Text dazu?
   ⓐ Wäre diese Geschichte auch so ausgegangen, wenn der Neger bei rotem Licht mit seinem Auto einen Fußgänger überfahren hätte?

(17) Zu: Beleidung (S. 121)

1. Dies ist eine sehr knapp erzählte Geschichte.
   a) Prüfe jedes Wort, ob nicht noch etwas wegfallen könnte („jungen", „öffentlich" . . .?).
   b) Im vorletzten Abschnitt wird verhältnismäßig ausführlich erzählt. Welche Wirkung soll z. B. die Wendung „. . . zog vor der Dame den Hut. . ." beim Leser erzielen?
   c) Was ändert sich an der Geschichte, wenn man die zweite Frage fortläßt?
   d) Warum fehlt die Antwort der Dame auf die letzten Worte des jungen Mannes?

2. In TS 5 steht folgender Text:

   Der Widerruf — *Unbekannter Verfasser*

   Hurrelbeck – Der Bauer Gerd Kruse hatte aus Wut über die Ablehnung eines Antrages den Gemeinderat beschimpft und öffentlich erklärt, die Hälfte der Gemeinderatsmitglieder seien Idioten. Der deswegen entstandene Beleidigungsprozeß endete mit einem Vergleich, in dem Kruse sich verpflichtete zu widerrufen. Er gab in der Zeitung folgende Erklärung ab: „Widerruf! Die von mir aufgestellte Behauptung, daß die Hälfte der Gemeinderatsmitglieder von Hurrelbeck Idioten sind, widerrufe ich hiermit ausdrücklich und erkläre nunmehr, daß die Hälfte der Gemeinderatsmitglieder keine Idioten sind. Gerd Kruse."

   Stellt Gemeinsamkeiten zu *Beleidigung* fest.

② *Beleidigung* hat eine Pointe. Bei einer Pointe wird eine Erwartung überraschend und witzig ins Gegenteil verkehrt. Worin besteht hier die Pointe?

3. Zur nächsten Deutschstunde überlegt sich jeder einen Witz, den er erzählen möchte.

(18) Zu: Der Tiger, der Wolf und der Fuchs (S. 124)

1. a) Wie ernst meint der Tiger seine Frage in den Zeilen 4 und 5?
   ⓑ In der 1. Zeile der Fabel ist von „Freundschaft“ die Rede ...

2. a) Die Antworten von Wolf und Fuchs unterscheiden sich nicht nur durch das, was sie vorschlagen.
   b) Schreibt die Antwort des Fuchses (Zeile 14–17) so um, daß sie nicht mehr unterwürfig und ehrfürchtig klingt.
   ⓑ Während der Fuchs sich verneigt und dem Tiger ehrfürchtig antwortet, denkt er sicher etwas ganz anderes.

3. Wieso hat der Fuchs seine Weisheit „vom Wolfe gelernt“?

4. Was lehrt diese Fabel?

5. Der Fuchs verhält sich klug, und das, was die Fabel lehrt, ist sicher nützlich. Aber sollte man sich damit zufrieden geben?

(19) Zu R. Kirsten: Die andern haben's besser (S. 125)

1. Was hat die Überschrift mit der Fabel zu tun?

2. Wer hat es nun wirklich besser – die Schnecke oder Regenwurm und Grille?

3. „Der Bauer hat es gut, er kann den ganzen Tag an der frischen Luft sein“, sagte der Büroangestellte ... Setze das fort, so daß es der Fabel entspricht.

4. Ergänze die Überschrift so, daß sie die Lehre der Fabel ausdrückt.

(20) Zu G. Anders: Der Löwe (S. 125)

1. Erzähle dieselbe Geschichte mit folgenden Tieren: Ente – Löwe – Hund; Nachtigall – Löwe – Ziege.

2. „Als das französische Kind zum ersten Mal einen Deutschen sprechen hörte, sagte es: ...“

3. Wie könnte die Lehre dieser Fabel lauten?

4. Hat diese Fabel etwas mit *Die andern haben's besser* zu tun?

(21) Zu G. Rodari: Die Geschichte vom jungen Krebs (S. 126)

1. In der folgenden Zusammenstellung gibt es einige Sprichwörter und Redensarten, die auf das Verhalten von Figuren dieser Fabel zutreffen:
   (1) Was Hänschen nicht lernt, lernt Hans nimmermehr.
   (2) Wer sich in Gefahr begibt, kommt darin um.
   (3) Wer nicht wagt, der nicht gewinnt.
   (4) Man soll nicht gegen den Strom schwimmen.
   (5) Bleibe im Lande und nähre dich redlich.
   (6) Jung gewohnt, ist alt getan.
   (7) Früh übt sich, wer ein Meister werden will.
   (8) Wer andern eine Grube gräbt, fällt selbst hinein.

2. a) Jede der in der Fabel dargestellten Figuren oder Gruppen begründet ihre Haltung und Einstellung. Suche die Begründungen aus dem Text heraus und schreibe sie in Stichworten auf, z. B. in Form einer Tabelle:

Krebseltern	junger Krebs	alter Krebs	Kröten

   b) Beurteile die jeweils gegebenen Begründungen.

3. Die meisten Fabeln, die du kennst, haben am Schluß eine Lösung oder eine Lehre. Diese nicht. Oder doch?

④ a) Der Erzähler ist nicht neutral. Er äußert seine Meinung. Wo?
   b) Erwartet er, daß der Leser neutral bleibt, oder will er ihn beeinflussen?

(22) Zu C. M. Schulz: Lucie, Charlie Braun und Linus (S. 137–138)

1. Versucht die zweite Geschichte nachzuspielen.

2. Bildgeschichten sind oft lustig. Gilt das auch für diese beiden?

3. In beiden Geschichten kommt Lucie vor, und beide Male sind die anderen für das verantwortlich, was passiert – jedenfalls nach Lucies Worten.

③ Es gibt viele Bildgeschichten von Charlie Braun und seinen Freunden. Schon aus diesen beiden Streifen kann man etwas darüber erfahren, wie sich Lucie, Charlie und Linus meistens verhalten und wie es ihnen ergeht.

④ Vergleiche diese Geschichten mit anderen Comics, z. B. mit *Micky Maus.*

(23) Zu O. Soglow: The Little King (S. 139)

1. Kann man das erste Bild in der zweiten Reihe weglassen?

2. Einige Situationen sind besonders komisch.

② Denkt euch andere Situationen aus, in denen der König auch gegrüßt werden muß.

3. Erzähle die Geschichte in Worten nach.

4. Was wirkt mehr: die Erzählung in Worten oder die Erzählung in Bildern? Begründe deine Entscheidung.

5. Welchen Unterschied zu anderen Comics in diesem Buch erkennst du?

⑥ Viele Leute, die nicht „König" sind, verhalten sich aber so wie „kleine Könige".

(24) Zu R. Wolf: Die Stunde der Wahrheit (S. 140)

1. a) An welchen Stellen im Text wird eindeutig klar, um welche Sportart es hier geht?
   b) Wieso „geht langsam der Knopf auf", „qualmen die Socken", „ist da Musik drin", „ist wieder mal Feierabend"?
   c) Die „Fachleute" in der Klasse erklären, was *Einwurf, Ecke, Hand* und *Paß* bedeuten.

2. a) Der Verfasser setzt zu Beginn und am Ende des Textes drei Punkte.
   b) Sonst fehlt im Text der Punkt als Satzzeichen völlig.

3. a) Der Text ist keine Reportage, sondern . . . ?
   b) Spricht hier ein Zuschauer oder sprechen mehrere? Nacheinander oder auch zugleich?
   c) Was soll die bloße Aneinanderreihung einzelner Äußerungen?
   d) Diese Äußerungen sind *montiert* worden – wie die Fotoausschnitte auf S. 141. Wir sprechen daher von einer *Montage.*

4. Diesen Text muß man laut lesen. Warum wohl?

5. Wenn man den Text vorlesen will, muß man folgendes überlegen:
   a) Welches sind Fragesätze (fragt der Sprecher wirklich jemanden?) – welches sind Befehlssätze? (Zeilenangabe)

b) An welchen Stellen sind die Sprecher zufrieden, an welchen unzufrieden? (Zeilenangabe)

⑥ Ihr könnt den Text auch in zwei Gruppen vor der Klasse „spielen“:

1. Gruppe:

... bitte, na bitte, was hab' ich gesagt, Kerle, das sind Sachen, das sind die Dinger, jetzt aber Tempo na bitte, wer sagt's denn, na also ...

2. Gruppe:

... was ist denn? was pfeift denn die Pflaume, Mensch, geh doch nach Hause, das ist doch ...

1. Gruppe:

... na gut, kann man machen, aber so nicht, mein Guter...

2. Gruppe:

... der gibt doch nicht ab, diese Flasche, der schläft doch...

1. Gruppe:

... na los, geh doch hin, der geht doch nicht hin, der bleibt stehn, diese Niete...

2. Gruppe:

... was macht er denn jetzt? jawohl, das ist besser, ja weiter los Tempo, und keiner läuft mit, was soll man da sagen...

1. Gruppe:

... Mensch, Atze, du Sandmann, das ist nicht zu fassen, das darf doch nicht wahr sein...

2. Gruppe:

... bleib dran Mann, jawoll ja, los Lothar, Hammer, Hammer, na also, ...

1. Gruppe:

... aus, Einwurf, nein Ecke, ja Ecke, das ist schon mal gut, Ecke, den hat er, was, doch keine Ecke? ..

2. Gruppe:

... na, sag mal, der macht einen Türken, das ist doch nicht möglich, ...

1. Gruppe: [...]

2. Gruppe: [...]

(25) Zu G. B. Fuchs: Adam Riese und der Große Krieg (S. 148)

1. Dieses Spiel führt uns 450 Jahre zurück. Die Zeit der Landsknechte beginnt, und die Zeit des Rittertums endet. Damals waren die Heerführer zugleich Geschäftsleute. Die Generale kauften Waffen und bezahlten die Soldaten selbst. Und damit sie das konnten, mußten sie viel Beute machen oder plündern.
   a) Wie sieht Adam Rieses Rechnung für den Großen Krieg aus? Fertige eine Tabelle an. (Wer ganz genau liest, findet mindestens 10 „Stationen“)

	Geld	Soldaten	Ausrüstung	Krieg
1.	4000 Taler	2000	vollständig	1 Woche
2.	4000 Taler	2000	ohne Schuppenpanzer	3 Wochen
3.	4000 Taler	2000	ohne Hellebarden	2 Monate
4.	....	....	....	....

b) Was will Adam Riese mit dieser Rechnung beim General erreichen?

c) Mit einem Trick legt Adam Riese den General herein. Wie sieht dieser Trick aus, und warum gebraucht Adam Riese ihn?

② Beziehungen zwischen Krieg und Geschäft gab es nicht nur damals. Was wißt ihr darüber?

3. Ein solches Spiel wird nicht auf einer Bühne gespielt: man kann es also nicht *sehen.* Es wird von „Stimmen" im Rundfunk ins Mikrofon gesprochen: man kann es nur *hören.* Darum heißt es *Hörspiel.* Man muß also alles Notwendige über die Handlung und die Figuren durch das Hören erfahren.

4. a) Wir bilden drei Gruppen und lesen das Hörspiel noch einmal nach. Jede Gruppe achtet auf eine der drei Personen: Adam Riese, Conrad Schneebelli, General Rampa Zampa.
   b) Welche Eigenschaften können wir aus ihren Reden und ihrem Verhalten entnehmen? Wie müssen sie gesprochen werden?

5. a) Welche Geräuschkulisse begleitet Rampa Zampa und welche Adam Riese und seinen Gehilfen durch das ganze Spiel?
   ⓐ Welche Bedeutung haben die verschiedenen Geräuschkulissen bei Rampa Zampa und bei Adam Riese?

⑥ Probiert mit Kassetten-Recordern oder Tonbandgeräten aus, wie ihr den Unterschied zwischen Adam Riese und dem General in der Geräuschkulisse herausarbeiten könnt (von Zeile 1–70). In einer Woche vergleichen wir eure Ergebnisse.

(26) Zu J. W. v. Goethe: Der Zauberlehrling (S. 170)

1. a) Wer spricht in den Zeilen 1–92?
   b) Ein solches Gedicht nennen wir *Rollengedicht.* Könnt ihr den Begriff erklären?
   c) Wer spricht in den letzten 6 Zeilen?
   ⓓ Der letzte Sprecher sagt ja so wenig!

2. a) Das Gedicht erzählt uns eine Geschichte. Gib sie in wenigen Sätzen wieder.
   b) Ein Gedicht, das uns eine solche Geschichte erzählt, nennt man *Ballade.*

3. a) „Die ich rief, die Geister/Werd ich nun nicht los“ sind die Verse, die zusammenfassen, was der Zauberlehrling angerichtet hat. Kannst du das erläutern?
   b) Obwohl es unserem Zauberlehrling übel ergeht, müssen wir doch ein wenig schmunzeln. Woran liegt das?
   c) Es gibt auch heute noch „Zauberlehrlinge“, die die Geister, die sie riefen, nicht mehr loswerden. Könnt ihr dafür Beispiele finden? (Natürlich sind das keine solchen „Geister“ wie bei Goethe.)

4. a) Vergleiche das Verhältnis von Satz und Zeile:

A	B
„Ich bin der Sperling. Kinder, ich bin am Ende.“	„Hat der alte Hexenmeister Sich doch einmal wegbegeben!“

   b) Wie wirken sich die Unterschiede auf das Lesen aus?
   c) Im Falle B sprechen wir von *Zeilensprung.*
   d) Suche im Zauberlehrling 5 weitere Beispiele für Zeilensprung.

⑤ a) Vergleiche die Zahl der Hebungen in den Zeilen 1, 5, 9, 13.
   b) Goethe wechselt hier sicher mit Absicht.
   c) Wenn ihr das Gedicht *Der Milchtopf* besprochen habt, wißt ihr auch, wie solche Verse heißen.

6. *Der Zauberlehrling* müßte sich eigentlich gut und wirkungsvoll vortragen lassen.

(27) Zu R. Baumbach: Aus der guten alten Zeit (S. 173)

1. Worterklärungen:

Meile	— Wegemaß, 7,5 km
das Haus bestellen	— alles so regeln, als kehre man nicht zurück
Louisdor	— alte französische Goldmünze
im Sack zwei Feuerrohre	— in der Reisetasche zwei Pistolen
Schwager	— Postkutscher
Hohlweg	— durch einen Geländeeinschnitt führender Weg
Rat	— Gemeinde- oder Stadtrat
Häscher	— eine Art von Polizist oder Gerichtsdiener
rädern	— die Glieder mit einem Rad zerstoßen oder zerbrechen

2. War es „sehr ergötzlich“ oder „der Abenteuer Perle“, wenn man in der „guten, alten Zeit“ reiste?

3. Die letzte Zeile jeder Strophe heißt immer „O gute, alte Zeit“. Solche, sich am Strophenschluß regelmäßig wiederholenden Zeilen nennen wir *Kehrreim* oder *Refrain.*

4. Vergleiche Stropheninhalt und Kehrreim
   a) In der 1. Strophe paßt der Kehrreim zum Inhalt. Begründe.
   b) Wie verhalten sich Kehrreim und Stropheninhalt in den folgenden Strophen?
   ⓒ Wir haben soeben nebenbei den *Aufbau* des Gedichts untersucht.

5. Glaubt der Verfasser an die „gute, alte Zeit"?

⑤ Wenn jemand das Gegenteil von dem sagt, was er meint, spricht er *ironisch.* Suche alle ironischen Wendungen aus dem Gedicht heraus.

⑥ Wer spricht gern von der „guten, alten Zeit"? Kannst du dafür Gründe finden?

(28) Zu W. Bächler: Ins Weiße blickend (S. 181)

1. Wer blickt hier eigentlich ins Weiße?

2. a) Eigentlich kann nur ein lebendes Wesen „träumen". Wenn wir nun sagen „Die Föhre träumt" (vgl. das Gedicht *Mittag* von Fontane), so sprechen wir über einen Baum wie über einen Menschen. Wir behandeln ihn wie eine *Person* – darum nennen wir eine solche Sprechweise *Personifizierung. Personifizieren* können wir auch durch Vergleiche, z. B. „Tage wie Vögel" (vgl. das Gedicht *April* von Busta): „Tage" sind unbelebt, „Vögel" belebt. Oder wir personifizieren, wenn wir sagen: „Gelassen stieg die Nacht ans Land".
   b) Auch in unserem Gedicht gibt es mehrere Personifizierungen.

3. a) Warum wählt der Dichter gerade das Bild von „Katzenpfoten"?
   b) Auch im zweiten Teil wählt er ein ungewöhnliches Bild.

4. Innerhalb der Zeilen gibt es „Klangverwandtschaften":

   Katzenpfoten : a – o
   Garten erobert : a – o

   Gibt es noch andere solcher „Verwandtschaften"?

⑤ Das Gedicht hat zwei Teile. Wodurch unterscheiden sie sich?

(29) Zu W. Roloff/H. Hee: Schneeglöckchen im Februar (S. 185)

1. Das ist ein *Schlager.* Er steht im Kapitel *Lyrische Texte.* Prüft nach, ob er tatsächlich ein Gedicht ist.

2. In Wien wurde 1871 ein musikalisches Lustspiel aufgeführt. Der beliebte Komiker Alexander Girardi, vom begeisterten Publikum zur zehnten Wiederholung eines Liedes aufgefordert, rief lachend: „Kinder, glaubt mir – das hat einge-

schlagen!" So soll das Wort *Schlager* entstanden sein. Wodurch wird ein Lied zum Schlager?

3. Erfolgreich wird ein Schlager auch durch den Kehrreim (Refrain). Er prägt sich in Melodie und Worten sofort ein. Der Kehrreim muß also möglichst oft wiederholt werden. Wie hat man das hier gemacht?

4. a) Vor dem Kehrreim stehen die *Vorstrophen.* Sie sind typisch für den Schlager. Sie haben vor allem die Aufgabe, immer wieder den Kehrreim (Refrain) auszulösen. Untersucht den Inhalt der Vorstrophen und achtet darauf, wie sie in den Kehrreim übergehen. Was haben sie mit „Schneeglöckchen" zu tun?
   b) „denn die Welt ist doch schön": stimmt das? Was gehört eigentlich alles zur „Welt"?

5. Warum hört man Schlager gern, auch wenn man die Machart durchschaut?

⑥ Dieser Schlager ist ein typisches Lied für Heintje. 1967 trat der damals zwölfjährige Heintje zum ersten Mal in einer deutschen Fernseh-Show *(Der Goldene Schuß)* auf. 1972 war er als Kinderstar zu alt geworden. In den fünf Jahren „ersang" sich Heintje 40 Goldene Schallplatten mit einem Gesamtumsatz von 150 Millionen Mark. Heintje selbst ist vielfacher Millionär.
Man hat ihn als „Mama"-Sänger verspottet. Eine Art „Mama"-Lied ist auch *Schneeglöckchen im Februar.* Es erschien zum Februar 1971 und stand schon wenige Wochen später auf den Hit-Paraden mit den beliebtesten Schlagern ganz oben.
   a) Wer verdient alles am Schlager als „Ware"?
   b) Wie wird für Schlager geworben?

(30) Zu: Spiel mit Namen (S. 191)

1. Sieh dir das *Spiel mit Namen* genau an.
   a) Wie sind diese Namen entstanden? Erkläre das Sprachspiel.
   b) Erfinde eigene Namen-Beispiele nach dem gleichen Muster.
   (Wenn du durch Überlegen und Kombinieren allein kein Beispiel dieser Art findest, kannst du ein Hilfsmittel benutzen. Welches?)

2. Wer hat sich hier versteckt? Suche den Vornamen heraus.
   a) Wer erntete die größten *Balkonradieschen?*
   b) Wer blies die *Gästefanfare?*
   c) Wer züchtete eine *Julianemone?*
   d) Wer entdeckte die schädliche *Korklaus?*
   e) Wer wurde an der *Semilunarklappe* (das ist eine Herzklappe) operiert?
   f) Wer *eroberte* Troja?

3. Hier haben sich Pärchen versteckt. Könnt ihr sie entdecken?
   a) Sie saßen auf einer Neckarinsel im schönen Neckarland.

b) Bei einer Mozarturaufführung in Britannien lernten sie sich kennen.
c) Südlich von Lindau am Rheinzufluß trafen sie sich zum ersten Mal.
d) In Reval kochte sie ihm Risotto.
e) Von der Bruthitze im Juli bis zum Tauwetter im April dauerte ihre Freundschaft.
f) Die Amerikanerin liebte den starken Judokämpfer.

③ 20 Freunde trafen sich auf dieser Party! Wer war dabei?

Nach seinem Lottogewinn lud er seine Freunde zu einem Festbankett. Es gab Truthahn, gefüllt mit Edelmaronen und Haselnußmark, in Marinade eingelegten Fisch und köstliche Rheingauweine. Magnesiumlampen strahlten in der Augustnacht im Garten. Trompeter, Lautenschläger und eine Pianistin spielten einen feurigen Berbertanz. Trunken vom Weingenuß erhob er sich in Matadorallüre, eine Nelke im Knopfloch seiner Fassonjacke, und schenkte der Amerikanerin einen kostbaren Bernsteinring.

4. Besonders geschickt beim Verstecken in anderen Wörtern sind *Inge, Elke* und *Ute.* Kannst du für diese Namen einige Verstecke finden?

(31) Zu: Wörter mit Ziffern (S. 191)

1. Wer kann diese Texte *(Kurzschrift für gute Rechner, Countdown* und *Achterbahnträume)* auf Anhieb vorlesen?

2. Zu *Kurzschrift für gute Rechner:*
Schreibt die folgenden Beispielsätze neu und setzt – wo es möglich ist – Ziffern ein. Welcher Satz enthält die meisten Ziffern?
a) Der kultivierte Revierförster Hundertwasser servierte seinen Gästen hinterdrein zum Nachtisch in Leinsamenöl gesottene Nachtigallen- und Wachtelzungen.
b) Im renovierten Behelfslokal des Kleinstadtvereins Schwarzweiß saß der aufgebrachte Mittelstürmer Nullmeier, den der Schiedsrichter zum Nachteil seiner Elf wegen Beinstellens und Nachtretens vom Platz geschickt hatte.
c) Vom Hotelfenster aus rief der vierschrötige Kamelführer Ali seine Gäste zur gemeinsam abgemachten Rundreise durch die Gesteinstrümmer der nahen Geröllwüste auf.
d) In einer Mainacht betrachtete im mordreichen Jagdrevier Siebenbürgens ein einsamer Distelfink auf einem Edelfliederzweig reserviert seinen fünften Zehnagel.

3. Zu *Countdown:*
Stelle mit den folgenden Beispielwörtern durch Voransetzen der richtigen Ziffern einen neuen *Countdown* (in der Reihenfolge von 12 bis 0) zusammen.

– atz	12 –	....
– enkönigin	11 –	....
– felsfall	10 –	....
– fingerdarm	9 –	....
– fingerschreibmethode	8 –	....
– linie	7 –	....
– malklug	6 –	....
– meilenstiefel	5 –	....
– samkeit	4 –	....
– schrötig	3 –	....
– spitz	2 –	....
– tagerennen	1 –	....
– uhrtee	0 –	....

4. Zu *Achterbahnträume:*
Baue das nachstehende „Gedicht" richtig zusammen. Setze die Ziffernwörter *Klavier – konserviert – kultiviert – renovieren – vieren – Wohnrevier* an die passende Stelle und schreibe diese Reimwörter in „Kurzschrift" (d. h. mit Ziffern).

Aus dem Frühjahrs-Brevier:

Mutter rutscht auf allen ....,
will den Hausstand ....
Ist dann alles ....,
wohnen wir ganz ....
Alles glänzt im ....–
vom Klosett bis zum ....!

⑤ Auf eine alte thüringische Bauerntasse war ein rotes Herz gemalt, und darin stand der Satz: „Bleib mir 3 4 + 4". Kannst du ihn entziffern?

(32) Zu: Spiel mit Vokalen (S. 193)

1. a) In dem Gedicht gibt es eine Handlung mit wörtlichen Reden.
   b) Was sind die Besonderheiten dieses Gedichts?
2. Bildet „Bandwurm"-Sätze mit Wörtern, die alle nur den einen gleichen Vokal besitzen;
   z. B.: Als Mama nach acht kam, aß Anna ganz brav Papas Ananas.
3. Schreibt möglichst viele Wörter oder Sätze mit einem bestimmten Vokal an die Tafel, damit ihr eine große Auswahl bekommt. Versucht daraus gemeinsam ein Gedicht nach dem Beispiel von *ottos mops* zu bauen,
   z. B.: *Annas Bastard* (nascht) *Werners Teckel* (schleckt), *Ingrids Spitz* (schwitzt), *Lulus Hund* (knurrt).

④ Versuche ein kleines Gedicht zu schreiben (4 Zeilen genügen!), das nur aus Wörtern mit dem Doppellaut ei (ai) besteht; z. B.: *Ein Stein weint* oder *Mein Beil schreit.* Jeder „Un-Sinn" ist hier erlaubt!